建筑师在做什么
(第一辑)

有方 编

同济大学 出版社
TONGJI UNIVERSITY PRESS

呈现今日中国建筑现场

目录

前言 / 赵 磊 / 1

01 / 冯果川
尽可能在设计中创造"意外之地" / 2

02 / 唐克扬
在筹划造个房子，建个院子，养个孩子 / 8

03 / 庄 慎
在闹市悄悄做立面改造挺 happy / 12

04 / 刘 珩
至今都没读懂生活 / 17

05 / 朱竞翔
最近在琢磨材料复合的逻辑 / 22

06 / 徐千禾
最大的烦恼是"找人" / 27

07 / 李以靠
旅行是一辈子的事 / 31

08 / 刘宇扬
不做点无趣的事务，怎能叫"事务所"呢？ / 39

09 / 张 斌
在做的项目到底能走多远？ / 46

10 / 何健翔
观察与思考珠三角地区的文化生长 / 54

11 / 车　飞
　　关注材料与建造工艺的创新 / 59

12 / 张之杨
　　是建筑师看不上业主，还是业主理解不了我们？/ 64

13 / 祝晓峰
　　总是忍不住在建筑中引入庭院 / 70

14 / 朱雄毅
　　我的项目无趣的不在少数 / 76

15 / 冯　路
　　有趣是一种超出平淡的愉悦 / 81

16 / 穆　钧
　　做一个会种菜的好"厨子" / 87

17 / 李兴钢
　　时间和自然可以赋予建筑生命之感 / 94

18 / 张应鹏
　　最烦眼高手低 / 100

19 / 张鹏举
　　期待自己的作品：有目标、不做作、有完成度、能接入市场 / 106

20 / 傅　筱
　　美的东西不在乎大小，而在乎是否用心 / 112

21 / 李晓东
　　半亩塘和黄声远改变传统建筑师的定义 / 117

22 / 倪　阳
　　小城镇不应成为大城市的"殖民地" / 121

23 / 杨　旭
　　世俗化的建筑最有趣 / 126

24 / 胡　宪
　　怀着谦逊的姿态，将建筑恰当安放在环境里 / 132

25 / 袁 烽
走向数字化建构 / 138

26 / 众建筑
无趣是我们的工作标准之一 / 145

27 / 陈屹峰
建筑除了遮风蔽雨，深层的意义是什么？/ 153

28 / 张佳晶
不敬畏自然，就谈不上城镇化 / 159

29 / 刘 艺
设计的第一步应是解除认知的"布帘" / 165

30 / 朱亦民
我们的烦恼大多是体制性的 / 170

31 / 罗 松
文字和建筑一样有生命力 / 178

32 / 曾 群
没有难受就没有好设计 / 183

33 / 李 涵
"刺猬"越来越多，"狐狸"越来越少 / 189

34 / 黄声远
把无趣变成有趣是我们的专长 / 194

35 / 曹晓昕
最讨厌有钱到处贴花岗岩，没钱给设计费的甲方 / 199

36 / 李 伟
音乐、文学、电影和建筑有何种关联？/ 204

37 / 徐 浪
睡觉是个体力活儿 / 210

38 / 陈泽涛
"深双"主场馆改造让我收获颇丰 / 219

39 / 陈海津
　　反腐是否有利于改善建筑师的生存环境 / 225

40 / 李　涛
　　现在设计拼的不是技法,是世界观 / 231

41 / 胡如珊
　　建筑师只关注同类会越来越迷茫 / 239

42 / 魏浩波
　　乡土不仅是用于瞻仰的化石,它也有发展的权利 / 246

43 / 钟文凯
　　把使用者的体验放在第一位,往往带来不寻常的解决方案 / 255

44 / 刘家琨
　　中国建筑离质量到位总差一口气 / 260

45 / 宋　刚
　　把建筑不能实现的理想放到家具中 / 265

46 / 刘克成
　　我的设计离不开历史这一主题 / 271

47 / 于　雷
　　建筑界"圈子"现象明显,圈子间又缺少交流 / 279

48 / 阮　昊
　　期待设计行业改变对初出茅庐的年轻人的态度 / 283

49 / 汤　桦
　　后房地产时代是建筑师的好日子 / 290

50 / 王永刚
　　阐释"书法建筑" / 294

51 / 孔　锐
　　当水泥、骨料和水混合凝结成混凝土,才能知道水灰比的真正意义 / 300

52 / 冼剑雄
　　多想少做 / 305

53 / 王　硕
　　设计是一种思维和经验的建构 / 309

54 / 赵　扬
　　"不做奇奇怪怪的建筑"，然后呢？ / 316

55 / 凌克戈
　　评论不是吹捧 / 322

56 / 孙一民
　　学好建筑史是做好设计的最佳途径 / 329

57 / 陶　磊
　　政府项目常忽略建筑师的作用 / 335

58 / 王方戟
　　设计让别人理解自己，教学让自己理解别人 / 342

59 / 杨小荻
　　手法或形式会过时，思考方式不会 / 349

60 / 韩　涛
　　提出真正有价值的问题最重要 / 357

61 / 沈　驰
　　想建立一种"鄙视平庸"的团队文化 / 366

62 / 薄宏涛
　　没有城市层面思考，怎能做出好建筑？ / 373

63 / 王　彦
　　不沾泥巴的建筑师不是好建筑师 / 381

64 / 冯国安
　　期待每个建筑都能独一无二 / 388

65 / 刘　阳
　　主要"卖艺"，偶尔"卖身" / 395

66 / 李保峰
　　有些"绿色建筑"是先悄悄地制造问题，再隆重地予以解决 / 403

67 / 李 立
　　有个项目现场跑过一百多次 / 409

68 / 柳亦春
　　结构为何 / 415

69 / 陆轶辰
　　米兰世博会中国馆教会我很多事 / 422

70 / 陈浩如
　　只做方案的人不能被称为"建筑师" / 431

71 / 杨宇振
　　大部分甲方比建筑师更有全局观 / 438

72 / 韩冬青
　　烦恼都来自对自己业务水平不满意 / 442

73 / 吴海龙
　　要把自己的团队改造成跨界设计师团队 / 447

74 / 褚冬竹
　　如何形成"研究课题",是设计过程中最感兴趣的事 / 454

75 / 魏春雨
　　多关注些"匠人"和"匠气" / 462

76 / 郝 琳
　　对与社区有关的项目最有兴趣 / 468

77 / 吴 钢
　　如何创造中国人喜爱的城市? / 474

78 / 华 黎
　　建筑最终是要关照人的情感 / 480

前言

通常，媒体只关心建筑师工作的完成时，他们的最终产品——建筑师做了什么。

有方新媒体自 2014 年 3 月推出一个系列采访，关注建筑师工作的进行时，他们工作的过程和状况——"建筑师在做什么"。

我们希望以同题问答的方式，鼓励各建筑师进行阶段性总结，从整体上呈现一个鲜活的中国当代建筑生态的"现场"。

为展示生态多样性，我们在采访者的选择上，除考虑他们的设计品质外，还兼顾地域分布、生产体系及各人的关注点等等因素。

有方还十分重视访谈的大众可读性。除问及建筑师正在做的项目、业务上面临最大的困惑等，我们采访故意不问太多的"专业"问题，而是设不少诸如"最近读过的最有趣的书是什么"、"最近一次旅行去了哪里"等生活化提问。

从 2014 年 3 月到 2015 年 1 月，我们共采访了 80 位建筑师。本书按采访的时间顺序呈现 78 位的访问。在这期间，我们对问题做了 4 次修正，将问题的数量由最开始的 5、6 个，扩展到后期的 15 个。在编辑成书时，我们决定保持访谈系列的原貌，也自然呈现出这计划本身的生长过程。

"建筑师在做什么"是一个关于中国当代建筑进行时的生动记录，也是一个长期持续的计划。欢迎更多建筑师主动和我们联系，加入到有方的采访中来。

赵磊 有方创始合伙人
2015 年 2 月

01 / 冯果川

尽可能在设计中创造"意外之地"

冯果川，筑博设计股份有限公司执行首席建筑师。1992年至1997年于重庆建筑大学城市规划专业完成五年制本科学业。2005年毕业于北京大学建筑学专业，获硕士学位。他的建成作品有南宁规划展览馆、深圳泰然大厦、深圳南方科技大学校园规划等。他与他的团队除了开展建筑尺度和城市尺度的设计，也利用展览的机会尝试以装置或者微建筑的形式进行实践。

采访时间：2014年3月

有方：最近在做什么项目？

冯果川：扬州文化综合体，深圳华强北景观改造，深圳宝安某 shopping mall 的儿童游乐场。

有方：这些项目最大的特点是什么？

冯果川：我们工作室的设计多是围绕着"身体"这一关键词进行的。从身体的角度去理解建筑和空间，身体不仅仅是在感知建筑，而且被建筑塑造，身体也不断反作用于建筑。当下社会在通过建筑生产特定的身体，将身体纳入控制体系，纳入生产-消费的循环中。而我们尽自己的可能在设计中创造各种意外之地、意图暧昧的场所、裂缝、空白和剩余。这些看似无关任务书宏旨的部分才是我们处心积虑的所在。

在城市规模较大的项目中我们会尝试创造一些意义含混的空间，一些多余的路径，让身体在某些时刻摆脱资本或权力预设的任务（诸如工作、购物、娱乐等等），将身体置于无目的的漫游状态之中。扬州文化综合体是一个由起伏粘连的楼板形成的可以立体漫游的建筑；华强北景观是一个水平漫游于现实世界与虚拟世界之间的设计。

至于这个室内儿童游乐场，我们创造了一种抽象的风景，现在有很多儿童游乐场，但是这些游乐场缺少对儿童成长的深入思考，许多游乐设施对儿童的想象力、创造力是一种扼杀。我们的设计关注如何使儿童的左右脑平衡发展，我们在常规的角色扮演类的游戏之外并置了一种用绳网形成的抽象空间，这样的空间激发儿童用自己的身体去探索它的玩法，引发儿童将其想象成某种属于他们自己的世界。

有方：最近在集中琢磨什么问题？

冯果川：身陷空间生产体系中的建筑师能有什么作为？设计是不是还有积极的意义？我将自己看作是一个可疑的建筑师，一方面在设计和言论上批判现实，

| 建筑师在做什么

上：扬州文化综合体
中：某室内儿童游乐场
下：深圳华强北景观改造

01 冯果川

筑博工作室工作场景

当然也怀疑自己的"斗争"不过是阿Q式的心理安慰式的斗争,一种安全、"无害"和矫情的斗争。这种怀疑一直会伴随着我。另外我觉得建筑学还有太多我不知道的事情,比如身体、无意识与建筑之间的关系。我觉得人和建筑的关系是建立在无意识/身体的维度上的,是我们平时所依赖的意识难以察觉的,我试图通过学习和练习去发觉这种隐秘的联系。在无意识与空间的关联上我觉得风水很有趣。我将风水看作是中国式的以空间为媒介的心理治疗手段。

有方: 最近读了些什么书?简单谈谈这本书。

冯果川: 《剩余的时间》。一本书只是解读圣经《罗马书》的第一句话:"耶稣基督的仆人保罗,奉召为使徒,特派传神的福音。"这是一本从形式到内容都很牛的书。阿甘本耐心地对这句看似普通的话的每个字进行解读,竟写成了一本书。在阿甘本旁征博引的解读下,这句话释放出强烈的光彩,从中读者可以窥视到整个弥赛亚主义的精髓或者说是一种天主教共产主义的奥秘,这本书帮助我们理解弥赛亚主义关于时间的概念,历史的终结,关于悬置和无效的理解,等等。读这本书时我才发现自己关于未来的想象始终未能跳出弥赛亚主义,郁闷之余也吸引我通过这本书去进一步理解弥赛亚主义,再通过弥赛亚主义去理解共产主义。

有方: 最近一次旅行是去哪里?有何收获?

冯果川: 去罗马和巴黎。在罗马感觉是走进建筑史教科书,在巴黎是感觉走进了美术史教科书。罗马和巴黎让我看到生活的多样性和松弛感,展现出多种社会主体施加于城市的影响。相比之下在深圳,几乎找不到一家有趣有个性的商店,这座被紧迫感成功学笼罩的城市很难孕育出多样性。罗马和巴黎很不一样,但都能让我感到个体在城市里的生活很有尊严,也很自我,这两座城市中可以看到很多人是在塑造自我而不是为了成功和逐利。这些其实也与空间有关,与那些迷宫般狭窄的街道有关,这些街道创造了逃逸出体制的漫游者。深圳规划出来的城市空间有某种虚假的视觉美,但是却缺少对个体的尊重,也缺少让人出神的晦暗不明的角落。

有方: 未来半年有什么计划?

冯果川: 准备重新启动"小小建筑师"工作坊,目前只是每月在书城做一次"小小建筑师"的公开课,但是下半年要开"小小建筑师"的工作坊,每周一次带着小朋友们学设计、盖房子。建筑学不是一种职业教育,而是关于身体与空间之间关系的知识,是人了解自身的一种知识。我们做"小小建筑师"教育不是培养未来的建筑师,而是用建筑学去抵抗社会上流行的、功利性的、压抑个性的教育,为小小的主体争取自由生长的空间,培养他们的力量。

02/ 唐克扬

在筹划造个房子,建个院子,养个孩子

唐克扬,哈佛大学设计研究生院获设计学博士。主要展览和设计包括在故宫举办的"典藏与文明之光"特展,2010年威尼斯建筑双年展中国馆,以及在奥古斯都的夏宫举办的"活的中国园林"特展。出版包括《从废园到燕园》、《在空间的密林中》、《纽约变形记》和《疯狂的纽约》在内的中英文专著/译著。

采访时间:2014年4月

有方： 最近在做什么项目？

唐克扬： 惭愧，我实则在做着好几个截然不同的项目。既有我熟悉的展厅——美术馆设计，也有一个比较有趣的老宅改建项目，一个艺术酒店的景观研究，甚至还有……

当然，由于从前角色的惯性，以甲方顾问的身份从事的美术馆研究和艺术空间研究也可以算作某种带有实践性的"项目"。

有方： 这些项目最大的特点是什么？

唐克扬： 同时做好几个不同的项目虽是一种很不健康的工作方式，但也反映中国实践者的某种困境——不是不想集中精力做一件事情，而是因为大多数事情没有"必胜"的把握，而只能采取走走停停、多头并进的策略。总的来说我希望尽量缩小范围以求胜算，比如艺术酒店的项目中只做小块的景观。另一方面，同时让几件不同的事情在脑子里跑马，可以逼着你寻求一种最有效率的思考方式，寻求事物的共同点，以及相对于自己而言最优的工作方式。另外，我其实不相信项目的"独特性"，在"混战"和交叉中往往可以有一种张冠李戴的新思维方式，可以彼此启发。

有方： 最近在集中琢磨什么问题？

唐克扬： 我比较感兴趣的还是一种既千变万化又整一的设计方法论。注意到很多建筑师慢慢都开始感兴趣于这种既具体又宏观的思维方法，"园林"、"景观"、"现象学"、"类型学"……以少驭多，大小合并的跨越式方法论，取代了自上而下的"原则"。总的来说我觉我们知道的还是不够多，不是数量上的多，而是思维方式上的多样性和灵活性。

对自己的设计而言，最近我比较感兴趣的是室内设计，准备把近期的心得写成一本书。

北京798第零空间建筑设计。这个最早开始于2011年的艺术空间改建计划经历了几番周折,由于建筑师本身又是展览的策展人,这个项目具备了特殊的性质。设计既没有多做也没有少做,来自特殊条件下的原建筑玻璃盒子并不太适合做画廊,但是又不宜完全改弦更张,尤其是西南角的采光,虽然不够理想,却几乎是整座建筑唯一的亮面,如果将它们完全封闭,显得与最初无法彻底移去的结构自相矛盾。

建筑师最终为画廊留出了西南角的采光,增厚如"冰层"的受光面(聚碳酯阳光板),现在像一个过滤器,过滤了过多的直射光线的同时成了照相机的毛玻璃"后背","成像"是室内的摄影展览,而"显影"发生在三块可以旋转的石膏展墙背面。旋转展墙打开的角度对应着照相机的"快门"和成像方式,它把一个枯燥的画廊"白盒子",在不动声色之间转化为一部影像的机器。

毫不奇怪,这个设计也正对应着建筑师作为策展人的思路,设计虽小,空间与艺术的互相补充,室内室外的一体化,是每个建筑师梦寐以求的机会。

有方： 最近读了些什么书？简单谈谈这本书。

唐克扬： 专业方面：Atlas of Novel Tectonics（Jesse Reiser）。此处的 Tectonics 并不是中国建筑师某段时间爱谈的"建构"，而是后者的哲学。我看到某些国内评论者说这本书是"语言游戏"，感到这其实正反映两种思维的差异性，虽然建筑处理的貌似是具体的问题，但是没有一定程度的抽象是难以确立"有效性"的标准的。过于功利的"有效性"排除了思维训练向着更高层次进步的可能。讽刺的是，我们如此"实际"和"有用"，但现实中又是如此草率和低效。城市方面：《北京中轴线变迁研究》（郭超）。此前没有真正直接触过北京史的研究，这本不能算专业学者写的书中其实大多是"猜想"——比如临朔宫的位置目前似无任何考古证据。但本书的特点是启人想象。它或者证明了康的那则轶事：历史比我们想象的还要早……"猜想"中北京的"前世"对理解金辽旧都与大都的关系提供了新的角度，一如宇文恺的大兴城与汉故城的关系。我现在读此类书主要是填补深夜深睡前的某种意义匮乏。文史方面：有时偶然翻翻"文学史参考资料"和"北京老照片"。

有方： 最近一次旅行是去哪里？有何收获？

唐克扬： 半年前去了一次安达卢西亚。其实大多数地方早在各种教科书中看到，但亲临现场，还是深深为之震撼。中国人较劲的不是自己就是欧美，但是如今我真的感到世界之大和历史之深广，"我们"之所以为"我们"，不过是无数复杂关系中的一个小小的连接点。

有方： 未来半年有什么计划？

唐克扬： 希望至少可以落实一个有趣的、具体的、属于自己的建造项目，像某些人爱说的，造个房子、建个院子、养个孩子！与此同时，完成从十年前就早已计划的若干本书的零碎收尾，不为工分，不为评职称……其中还涉及和几位艺术家的好玩的合作。

03/ 庄慎

在闹市悄悄做立面改造挺 happy

庄慎,阿科米星建筑事务所合伙创始人、主持建筑师,在同济大学建筑与城市规划学院获得学士和硕士学位。代表作有双栖斋、黎里、嘉定新城规划展示馆、上海文化信息产业园、莫干山蚕种场改造项目。

采访时间:2014 年 4 月

有方： 最近在做的最有趣的项目是什么？最近在做有趣的项目的同时，是否也出于某种原因，做另一些无趣的项目？

庄慎： 在我看来，最近似乎是平淡期。项目有没有趣，我自己觉得主要取决于最近有没有新的想法用到项目里，不然就是老实地运用已有的想法，延续深化。最近做的项目，后者居多。

有方： 能具体谈谈吗？

庄慎： 最近的这些项目对我们这样小的事务所来说不算少了，从办公公寓到小建筑与立面改造，正在努力消化中。有些项目其实蛮有趣，比如做公寓的时候，我们正在尝试一种弯折的跃层，打算搞出一种南北长的板式，来对付南北长的基地；再比如有些小建筑，我在尝试用我们最近比较喜欢的方式去做，或者把我们没机会实现的想法趁机用一下；再比如我们有几个立面改造项目，正悄悄地在闹市里施工，做得挺 happy 的。

我们设计师蛮喜欢这种项目——规模不大，他们自己可以有独立负责的可能；离我们办公室又近，可以很方便到现场，我也觉得这样挺好。

有方： 最近在自己的业务上你觉得最烦的事是什么？

庄慎： 项目节奏不好控制，我们都感到疲劳。

有方： 最近读的最有趣的一本书是什么？

庄慎： 最近完整看完的一本觉得有趣的是《天真的人类学家》，正在读的一本是《落脚城市》。

有方： 最近一次旅行去了哪里？

庄慎： 芬兰与瑞典。看了几个阿斯布隆德（Asplund）、列沃伦兹（Lewerentz）和阿尔托（Aalto）的房子。

上：住宅研究

下：衡山坊 8 号楼昼夜变化的立面

阿科米星工作场景

有方： 最近在集中琢磨什么问题？

庄慎： 主要的一件事是我们的城市调研，用什么方式来记录与呈现呢？我们看到了一些自己感兴趣的东西，怎样变得明晰，并让这些东西对我们自己有用？记录与呈现，现在是个影响到进行下去的难点，就像科学试验结果，直接与怎样设计试验的方法有关一样。

另外一件事是，最近在为斯里兰卡巴瓦建筑旅行途中的交流讲座做准备，因为我也是第一次去，所以讲些什么还真要好好想一想。

有方： 最近有没有新发现某位很有趣的建筑师，对你特别有启发？

庄慎： 没有。

有方： 最近哪个建筑议题最让你关注？

庄慎： 最近我想找些跟日常建筑、日常城市相关的研究与实践论述看看。

04/ 刘珩

至今都没读懂生活

刘珩,哈佛大学设计研究生院设计学博士,香港中文大学建筑学院副教授,南沙原创建筑工作室主持建筑师。多年来以南沙和珠三角为根据地,开展多元化的都市研究,完成和正在实施的项目包括2013年深港城市\建筑双城双年展场地——价值工厂入口建筑及砂库改造建筑、南京珍珠泉艺术家工作室、广州时代美术馆(合作)、连州国际摄影展馆、中荷北京回龙观保障房及南沙科学馆、南沙书城等。

采访时间:2014年4月

有方： 最近在做的最有趣的项目是什么？
刘珩： 深圳，深圳，还是深圳。

有方： 最近在做有趣的项目的同时，是否也出于某种原因，做另一些无趣的项目？
刘珩： 我们只做有趣的项目。

有方： 最近在自己的业务上你觉得最烦的事是什么？
刘珩： 事务所的运营、管理和人事。

有方： 最近在集中琢磨什么问题？
刘珩： 我从哪里来，我在做什么，我要往哪里去。不少朋友最近都在谈危机、谈转型。我觉得自己是个晚熟的、不接地气、不食人间烟火、认定方向就死磕、至今读不懂生活的人。应该说，这是我最大的优点，也是最大的缺点。但走到今天，也许要放慢脚步，欣赏下沿路的风景了，甚至还可以逛逛花园……但问题是如何慢下来？慢下来后，去欣赏什么样的风景和花园？

有方： 最近读的最有趣的一本书是什么？
刘珩： 我订了 TIME 和《亚洲周刊》，每周通过这些杂志，可以了解全球和地域正在发生的故事；也在交叉阅读东野圭吾的侦探小说《伽利略的苦恼》和 Craig Callender, Nick Huggett 关于量子引力论的经典论辩《物理与哲学相遇在普朗克标度》，我很喜欢这种穿越的感觉，与现实拉开距离，逃到另一个时间和空间维度里去体验一种逻辑的乐趣。

有方： 最近一次旅行去了哪里？
刘珩： 前个星期去了意大利几天。虽说公差去了威尼斯 N 次，但头一次和一帮朋友忙里偷闲到附近的几个小岛逛逛，体验了各种家庭作坊，葡萄园和美酒佳肴。非常过瘾，这才叫生活的艺术。这里的人把衣食住行看作是一场艺术的体

上：蛇口玻璃厂入口改造——浮云
中、下：蛇口玻璃厂砂库改造局部实景图

验和创作。非常讲究，非常认真，同时自己在这个过程中也非常享受，非常随性，让人觉得这种生活很美，很轻松，很自然。

有方： 最近有没有新发现某位很有趣的建筑师，对你特别有启发？

刘珩： 去年尾和今年初，由于各种原因，我走访了丹麦、奥地利、瑞士和日本几个国家，虽然学生时代都去过甚至住过这些国家，但旧地重游，此时此地，却是别有一番心情。其中丹麦BIG的作品，给我印象深刻，他们的作品极具社会性，但有一种朴素的直觉和原始的冲动，很有爆发力，很有力量，绝对引领当今的建筑创作走势；而奥地利、瑞士和日本给我印象深刻的不再是建筑师的个体，而是滋养建筑师整体的文化土壤，朴素、轻淡、节制、谦逊的生活方式和价值观，让建筑师更加专注地追求一种内向的张力和内在的平静。即使是日常建筑，让人也觉得有涵养有品位，耐看。我觉得这是我们所需要的一种品质和创作心态。

有方： 最近哪个建筑议题最让你关注？

刘珩： 以城市性作为切入点的建筑，以及以建构作为切入点的建筑，二者是殊途同归，还是渐行渐远？建筑的生命力在哪里？其实这是我这几年一直用自己的实践和教学来探讨的建筑议题……我不太关注和在意目前流行的建筑议题。我的各种项目本身就充满了各种冲突、矛盾、不解和挑战；实时，在地，鲜活，已无法让我不关注，这种实践很刺激，本身就是无法回避的议题。

有方： 最近哪个社会议题最让你关注？

刘珩： 信息时代的世界格局和"冷战"，以及信息时代的"无所不在"及盲点——MH370。貌似自由和民主的今天，到底谁在主宰我们的一切。想起了Al Pacino在一部谍战片里的一句话："What you see is not what you think"。

有方： 最近除了设计外，花最多精力的活动是什么？

刘珩： 想事情，不停地走动。

刘珩工作场景

05/ 朱竞翔

最近在琢磨材料复合的逻辑

朱竞翔,香港中文大学建筑学院副教授,在东南大学获得学士、硕士和博士学位,主要国内外设计作品展览:变更通知——中国房子建造五人文献展(2001/03,上海)、TUMU-Young Architecture from China (2001/09, Berlin)、土木回家(2002/08,上海)、中国当代建筑展(2003,德国杜塞尔多夫)、上海国际建筑设计展(2004/01,上海)。

采访时间:2014年4月

有方：最近在做些什么有趣的设计项目?

朱竞翔：青海和内罗毕的小学校的设计。两个项目一个在 4200 米的高原,一个在 9000 公里外的非洲,都需要在夏天完成,有很多技术与管理挑战。而在那之前,团队差不多耗费了一年多时间来了解地方文化,制定全面的策略来完成建造任务。

有方：最近在自己的业务上您觉得最烦恼的事是什么?

朱竞翔：时间分配与管理。

有方：最近在集中琢磨什么问题?

朱竞翔：材料复合的逻辑。

有方：能否推荐您最近读过的最有趣的一本书?

朱竞翔：《地换山移——香港海港及土地发展一百六十年》,何佩然著,香港商务印书馆发行。《梁思成与他的时代》,朱涛著,广西师范大学出版社。

有方：最近一次旅行去了哪里?

朱竞翔：北京的方家胡同。

有方：最近有没有新发现某位很有趣的建筑师,对你特别有启发?

朱竞翔：Eladio Dieste。

有方：最近哪个建筑议题最让你关注?

朱竞翔：轻结构与砌体结构。

有方：最近哪个社会议题最让你关注?

朱竞翔：当然是台湾服贸事件了。

上：肯尼亚 MCEDO 北京学校可折叠结构室内效果图
中：肯尼亚 MCEDO 北京学校模型室内效果图
下：青海玉树拉吾尕小学室内模型渲染图

朱竞翔工作场景

有方： 最近除了设计外,花最多精力的活动是什么?

朱竞翔： 教学,和年轻的学生们在一起总是愉快的。还有开会,学系的、书院的、大学的以及政府委员会的,有时沉闷,有时也很有趣。

06/ 徐千禾

最大的烦恼是"找人"

徐千禾，汇一建筑主持建筑师。哈佛大学建筑学硕士（MArch II），美国建筑师协会会员，纽约州注册建筑师，美国绿色建筑协会 LEED AP 专业认证。主要作品展览：大声展（2007，上海、北京）、深港城市\建筑双城双年展（2007，深圳）、"再生策略：北京旧城"国际邀请展（2007，北京）、"街道是我们……大家的"歌华艺术馆（2008，北京）、成都双年展（2011，成都）、"Mock-Up 生活演习"上海当代艺术馆（2012，上海）、2012 年北京设计周（2012，北京）、"双城记 - 都柏林·北京"爱尔兰艺术周 Nuoart（2013，北京）。

采访时间：2014 年 4 月

有方： 最近在做些什么有趣的设计项目？

徐千禾： 接到的项目都很有意思。这些项目的环境条件差异很大，在海边的、农地上的、国内的、国外的，还有一个城市里的烂尾楼改造成公寓的项目。摆脱惯性的思维去思考手边不同类型、不同条件的项目，以合适的立场介入，这点我一直比较在意。

有方： 最近在做有趣的项目的同时，是否也出于某种原因，做另一些无趣的项目？

徐千禾： "无趣"的项目？能在每一个项目中找出意义、同时寻找创造意义的可能，就是件有趣的事。

有方： 最近在自己的业务上你觉得最烦的事是什么？

徐千禾： 寻找合适的团队成员和团队的建立与磨合。

有方： 最近在集中琢磨什么问题吗？

徐千禾： 一是学校的教学，如何引导学生进行独立思考而不随波逐流。另一则是建筑和都市如何成为生活的"容器"，它可以小到一间卧室大到一座城市，而这些空间是如何与环境以及生活结合，环境可以是高密度的城市或了无人烟的自然。

有方： 能否推荐您最近读过的最有趣的一本书？

徐千禾： Paul Auster 的 *New York Trilogy*，17 年前读过一次，最近我又拿出来重读。作者如何用一个我所熟悉的城市作为故事的背景，故事线又是如何在这座城市发展和流动，这事相当吸引我。

有方： 最近一次旅行去了哪里？

徐千禾： 2013 年底去了趟东京，逛了两天神保町旧书店区，在那个不大的区域有超过 150 家旧书店。很惊讶书店主人对书籍的态度，日本人对于文化资产的眷恋已到了某种恋物状态，去某些书店甚至给我一种进入博物馆的错觉。

有方： 最近有没有新发现某位很有趣的建筑师，对你特别有启发？

徐千禾： Yona Friedman 和 Peter Cook 的都市和建筑观点。Studio Mumbai 的执业方式也相当吸引我，他的事务所里建筑师可能不到 10%。

上、下：烂尾楼改造——服务式公寓

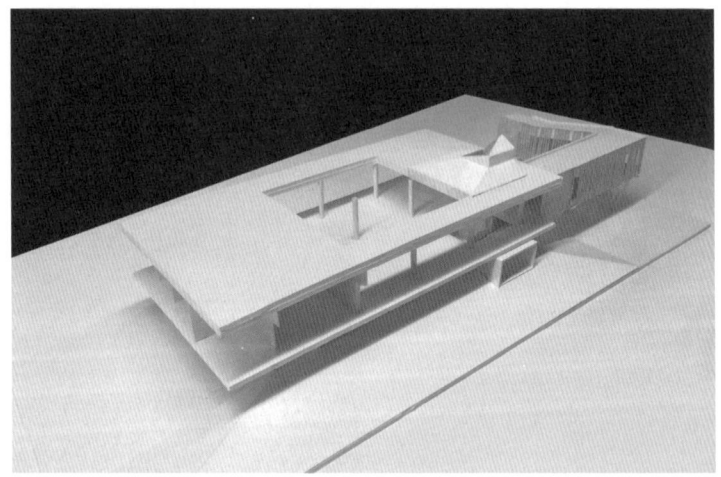
滨湖会展中心研究模型

有方：最近哪个建筑议题最让你关注？

徐千禾：真的没有。较之建筑议题本身，我可能更关注议题出现的原因和背景，这些都是观察社会和文化变化的线索。媒体对于建筑"潮流"的影响是值得关注的，这现象源自上世纪90年代末 *Wallpaper* 之类的软性生活杂志的出现。披着"生活风格"的外衣，经过包装的"设计图像"开始被快速、大量地传播和消费，自媒体的出现更强化了此一现象，而同时这也冲淡了建筑学自身的论述。

有方：最近哪个社会议题最让你关注？

徐千禾：一些社会现象譬如社交网络对行为和人际关系的影响。最近看到的两件 Banksy 的作品挺能反映这些变化。

有方：最近除了设计外，花最多精力的活动是什么？

徐千禾：阅读，一直如此。

07/ 李以靠

旅行是一辈子的事

李以靠,上海以靠建筑设计咨询有限公司主持建筑师。毕业于烟台大学建筑系,曾任职于马达思班、美国 nbbj 等事务所,2008 年独立执业。主要设计作品有宁波南部商务区核心区水街、宁波联盛商业广场 B 楼、蕲春天主教堂、铜陵循环经济展览馆、漳浦兰花展览馆、莆田联创商业广场。

采访时间:2014 年 4 月

有方： 最近在做些什么有趣的设计项目？

李以靠： 最近在设计一个小教堂，是个很有趣的项目，神父没钱，好不容易筹了些钱，买了块地，但买块地后，又没有钱了。去年去现场看了，在山西柳林县城的一个半山腰，下方还有窑洞当作临时聚会的地方，是个很有趣的地方。看完场地后，脑子隐隐有点东西，但是很模糊。离开柳林时，神父说愿意花十年时间盖这座教堂，我一听，就猜到神父没有钱！虽然神父不急，但离开后，我还在琢磨这件事。

湖北蕲春天主教堂

4月初神父找我，突然很着急要效果图，因为地方政府给了50万，他希望拿着我们的设计去募捐。之所以柳林教堂有趣，是因为它有别于大家印象中的教堂，像柯布的朗香教堂、小沙里宁在MIT设计的小教堂，还有安藤设计的光之教堂，他们都在表现教堂的神秘感，是《旧约》律法时代的一种状态，但柳林教堂表达的是一种《新约》的"救恩时代"。很多对基督教不了解的人，可能不知道《圣经》分为《旧约》和《新约》，《旧约》是律法时代，《新约》是救恩时代。

《旧约》里犹太人的祭司，用动物的血代替人的罪，但是《新约》中，用上帝之子耶稣钉十字架流的血来救赎所有人的罪，所以耶稣之后我们人类不再用动物的血来祭天了。救恩时代中人与神有了耶稣作中保，关系更近，人与神的关系如同父子、朋友、密友、爱人，我正试图用柳林的教堂这个设计来表达救恩时代教堂的一种阳光和亲密的状态。

有方： 最近在做有趣的项目的同时，是否也出于某种原因，做另一些无趣的项目？
李以靠： 我不知道如何定义何为"无趣的项目"，博物馆有趣吗？但是国内很多博物馆建筑极其无趣。要立面没立面，要空间没空间。厕所够无趣了吧，但是我记得王方戟老师把厕所设计得都很有趣，我感觉得出他是很认真做的。我还听过一个段子，Steven Holl 还没有出名前特想盖房子，于是被他感动的一位学生说服父母让 Steven Holl 砌一道墙，这学生父母看 Steven Holl 这么认真砌一道墙，也感动了，就允许他在墙上开个洞。所以我始终认为，这个世界上没有无趣的项目，只有无趣的建筑师。如果无趣的建筑师再加上无趣的业主，再有趣的项目也会变得无趣；如果一个很有趣的建筑师哪怕遇见一个很无趣的业主，但多少也能做出些有趣的事情。

有方： 最近在业务上您觉得最烦的事是什么？
李以靠： 开过公司的人都知道，业务上的烦恼是伴随着公司始终的，大部分的烦恼都不值一提，要不然就别开公司。最近困扰我的事情是我们很多很不错的房子盖好后，业主改了，用途改了。比如我们设计铜陵循环经济展览馆，等快盖完了，业主也换了，功能也改成铜陵规划馆，但原来的设计就不是为城市规划馆做的，最麻烦的是业主改了，你想用心控制都找不到人；还有我们设计的漳浦县兰花展览馆，现在建筑做好了，但是业主不知道如何运作。我希望我设计的建筑能用起来，让很多人用着，而不是为了拍张照片。

建筑师在做什么

上：漳浦县兰花展览馆
中、下：铜陵循环经济展览馆

有方： 最近在集中琢磨什么问题？

李以靠： 最近在琢磨如何在不同业主的经济能力范围内建造房子。我想这是所有中国建筑师都要面对的一个问题。三月份去看了一批日本现代建筑，四月初去杭州办事，顺便看了王澍在象山校区的那个酒店，上周去哈尔滨出差顺道看了马岩松的木雕博物馆和哈尔滨大剧院。

日本的建筑建造大部分都很精细，其实按日本的技术，他们可以盖任何难建造的房子，但是日本人很识货，他们就要适合他们的，日本人不浮夸；王澍的很多房子的设计水平和他掌握的建造水平几乎可以对等的，王澍其实很关注建造，而且他的设计和建造能力对等，这是中国建筑师要学习的，别看王澍的房子这么粗，其实是有细节的，细节不等于精细，细节是建筑师对建筑和材料的理解范畴，而精细是建造工艺的范畴；马岩松在哈尔滨的木雕博物馆和哈尔滨大剧院的设计远远超越了当地的建造能力，于是痛苦和焦灼就出现了，因为这两个建筑非做工精细不能看也，这是工艺问题，建筑师设计出来的东西，施工队没法做到，这要怪谁呢？怪建筑师不了解当地的建造能力，还是怪当地的施工队做事情的态度有问题呢？一方面人们可以说是建筑师无知造成的，但是另外一方面，这种超前设计是否有可能带动当地施工队的建造水平？我想马岩松在哈尔滨的两个建筑可能让当地一批施工队和业主的项目经理得到魔鬼式的锻炼和成长。

有方： 能否推荐您最近读过的最有趣的一本书？

李以靠： 最近在看台湾出版的有关新陈代谢主义的书，书的题目就是 *Metabolism*，不过是中文繁体的。新陈代谢是日本在上世纪60年代提出来的，我惊讶于日本建筑师的社会责任感，他们以他们的专业能力和工作方式关注着他们国家的命运，而他们五十年前提出的一些设想，到了现在还影响OMA，MVRDV这些国际顶级建筑公司的设计！回想我们国内的建筑师们呢？当然包括我在内，我们是否应该更多地关注一些社会民生问题？我们很多时候聚集在一起就吃吃饭、吹吹牛，然后一起做几个小房子，做完了拍几张照片宣传一下就完了，当然这样无可厚非，但我们可否在此基础上再努力一下，折腾点生意以外的事情来？这是我在看这本书时的反思。

有方： 最近一次旅行去了哪里？

李以靠： 我的工作和旅行分不开，一周至少一半时间在外面出差，每次出差都伴随着旅行和不一样的体验，虽然辛苦，但也乐在其中，我想旅行是我们做建筑师一辈子的事情，我更希望把旅行称作游学，就像有方说的"行走中的建筑学"，边走边学是一辈子的事情。

有方： 最近有没有新发现某位很有趣的建筑师，对你特别有启发？

李以靠： 最近让我发现朱竞翔老师研究的一些简易房设计很有趣，之前知道他，但没有关注他，现在开始关注他，是因为他目前做的事情是我没有精力做的。我拿他和坂茂、谢英俊做对比，他们各有优点，但我更欣赏朱竞翔做的。因为坂茂老是用纸，这种材料话说到处有，但是按照他的要求，推广性不大；谢英俊做的事情很让人尊敬，但是在美感方面不如朱竞翔；而我认为朱竞翔研究的东西兼具美感和推广性。他们做的事情让我意识到建筑师需要有社会责任感，需要关注弱势群体，我不希望我们建筑师只附庸于权贵！

有方： 最近哪个建筑议题最让你关注？

李以靠： 最近都市实践王辉老师关于实验建筑师和实验建筑的文章启发了我的一些思考。"实验建筑"其实应该是我们的一个工作状态和态度。

有方： 最近哪个社会议题最让你关注？

李以靠： 最近关注香港青年手机拍摄两岁小女孩便溺引发的冲突事件，据说还引发内地与香港网友的口水战。其实带过小孩的人都知道，小孩子有个毛病，非到憋得不行才上厕所，前天我带我女儿出去，出门前想让她上厕所，她死活不肯，结果出门不到15分钟就说要上厕所，以我带女儿的经验，等她要上厕所

李以靠工作场景

的时候是坚持不了多久，于是我赶紧抱她进一家咖啡馆的厕所。其实这次香港事件的位置在闹市区，商城、咖啡馆、餐厅应该很多，我不知道这女孩的父母为什么不抱孩子进厕所？是因为上厕所找周边的商户太麻烦？我觉得这父母也太不注意自己孩子的尊严了，而且是女孩子！

而事件中的这位香港小伙年轻，肯定还没有小孩，当他当过父亲、带过孩子，他也许就能体会到带孩子会出现这样的紧急情况，他更不会用手机拍一位两岁的女孩小便，他不知道这样会激怒任何父亲的，哪怕这位父亲脾气再温和。基督教两千年对人类的文明发展起到了关键作用，其核心就是宽容与爱，如果没有宽容和爱，根本别谈文明。连一位小孩的一滩尿都无法包容，就更别提文明了。我想这事正好遇到了双方素质都不怎么样的人，一方是不懂得保护自己孩子的尊严的父母，一方是不懂得保护一位小孩尊严的、没有社会经验的青年，于是事件就发生了，概率大概万分之一吧。但我一直纳闷，为什么在公共场所让小孩随地大小便的都是中国内地的父母？这点需要我们所有的内地人深思，这也是反映出我们国人基本礼节性教育缺失的问题，这与人的善良与否没有关系，这是人类社会基本素养的问题，动物随地大小便可以，但人不可以。

有方： 最近除了设计外，花最多精力的活动是什么？

李以靠： 除设计之外，我花的精力比较多的活动是运动和读《圣经》，运动大部分在健身馆，是为了让肉体保持健康；读《圣经》是大部分在出差的飞机起飞或降落段时间，早晚也读，读《圣经》是为了让灵魂保持健康，我信仰基督教是因为看到了我的灵魂的软弱，正如耶稣说："有病的人才需要医生，无病的人不需要医生。我来是为了罪人而不是义人。"我肯定是属于"灵魂"生病的人，所以需要信仰，信仰让我学会人应该谦卑和克制，但遗憾的是信了十几年到现在，往往关键时刻忘记了创造宇宙的上帝，自己取代了上帝在我心中的位置，变得骄傲和放纵自己的血性，这就是我的不成熟的状态，就如《圣经》说的："你们心里固然愿意，肉体却软弱了。"我想如果我身上哪怕有一点点好的品质，那一定来自上帝，而所有我身上所有的缺点一定来自我自己。

 **08/ 刘宇扬**

不做点无趣的事务，
怎能叫"事务所"呢？

刘宇扬，刘宇扬建筑事务所主持建筑师。出生于台湾台东，美国加州大学都市研究学士，美国哈佛大学设计研究生院建筑学硕士。师从荷兰建筑家库哈斯，完成中国珠江三角洲城市化的研究，并于1997年参加第十届德国卡塞尔文件展。曾任教于香港中文大学，韩国艺术大学建筑系评鉴委员，并受邀担任2007年深港城市\建筑双城双年展分策展人和2011年成都双年展建筑策展人。

采访时间：2014年5月

有方： 最近在做的最有趣的项目是什么？

刘宇扬： 我们自己的工作室改造。虽然不是头一回当甲方，却是在当自己甲方的项目中，使用人数最多、设计范围最广、投入成本最高、建造时间最短的一次。它原是位于老法租界弄堂里的一栋并不太老的砖混结构建筑，经过加建之后有近400平方米的使用面积，而离我2007年刚搬来上海时与冯国安合租的50平方米小工作室仅隔了一条街。我们从结构加固到幕墙系统，从地板水磨石骨料的选择到踢脚收边的做法，从天窗、纱窗到厕所的透气窗设计，一样都不放过。改建过程中也必须面对和处理好与周边居民的关系。整个过程比较累，但却是让团队成长的最好办法，透过自身的项目能真正体会到关于设计意图、使用、工法、造价以及社区关系等多方面的平衡，也更能理解当甲方其实也不容易。

最近刚开展的另一个项目是在浙江安吉鄣吴镇的老镇复兴计划。我们将这个计划命名为"生活演习2.0"，作为我和冯路在2012年为上海当代艺术馆策划的"生活演习：当代生活美学展"的升级版。这是一个结合策展、规划、建造、学术、媒体、招商和运营的一揽子计划，也是集一群人的智慧和资源共同发起的计划。我个人对这种专业界限相对模糊、能够从建筑学本体的"内与外"进行思考的项目非常感兴趣。

有方： 最近在做有趣的项目的同时，是否也出于某种原因，做另一些无趣的项目？

刘宇扬： 我们基本没有"无趣"的项目。但正如柯布曾经说过：在一天结束时，你仍需亲自打扫工作室。实际上，开始工作后的建筑师都知道，在每个"有趣"的项目中，百分之九十的时间是在处理许多"无趣"但必要的事务（不然为什么叫做"事务所"或"工作室"？）。我个人的体验是，真正的乐趣来自首先发觉项目中的"有趣"之处，并在处理完所有的"无趣"之后，仍能保留下一些"有趣"的痕迹。但是，一个毫无趣味的项目却是绝对不行的。

有方： 最近在自己的业务上你觉得最烦的事是什么？

刘宇扬： 缺乏诚信的业主。可能是一直以来运气都比较好，或者是由于项目多

上：安吉鄣吴镇老镇复兴计划鸟瞰图
下：安吉鄣吴镇老镇复兴计划荷花对景图

数来自熟悉的业主，并没有发生被骗方案之类的情况，但仍不免遇到拖款欠款甚至是项目做完若干年仍然收不回设计费的情况。我在乎的不仅是团队的辛苦付出得不到承诺的回报，而且觉得少了一份基本的诚信和尊重，再好的项目也是枉然。

有方： 最近在集中琢磨什么问题？

刘宇扬： 建筑理念的沟通。经过多年在院校的经历，我发现当今的建筑教育经常无法用简单的语汇说明一个基本的建筑问题，而我觉得能够用简单直白的方式对建筑行业以外的人阐述建筑学的理念非常重要。由于我经常需要跟我的小孩用非常浅显的方式解释一些他们感到不解的自然现象和日常事物，我发现许多儿童书在这方面做得特别好，透过简单的词汇和清楚的图解，一个 5 岁小孩也能理解水的自然循环和待人处事的基本道理。

有方： 最近读的最有趣的一本书是什么？

刘宇扬： 《工艺之道》。这是一本由日本民艺之父柳宗悦写于 1920 年代、关于日本传统工艺与现代社会的一本书，去年出了中文版。翻阅之后马上被他的文字吸引住了。在此节录一段：

关于工艺，诸问题仍有如前人未踏的处女地尚待解决。较之于已有相当积累的艺术理论，工艺理论还处于初步阶段。不可思议的是，甚至连工艺的意义尚无人能论述其深刻的智慧与正确的认识，几乎都是一些片段的、无法归纳成体系的、且都缺乏内在精神层面的意义……

我花费十余年的岁月来观察与自省，并在过去的一年中，不断提笔书写，书写那些我认为真正值得探究、深具意义的问题。虽然这是一本讲述工艺的书，但就我而言，其实是探求"信仰""信心"的心灵记录……透过这本书，我要强调的是，工艺之美与这个"民众、实用、大量、廉价、寻常"的平凡世界，有着密不可

刘宇扬工作场景

分的关系，正是这样的性质构成了工艺之美的基础。

看完此书我深刻地体会到，当今日本工艺文化的开花结果，实际上是经历了上个世纪初由于资本和工业化所导致近乎没落的阶段，而透过柳宗悦和一代日本文化家的推动，改变了社会对本土传统工艺的观念。我也在想，如果把书中"工艺"两字换成"建筑"，实际上也可对当今许多建筑价值观的问题有所启发。

有方： 最近一次旅行去了哪里？

刘宇扬： 我不是属于经常出差的建筑师。最近的一次旅行，是今年3月份我带我两个儿子（分别是3岁和5岁）去了趟我在广西兴坪快完工的一个叫"云庐"的项目，这是由几座老农舍改建为仅有9个房间和1个餐厅的微型精品酒店。我喜欢观察小孩在不同环境与空间里的行为和互动，每每总能让我有无限惊喜。这次也不例外，小孩一到了刚完成的石板院子，二话不说，马上脱了鞋赤着脚四处跑。当然他们知道，就算是12摄氏度并微微飘雨的湿冷天气，我也不会禁止他们。

有方： 最近有没有新发现某位很有趣的建筑师，对你特别有启发？

刘宇扬： 瑞士的 Luigi Snozzi。实际上，我在美国就读研究生期间就对处于现代主义边缘的 Snozzi 有所关注，他的瑞士南部山城 Monte Carusso 的修道院改建项目获得了1993年的威尔逊亲王城市设计奖（Prince of Wales Urban Design Award）。但一直到去年，在一次陪同业主考察的旅程中，我才有机会造访 Monte Carusso，重新发现了他的作品在城市策略、空间记忆、细部处理等方面对我的启发，并为他在那里维持数十年的城乡建设过程感到折服。

有方： 最近哪个建筑议题最让你关注？

刘宇扬： 即将开幕的威尼斯建筑双年展、库哈斯的策展主题"吸收现代性"，以及包括中国馆在内的各地建筑师与策展人对这个主题的回应。这是一个跨越历史、文化并同时拥抱和质疑现代性及全球化的宏大叙事，很尖锐也很有深度。

这属于老库的一贯作风,是他集多年历练所释放出最具批判性的思想输出,也是个人觉得今年最值得关注的一场建筑事件。

有方: 最近哪个社会议题最让你关注?

刘宇扬: 美国和俄罗斯在乌克兰问题上的对峙。这是个复杂的领土、文化、民族和国际安全问题,也是对当代政治家对和平与冲突的博弈与智慧的一次考验。在当今早已全球化的互联网时代,人们对一些基本问题的思维和处理方式是否比一百年前有所进步,抑或依然不断在重复历史?

有方: 最近除了设计外,花最多精力的活动是什么?

刘宇扬: 跟孩子玩。我发现更多时候不是我陪他们玩,而是从他们身上重新学习如何玩,目睹他们是如何运用无边无穷的想象力,轻松转化身边早已熟悉的事物,使得一切充满乐趣的可能。当然,他们的调皮也经常令我抓狂!

09/ 张斌

在做的项目到底能走多远？

张斌，致正建筑工作室主持建筑师、同济大学建筑与城市规划学院客座教授，《时代建筑》专栏主持人。致正建筑主要作品有同济大学建筑与城市规划学院C楼、同济大学中法中心、安亭镇文体活动中心、新江湾城中福会幼儿园、同济大学浙江学院图书馆等。曾获2004年WA中国建筑奖佳作奖、第四届中国建筑学会建筑创作奖佳作奖、第五届中国建筑学会建筑创作奖佳作奖、第六届中国建筑学会青年建筑师奖、2013年中国勘察设计协会行业奖公建一等奖等。

采访时间：2014年5月

有方： 最近在做些什么有趣的设计项目？

张斌： 不知是否算最有趣，最近在做的最有挑战和最有期待的项目是崇明东滩鸟类保护区里的一个项目，基地是一望无尽的滩涂芦苇荡。东滩原来为了快速固滩，引进了一种外来物种"互花米草"，但是这种草过密的疯长让滩涂的生态系统面临崩溃，鸟类根本无法落下觅食，东滩快成为无鸟的鸟类保护区了。经过多年研究，东滩目前在实施庞大的互花米草生态整治工程，希望恢复适宜鸟类栖息的芦苇湿地生态系统，目前已经完成了一期示范工程。我们的项目就是与这一生态整治工程相配套的一个宣教展示中心。

这个项目面临的挑战主要有以下两方面：场地的特别体验感与环境的脆弱性的矛盾；必要的环保、节能、可持续考虑与高盐、高湿环境对于材料、建造体系的易维护性要求的矛盾。由于示范区里已有全木结构的一些建成经验，但是维护特别困难，使建设方一开始就排除了所有轻质体系的选项。我们需要在钢筋混凝土体系这个唯一选项内去回应这一特殊场地的所有挑战。目前看来，值得庆幸的是，经过一年多断断续续的反复沟通与优化，我们一开始提出的"浮山林屋"方案终于获得了建设方的一致认可，目前正在完成实施方案的最后阶段。

有方： 最近在做有趣的项目的同时，是否也出于某种原因，做另一些无趣的项目？

张斌： 有趣、无趣是可以转化的吧。有些项目看似有趣，最后其实很无趣；有些项目开头显得无趣，最后却很是有趣。建造是个漫长的活儿，能够开头有趣结局也有趣的项目真是不多。即使开头结局都有趣，这个漫长的过程中大部分事情其实是无趣的。我常和工作室的同事讲，看似光鲜的结局背后，都是整个团队经年累月地与枯燥的、折磨人的日常事务的厮磨。要做建筑师，就得扛得住那个日常的无聊，不放过每一个可以把无趣变有趣的机会。

我们其实更看重每一个项目与各方合作的空间与挑战，而不是简单的有趣与否。最近有机会开始做医院，这种项目称不上有趣，却是充满挑战的，而且特别能锻炼团队。因为医院是国内少有的每一个房间都要好好处理的项目类型之一，做过医院，大概没什么项目还会心虚了。

有方： 最近在自己的业务上你觉得最烦的事是什么？

张斌： 烦恼总是不断的，可以说这几年最担心的就是项目到底能走多远。现在把一个项目实现好越来越难，常常不得不半途而废，或者干脆释然于尽力之后的无奈。常常是开头容易收尾难，沮丧大于满足。建筑师就是这么个找罪受的职业，烦恼多了也就不成为烦恼了，所谓"谋事在人，成事在天"嘛。

有方： 最近在集中琢磨什么问题？

张斌： 最近想得最多的也和上一个问题有关，就是面对建制性项目中由于环境变化带来的那种沮丧局面如何突围。面对所谓的"物质性完成度"早已完全不能作为小型事务所的优势的当下，我们应该更多地从城市、乡村、社群的真实状态中获得能量与支撑，而不是再执着于只是造好房子。这也是为什么我会期待于把更多的时间与资源用于城市调查与研究、各种非建制性实践、教学等内涵扩大的建筑实践的原因吧。最近有机会开始几个更自主的非建制性建造，比如农宅改造、村落更新、私人简易度假屋建造等，这些会比造通常的大房子更有吸引力。

有方： 最近读的最有趣的一本书是什么？

张斌： 我平时读书时间不多，很多资讯类阅读完全依托于手机了。最近在看三本书，断断续续的，也不知道算不算最有趣。一本完全的闲书是金宇澄的《繁花》，虽然写的是比我大一圈的上海人，但是书中描述的上世纪60年代末和80年代末的上海的城市空间和图景在我脑海里是一触即发的身体记忆，无论是关于街道、弄堂或居室，以及其中承载的各种人是物非或者物是人非。其中一个蛮有趣的阅读经验是，起手两行读过，马上自动进入沪语默读模式，看得比国语慢，但是愉悦；包括书中各处出现的苏州话、绍兴话、苏北话等等，都是能够自动切换的。这书看了一半，搁下两个月了，不知何时再开始续读。

上、下：崇明东滩鸟类保护区宣教展示中心方案效果图

另一本算半个闲书，是徐小虎的《画语录：听王季迁谈中国书画的笔墨》，这本书我是挑我感兴趣的部分跳着看的。王老先生言简意赅，也很平实，其实像王老那样在手、眼、心一致的基础上谈论山水画的笔墨意趣，真也是平常话语就能说清了。虽然我对书中的有些部分不太苟同，比如在笔墨方面对董其昌的甚高评价，但是读来还是很有启发，特别是在书的结尾部分找到徐、王两位对话者对我特别喜欢的钱选、陈洪绶两人的对照论述，再以王老自己的去国之情戛然而止，读来唏嘘。

第三本书不算闲书，就是去年 MoMA 出的展览专辑 *Henri Labrouste: Structure Brought to Light*。作为结构理性主义的代表人物之一，Labrouste 是我特别感兴趣的 19 世纪建筑师，之前也实地看过他的法国国家图书馆和 Saint-Geneviève 图书馆这两个不朽之作，这次准备和我的研究生一起做一些研读和讨论。

有方：最近一次旅行去了哪里？

张斌：好久没旅行了。如果算的话，最近一次是清明回宁波老家祭祖扫墓，又看了一眼被拆了一半的老村，走了一下童年自己经常出没的院落巷道。明年不知还能否再看到。之前一次正式的旅行是去年的红叶季又去了一次京都、奈良，看寺院和庭园。既看了一些四季各具特色的庭园的秋景，比如桂离宫、修学院离宫、慈光院、诗仙堂、大仙院、曼殊院等，又领略了一些专门看红叶的庭园在红叶既盛时的风景，比如保严院、高桐院、高台寺等。一路下来，感觉日本庭园的长处还是在于小尺度禅宗庭的登峰造极，是静观神游的绵延时间性和顿挫游走的片段时间性的身体感的结合；一到大尺度庭园的叠山理水、因借经营，需要身体的自由游走的绵延时间性介入时，总归感觉自身的创造有限，程式化的运用居多。如果讲观与游结合得好的庭园，那可能还推诗仙堂，也就是曾为德川家康近侍的汉诗家石川丈山 59 岁时为自己营造的隐居之所。由于地势之胜，无论是静观庭还是洄游庭，都透露着咫尺间神游山林的老人情怀，是一种褪了火气之后的凝练与精准，年轻人大概做不出来。

张斌工作场景

有方：最近有没有新发现某位很有趣的建筑师，对你特别有启发？
张斌：暂时没有。

有方：最近哪个建筑议题最让你关注？
张斌：不太关心各种新的建筑话题。

有方：最近哪个社会议题最让你关注？
张斌：最近有两个社会新闻或事件挺让我想去进一步了解。一个是网上报道的杭州四季青市场附近居民楼顶的大规模违章搭建，一个是上海的电视台报道的对于群租现象的新一轮执法打击。
这两件事都和中国当代大都市中低收入城市服务人群的居住问题有关，其实是长期的单一"资本－权力"架构下的过分依靠房地产开发、绅士化与商业化的城市更新与扩张方式下的空间生产模式与社会真实状况的巨大差异造成的，是民众自发的一种空间斗争行为。政府部门的单纯执法拆违并不能真正解决问题，因为将城市低端服务人群的低成本居住可能从中心城区驱离只会妨碍城市的良性发展，而站在城市中产阶级的空间洁癖立场出发的这些执法行为最终也会损害中产阶层自身的利益。这些思考其实和我们正在开展的上海城市调查研究的一些关注点相关。

有方：最近除了设计外，花最多精力的活动是什么？
张斌：现在在建筑设计之外，自己的精力主要花在两件事情上。其一是每年一个学期的同济实验班的"小菜场上的家"的长课题教学，和王方戟、水雁飞搭班，今年下半年庄慎也会加入。我们让学生从城市认识和调研入手，去认识这一复杂课题的社会相关性与锁定设计所对应的问题，再用建筑学的方法去趋近这些问题的解决。
其二是和几位上海有共同兴趣的建筑师一起开展的有关上海城市问题的案例调研，我这边主要是用研究生团队在做。这是一个比较长期的计划，希望通过对于各种在上海有代表性的空间案例的研究，比如未列入历史保护的旧式里弄、各个时期的工人新村、新公房、大型房地产封闭小区、"退二进三"的老工业区，以及依托于以上空间类型的复合地区，主要是想探讨这些空间和人群、和生活、和城市发展的关系与潜力。这个工作刚开始不久，前一年多我的研究生对徐汇区永康路旧里地区依托小资本进行渐进式街区更新的案例展开了调研，探讨了这一模式对于这种僵死的旧里街区的必要性、有效性，以及立足于政府授权和社群协商的资源重组的更新方式，更揭示了在缺乏社区自组织机制的现实下这种更新模式的现实困境与出路。而今年我们已经锁定了新的调研目标，正在紧锣密鼓地展开工作。

10/ 何健翔

观察与思考
珠三角地区的文化生长

何健翔，源计划（建筑）工作室主持建筑师。2000年毕业于比利时鲁汶大学建筑研究生院，同年加入比利时VK Group建筑事务所，任方案建筑师，完成一系列集合住宅和公共建筑项目。2006年成立源计划（建筑）工作室开始其独立实践。

采访时间：2014年5月

有方： 最近在做的最有趣的项目是什么？

何健翔： 我们尝试把参与的每一个项目变得有趣。在国内做事关键是找到有趣的人一起制定有趣的目标。这里可以提两个项目，一个是我们自己的工作室。去年年初我们改造了位于广州荔湾区的老广州啤酒厂的麦仓顶层空间，过程相当有趣：让设计团队适应到一个原本纯粹生产物料存放和输送的空间中。一起在里头耕种、劳作的经历很奇妙，而且这种经历还在继续。

第二个是我们在威尼斯的一个小改造项目，改造的场址是一幢16世纪家族老宅的首层部分空间。它跟我们通常在国内面对的缺少历史记忆的状况相反，这里充斥着历史和记忆。威尼斯项目冗长设计过程的多次往返和穿越反而使在国内外的两种不同设计状态均变得有趣。

有方： 最近在做有趣的项目的同时，是否也出于某种原因，做另一些无趣的项目？

何健翔： 我们不会选择自认为无趣的项目，但确实会遇到项目由有趣变得无趣的事实。建筑实施过程是一个社会性的协作事件，一旦这种协作过度地机构化和分工后就会失去事情原本的理想和趣味。因此，建筑师很重要的责任是给现实化或者庸俗化的设计和建造过程不断注入活力和趣味，维持建筑的生命。

有方： 最近在自己的业务上你觉得最烦的事是什么？

何健翔： 令人烦恼的事情还不少，项目的组织协作、团队建立、价值观念的统一，这些彷佛背后又都指向了我们的教育。

有方： 最近在集中琢磨什么问题？

何健翔： 由于过往经历的缘故，我一直在琢磨地域文化生长的问题，尤其是珠三角地区。

有方： 最近读的最有趣的一本书是什么？

何健翔： 之前刚读完了David Harvey的《巴黎城记》，一本关于法国"第二帝国"

建筑师在做什么

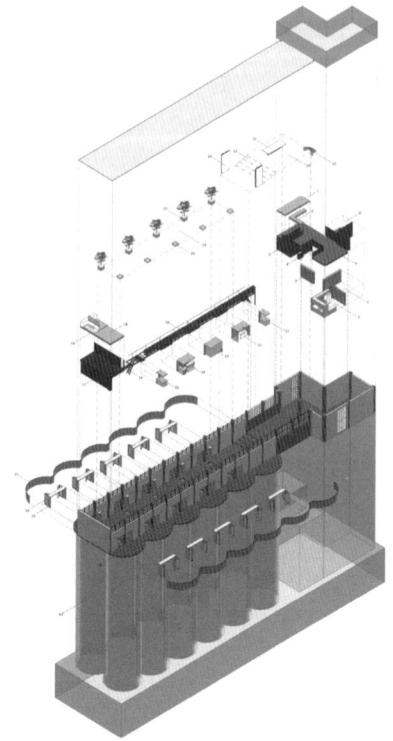

左上：麦仓顶层工作室局部
左下：麦仓顶层工作室分析图
上：源计划（建筑）工作室工作场景

的政治空间历史,从中发现诸多与今天的中国城市发展状态相似的镜像。现在正读着思波义信的《中国都市史》,一本视角独特的中国城市历史读本。

有方:最近一次旅行去了哪里?

何健翔:最近一次纯粹的私人旅行是去日本,这是我第二次去日本。我在这个大众有着复杂感情的邻邦里观察到一种似曾相识的文化的生长。而最近的工作旅行是到威尼斯,这个城市对我而言仿佛是一个与绘画和传说中的广州有着千丝万缕关联的故地。

有方:最近有没有新发现某位很有趣的建筑师,对你特别有启发?

何健翔:我习惯于观察身边的景物和人群。最近发现了一个叫"本土创造"的小设计团队,他们结合了珠三角生产力的产品和家具设计很有意思。

有方:最近哪个建筑议题最让你关注?

何健翔:建筑的更新和空间再生的议题。这是我们近年来一直在实践的议题,也是目前正在与 Moving Cities 合作设计在威尼斯的 Adaptation 建筑展的话题之一。

有方:最近哪个社会议题最让你关注?

何健翔:目前自上而下的新"整风运动"以及未来中国上层政治和民间经济空间关系的走向问题。

有方:最近除了设计外,花最多精力的活动是什么?

何健翔:除了设计我最常做的是阅读、呆在家里看电影。当然,处理完设计的事情之后,时间也所剩无几了。

11/ 车飞

关注材料与建造工艺的创新

车飞，超城建筑（CU office）主持建筑师与城市规划师。先后在杜塞尔多夫、德绍（M.Arch）、魏玛（PHD）学习建筑学和都市化发展，从事城市社会空间性研究。著有《北京的社会空间性转型——一个城市空间学基本概念》与《震荡》，并在许多国内外专业期刊上发表论文。自2012年起，担任北京大学中国城市化课程客座教师。自2014年起担任北京服装学院智慧环境研究中心主任、副教授。

采访时间：2014年5月

有方： 最近在做的最有趣的项目是什么？

车飞： 北京服装学院媒体实验室改造项目。它将一个 8 米高的匀质空间转变为一个由机械和电子设备控制的变化多端的跨活动空间。一个纯粹的机械的顶棚，联动并控制所有的灯光、机器和活动帷幕将匀质空间切割为各种专业空间，并达到灯光、声学与行为控制的需要。尽管仅仅是一个室内改造项目，但是我努力将其设计为一个性感建筑。

有方： 最近在做有趣的项目的同时，是否也出于某种原因，做另一些无趣的项目？

车飞： 首先，我们只做有趣的项目；其次，我们做的所有项目都会因我们的设计而有趣。

有方： 最近在自己的业务上你觉得最烦的事是什么？

车飞： 一个是在建筑保护与规划条例制定最为苛刻的北京市老城核心区的四合院改造，却因为城市管理上的盲点，因此拥有极大的自由度，为此不得不自己给自己设定各种必要的限制。一个是在城市建筑规范之外的北京怀柔山区中的私人住所，却因为乡村邻里关系的制约，使得本应有最大自由度的设计变得处处受限，为此不得不在限制中寻找各种可能的突破。

有方： 最近在集中琢磨什么问题？

车飞： 关于城市：后集体性与中国城市居住区邻里结构转型，这是我长期持续的城市社会空间性研究课题，也是我认为的迫在眉睫的中国城市危机。中国的邻里居住模型混合了苏联配给制城市居住区的邻里模型和美国拉德本花园小区的模型，结果大多是"高容积率集体住宅 + 低密度花园社区"的组合方式。长处是获得了最小的土地、最大的建筑空间与最集中的花园绿地的解决方案，短处是清除了邻里关系。明天的城市危机就会是一团散沙的原子化大众，困守在混凝土框架空间中，理性价值被暴力驱逐。

上：山东烟台间舍私人美术馆
下：无锡蠡湖新城总体规划鸟瞰图

有方： 最近读的最有趣的一本书是什么？

车飞： Sven-Olov Wallenstein 写的 *Bio-politics and the Emergence of Modern Architecture*。

有方： 最近一次旅行去了哪里？

车飞： 德累斯顿。

有方： 最近有没有新发现某位很有趣的建筑师，对你特别有启发？

车飞： 奥地利建筑师 Laurids Ortner，他是我 2001 年和 2002 年在杜塞尔多夫读书时的老师，当时只知道他组建的 Haus-Rucker-Co 在上世纪 60~70 年代是欧洲最为激进的先锋建筑小组。先前以为他醉心于教学和研究，最近发现他在德国的杜伊斯堡完成了一个新项目，北威州档案馆。他在一个项目中完整而清晰地表达了历史、建筑、建造和总体艺术。伟大的建筑师总有机会完成心中的作品。

有方： 最近哪个建筑议题最让你关注？

车飞： 材料与建造工艺的创新。

有方： 最近哪个社会议题最让你关注？

车飞： 遍布世界的城市暴力与城市空间的关系。

有方： 最近除了设计外，花最多精力的活动是什么？

车飞： 研究项目。

11 车飞

车飞工作场景

12/ 张之杨

是建筑师看不上业主，还是业主理解不了我们？

张之杨，局内设计创建人、主持建筑师。先后就读于加拿大多伦多大学与哈佛大学。加拿大皇家建筑师学会会员。曾担任美国 AECOM（原 EDAW）公司资深城市设计师，后以资深项目建筑师身份就职荷兰大都会事务所（OMA），负责 SSE（深圳证券交易大厦）的设计建造。

采访时间：2014 年 5 月

有方： 最近在做的最有趣的项目是什么？

张之杨： 桃源居总部的室内设计。

在这个项目中，我们的主要任务不仅仅是完成一个标准的办公楼的室内空间，而且希望通过设计创造一些额外的价值，例如运用垂直绿植系统来消解西晒阳光而导致的困扰，大量的垂直绿植本身也可以改善办公空间的空气质量。我们将原有仅仅承载交通功能的竖向楼梯系统重新设计，将其扩展为贯穿上下五层不同办公功能空间的"体验线索"，沿着挂上一串盒子开敞的空间，他们没有明确的功能限定，员工可以自由地使用这些空间来打盹、私聊、八卦……

在这个项目中，我们尝试运用"被动式设计"的逻辑进行设计，就是指设计的动机不仅仅由设计师个人的审美倾向及偏好来驱动，而是首先研究使用人群的功能及心理需求，或者项目的特殊制约条件，力图将制约条件转化为机遇，或生发设计灵感。比如说，为了在项目的空间制约条件下创造一个大规模的垂直绿植，同时解决自动浇灌以及防渗漏等多方面的功能要求，在没有可借鉴先例的情况下，我们"被迫"发明了一套全新的双向透光、免人工浇灌的清洁室内绿植系统，并意外地成功获得国家发明专利。

有方： 最近在做有趣的项目的同时，是否也出于某种原因，做另一些无趣的项目？

张之杨： 我对新奇而不确定的事情会比较容易产生兴趣，而对驾轻就熟的重复性事物会感到越来越乏味。所以对于一个个兴趣广泛的人来说，我们对每一次新类型的项目机会都充满兴趣，挑战越大，兴趣越大。没有无趣的项目，只有无趣的事务，比如项目过程中那些与设计建构无关的，但又无法回避的行政、管理、人际关系等事务。

有方： 最近在自己的业务上你觉得最烦的事是什么？

张之杨： 在完成一个设计项目的过程中如何能够将不同背景与经验团队成员有效并愉悦地带入整个设计过程，并使得大家的才华与投入反映在成果之中，换

建筑师在做什么

上、中、下：桃源居办公楼

张之杨工作场景

句话说就是如何建立一个快乐而积极的公司文化。这对我们来说依然是一个巨大的挑战。

运营一个独立的设计事务所，常常要花费超过 60% 的精力在一些与设计建构无关的事情上，寻找一个有共同价值观但又能够帮助公司完成商务管理工作的合伙人是非常困难的。

有方： 最近在集中琢磨什么问题？最近哪个建筑议题最让你关注？

张之杨： 为什么当下国内受过良好职业教育、有职业使命感与坚持的独立建筑师经常处于缺乏实践机会的状态，乃至于常常看到一群建筑师"聚集"在远离城市的山区或沙漠探索小众且高雅的建筑实验。是建筑师们看不上业主，还是业主理解不了我们？而与此同时，不计其数的产业建筑师却常常忙得连睡觉的时间都很少。换句话说，中国独立建筑师作为一个群体是否有机会更加正面且积极地影响、参与乃至引导当下如火如荼的城市化进程？

有方： 最近读的最有趣的一本书是什么？

张之杨： 前阵子读了一本《杜尚传》，觉得挺有意思。身处一个将艺术拼命独立于世俗之外的艺术界，却以"皇帝新装"式的视角质疑整个艺术圈的价值系统，以漫不经心乃至调侃般态度用作品《泉》对艺术圈主流价值炮轰，最终反而被艺术界视为大家，终修成正果。大概所谓的独立性的价值不仅仅是独立于世俗，还要独立于"XX 界"，这不仅需要非凡的睿智与眼界，更需要心如止水般的超脱。

有方： 最近一次旅行去了哪里？

张之杨： 年初去了趟纽约，已经不记得是第几次了，读书的时候经常周末伙同几个吃客跑去纽约"撮一顿儿"，但真正地毯式地体验这个城市还是第一次。其实，我所说的纽约更多的是指曼哈顿岛：一个以最貌似"简单粗暴"的画格子方式产生的规划却创造了在文化、空间、气质上最多元、最丰富而且莫名其妙的"和谐"城市，其中的智慧与精彩无以言表。

曼哈顿岛从东到西、从南到北几十个街区有各自特有的调性与风格，比如愤怒的哈林区与高大上的上东区虽一街之隔却相安无事；名流聚居的 Tribeca 与市井气息十足的唐人街和平共处。你可以刚刚踏出华尔街纽交所气派的大厅，马上钻进矿坑般昏黑狭窄的地铁。这个城市的每一个角落，不论是豪华尊贵还是粗鄙肮脏，都显得自然而然、毫不做作。这些巨大的差异化外表背后，好像共享着某种默契——对文化差异性的无限度包容、对自由选择的彻底尊重、对自身历史的不修边幅的坦然。其实，是这种骨子里的文化自信成就了这个可能。纽约是当今世界上最多元、最包容也是最有趣的城市。

有方： 最近有没有新发现某位很有趣的建筑师，对你特别有启发？

张之杨： 暂时没有。

有方： 最近哪个社会议题最让你关注？

张之杨： "关注"任何一件事情都意味着首先要在海量的信息里甄别真伪，然后"明辨是非"（理论上）。而今天，我们生活在一个被"热点"不停冲刷的世界里，新闻、广告、谎言乘着网络的快车，以排山倒海的架势不停撞击着我们的眼球与大脑。"甄别信息真伪"变得越来越不可能。

有方： 最近除了设计外，花最多精力的活动是什么？

张之杨： 陪女儿玩。

13/ 祝晓峰

总是忍不住在建筑中引入庭院

祝晓峰，1999 年哈佛大学设计研究生院建筑学硕士，1994 年深圳大学建筑学工学士。2004 年在上海创办山水秀建筑事务所。近期作品包括：朱家角人文艺术馆、东来书店、连岛大沙湾海滨浴场、胜利街居委会、金陶村活动室、青松外苑、万科假日风景社区中心、晨兴广场写字楼、新虹桥快捷假日酒店、上海包玉刚中学、嘉定大裕艺术村等。

采访时间：2014 年 5 月

有方：最近在做些什么有趣的设计项目？

祝晓峰：山水秀设计的第一个幼儿园正在安亭建造，是一群六边形的庭院建筑。我总是忍不住在建筑中引入庭院，因为比起古代的中国人，庭院这种让我们能够与自然随时亲近的空间已经在当代的日常生活中消失殆尽。希望我们设计的幼儿园能为在里面成长的孩子留存庭院的记忆。

正在设计的项目里面，有一座为绿地集团设计的2万多平方米的研究院，各种高度复合和弹性的使用空间分布在一个扁平的4层建筑中，松散的剪力墙结构营造了自由的空间秩序，任由一条小溪从中穿过；还有浦东前滩江边的一座餐厅，高低错落的室内外平台与顶部起伏的折板结构之间形成了松紧变化的张力；另有徐汇区东湖路附近的一间书吧，浓密的树林空间再一次激发我们作出新的尝试。

有方：最近在做有趣的项目的同时，是否也出于某种原因，做另一些无趣的项目？

祝晓峰：眼下没有。

有方：最近在自己的业务上你觉得最烦的事是什么？

祝晓峰：在大约三成的项目上，无法和建筑未来的使用者进行交流。我想这是一个"中国性"非常显著的普遍问题。

中国建筑师所服务的业主当中有相当的比例不是建筑真正的使用者，而是持有土地开发权的地方政府和开发商。前者优先重视的往往是建筑形象而非使用，后者对建筑使用的理解往往是市场调查出来的、现成的"最好卖房型"。中国当代建筑之所以少有对人的切实关怀，正是此因。就算有建筑师主动为未知的使用者考虑，也往往凭猜测而非由互动产生。

由于愿意在设计阶段引入使用者和建筑师沟通的业主凤毛麟角，这种"小众化"的业主也就成了我们事务所最尊重的客户。如果在未来中国，这样的小众能成为主流，则中国建筑的品质就不可同日而语了。

建筑师在做什么

上：幼儿园项目局部
中：松江绿地研究院局部效果图
下：松江绿地研究院鸟瞰效果图

13 祝晓峰

祝晓峰工作场景

有方:最近在集中琢磨什么问题?

祝晓峰:秩序与自由的共生。

有方:能否推荐您最近读过的最有趣的一本书?

祝晓峰:马歇尔·麦克卢汉:《理解媒介——论人的延伸》。

"我们塑造工具,而后工具塑造我们。"麦克卢汉是加拿大人、传播学巨匠。作为一本传播学既另类又经典的读本,这本1964年出版的书无论对过往的人类历史,还是对21世纪的媒介时代,都有着深刻的洞察力和令人惊异的预言。麦克卢汉在书中从延伸的角度看待人造物的进程和人类的进化史,并预测我们的未来,这本胆识过人的书是一本预言之书,而不是一本论证严密的理论著作,但振聋发聩,影响深远。

Global Village(环球村)、Media is message(媒介即是讯息)、"机械媒介是人体器官的延伸、电子媒介则是中枢神经系统的延伸","部落化-非部落化-重新部落化"等核心思想,共同描绘出一个在我们的有生之年业已形成的世界。正如麦克卢汉预想的累积式而非序列式的未来一样,《理解媒介——论人的延伸》也是一部可以从任何章节开始、随时取阅、可取所需的书。

有方:最近一次旅行去了哪里?

祝晓峰:意大利的佛罗伦萨和小城Luca。托斯卡纳的光阴只由四季流转,建筑和城市一直凝固在那里,年复一年地播放着文艺复兴的记忆,那是人类文化史上永恒的华彩篇章之一。

有方:最近有没有新发现某位很有趣的建筑师,对你特别有启发?

祝晓峰:陈其宽。他在上世纪50年代就从体系和原型的角度探索如何用现代建构传承、更新中国传统的建筑和空间语言。路易斯教堂是一座特殊的杰作,真正伟大的是他在校园里设计的那些普通建筑。参观他设计完成的东海大学建筑,和看他早年的水墨画作一样,都是直触我内心的空间体验。陈其宽和王大闳、冯纪忠一样,是中国建筑师在那个苦难年代里罕有的光辉。

有方: 最近哪个建筑议题最让你关注?

祝晓峰: 对结构的诗意呈现。

有方: 最近哪个社会议题最让你关注?

祝晓峰: 教育改革。

有方: 最近除了设计外,花最多精力的活动是什么?

祝晓峰: 孩子。然后是教书、阅读和吃。

14/ 朱雄毅

我的项目无趣的不在少数

朱雄毅,深圳大学建筑学学士,悉地国际东西影工作室主持设计师、设计总监。近期作品:深圳观澜版画博物馆、深圳软件产业基地、深圳信息职业技术学院、海纳百川双塔、深圳国家基因库、海南清水湾剧场、中集集装箱松山湖总部等。

采访时间:2014 年 5 月

有方：最近在做些什么有趣的设计项目？

朱雄毅：最近刚完成东莞一个总部办公楼的施工图，项目区别于以往办公楼追求效率的模式，而是有机会把工作、交往、景观、绿色等因素作为一个整体进行处理。在效率和空间舒适度方面我们找到了一种相对平衡、可控的组织模式。

有方：最近在做有趣的项目的同时，是否也出于某种原因，做另一些无趣的项目？

朱雄毅：在一家大型商业公司往往有机会做一些大型、复杂、有影响力的项目，旁人看来令人艳羡，但项目操作的实质却有大量不定因素：周期的变速度推进、投资的调整、项目人员的更换等，他们相互交织催化，使得有趣的项目变得无趣，商业公司的标签还需要做好服务，在我们的日常工作中，此类项目不在少数。

有方：最近在自己的业务上你觉得最烦的事是什么？

朱雄毅：最近有一批项目陆续即将建成，建造过程中材料质量、建造质量、设计质量问题都暴露无遗，在还没全部完工之前，我们还需斗智斗勇。

有方：最近在集中琢磨什么问题？

朱雄毅：建造的问题真实而具体，它离不开造价、工期、当前客观的工艺水平和建筑师的素养，只有意识到这些现实的问题，建造才可能落地，才可能被讨论清楚。

有方：最近读的最有趣的一本书是什么？

朱雄毅：最近在读《东京制造》。书中列举的"滥建筑"并非我们通常意义上的大师作品，更脱离了精英评价体系。但因为它以非常直接的方式应对周边的环境，不加修饰地呈现出真实的使用状况，无数次的改建、加建，虽然早已不是设计的本意，但这种错用、滥用的状况反倒给我们异常的熟悉感受，这似乎更贴近我们真实的城市建筑。

上:深圳软件产业基地
下:深圳观澜版画博物馆

朱雄毅工作场景

有方：最近一次旅行去了哪里？

朱雄毅：最近出行不多，五一期间回了趟老家：惠州。发现"水东街"（惠州一条始建于北宋的老街）的改造（更准确说是重建）在拆完停了三年后，在一片废墟上重新动工。问题来了：对待老建筑的态度经过这么多年的教训，为何我们采取的手段依然简单粗暴？拆了停建三年没有听说有谁对此负责？局部建起来的所谓"修旧如旧"的建筑白墙灰瓦，更像江南，布景化的处理方式与这座城市何干？

有方：最近有没有新发现某位很有趣的建筑师，对你特别有启发？

朱雄毅：没有。

有方：最近哪个建筑议题最让你关注？

朱雄毅：坂本一成所谓的"自由架构"似乎是一个工具（或概念），能让人更容易理解、梳理、串联筱原一男、伊东丰雄、藤本壮介这一支所呈现空间的特质与脉络。

有方：最近哪个社会议题最让你关注？

朱雄毅：最近暴雨连连，多个城市被淹。高速城市发展的三十年，我们的父母官更关注看得见的政绩工程，"看不见"的城市基础设施在极端天气下竟如此不堪。难道它只有到出现问题时才可以被量化么？

有方：最近除了设计外，花最多精力的活动是什么？

朱雄毅：近一年，家里的小朋友尚小，工作外，陪他的时间较多。

15/ 冯路

有趣是一种超出平淡的愉悦

冯路,无样建筑工作室的创始人和主持建筑师。1997年毕业于重庆建筑大学建筑学本科专业,2008年于英国谢菲尔德大学建筑系获得博士学位。回国后,同时致力于设计实践和学术研究工作。南京大学建筑系客座导师,上海交通大学建筑学系导师。设计并建成上海崇明岛根宝足球基地、上海电子工业学校等项目。出版有学术专著《看不见的景框》。

采访时间:2014年5月

有方: 最近在做的最有趣的项目是什么?

冯路: 有趣,是一种超出平淡的愉悦。有时新鲜,有时别致。有趣是一种个人智慧和情调,它意味着从宏大叙事或机械生产中脱出。因此对我们来说,有趣与否,并不是项目分类的标准,而可能是一种安身于设计的状态。

安亭公交站

有方: 最近在自己的业务上你觉得最烦的事是什么?

冯路: 烦恼的事有很多,最烦的也许是如何面对项目进程中的不确定性。不确定有时候是好事,会带来惊喜。但是对于项目进展来说,更多的时候让人疲惫。因为要应付各种反复变化,有的时候会有疲于奔命的感觉。

有方: 最近在集中琢磨什么问题?

冯路: 有个问题一直关心:建筑学该如何应对当代中国城市发展所呈现的各种

特性？例如尺度巨大的城市格网下完全空白的新区，又例如快速剧烈的城市更新。当下的中国建筑界似乎不太关心这类问题。另外因为最近有机会接触到农村，与城镇化相对照，不少城里人开始返乡迁移，这让人琢磨"后农村"的可能性。

有方： 最近读的最有趣的一本书是什么？
冯路： 加拿大媒体人道格·桑德斯的《落脚城市》和普林斯顿建筑出版社的 *A Guide to Archigram 1961-74*。前者描述了世界各地常见的那些拥挤混乱貌似不健康的城市区域，其实对于社会和很多人来说却有着非凡的积极意义。后者让人重温半个世纪之前关于建筑学与城市的生动思考，而今天为什么到处都是陈词滥调？

有方： 最近一次旅行去了哪里？
冯路： 前几天在京都，现在正在直岛。

有方： 最近有没有新发现某位很有趣的建筑师，对你特别有启发？
冯路： 今天参观了丰岛美术馆，这个建筑的实地体验让我重新认识了西泽立卫。很久没有看到让人感动的建筑了，今日又见。

有方： 最近哪个建筑议题最让你关注？
冯路： 即物性，最近听到好几次这个词，由日本建筑师引入。但是，实际上，我关注这个词的关键点并不在于它本身，虽然这个概念有点儿意思。而更让我感兴趣的是，它促发了我对中国传统"物性"的思考。例如，朱熹和王阳明都讲"格物"。比较"格物"与"即物"，也许挺有意思的。

建筑师在做什么

上、下：龙华寺前广场改造局部

15 冯路

冯路工作场景

有方： 最近哪个社会议题最让你关注？

冯路： 两个打车软件对乘客和出租运营方式的影响。这是又一例互联网对现实生活和现有秩序的改变和挑战。我很好奇被互联网统治的将来会变成什么样？建筑师的工作又会如何？

有方： 最近除了设计外，花最多精力的活动是什么？

冯路： 教书。刚刚教完上海交大四年级的城市设计课。之所以愿意花那么多时间和精力去教书（我这几年还一直在南京大学带研究生一年级的设计课），是为了保持深入思考，以及希望有可能探索一些新东西。因为你要教学生，首先必须自己想清楚才行。相对而言，工作室的设计实践比较综合和复杂，而教学可以更集中关注某个问题。

16/ 穆钧

做一个会种菜的好"厨子"

穆钧,西安建筑科技大学建筑学院建筑学系主任,住建部村镇司现代生土建筑实验室主任,无止桥慈善基金项目委员会主席(内地),住建部传统民居专家委员会副主任委员。主要从事适宜性绿色建筑设计领域的研究与实践。

采访时间:2014 年 5 月

上：马岔村民活动中心方案
下：西安万科大明宫项目中庭景观

有方： 最近在做的最有趣的项目是什么？

穆钧： 说到有趣，值得一提的是即将投入施工的马岔村民活动中心项目。该项目说来话长了。继先前"马鞍桥村灾后重建示范项目"之后，2011年，在住建部的支持下，我们联合（法国）国际生土建筑中心，以甘肃会宁县马岔村为基地，针对传统夯筑技术的改良和现代化应用，启动了新的研究示范项目。利用欧美已经非常成熟的生土材料优化理论，历经三年的努力，已经形成了一套比较完整有效的新型夯土建造技术体系，使得夯筑墙体在保留其热工性能优势的同时，其力学性能和耐久性能均得到极大的提升。比如，根据我们的优化实验，新型夯土墙的夯压性能已经和黏土砖砌体不相上下，其表面无需做任何处理足可抵御常规的雨水拍打和冲刷，而房屋造价仅为当地农村常规砖混建筑的2/3。

说来也无奈，目前国内相关专业对生土的研究兴趣并不是太高，如果把建筑师比作大厨的话，我们就像是找不到合适原材料的大厨，不得不自己下地去栽种、挑选和采摘需要的原料。而国内尤其是西部市场和建筑工业体系落后太多，欧美发达的现代夯土技术无法直接移植进来。因此，我们过去几年大部分精力投入在如何在一片盐碱地上种出需要的庄稼。尽管不易，但大厨终于有收成了。

另一方面，尽管这几年受住建部委托在各地开展了多项示范建设和推广，村民也很喜欢这样物美价廉的新型民宅，但我不相信当他们有钱了还会愿意去盖这样的土房子。毕竟，在他们眼中，生土，依然是贫困落后的象征。

因此，在无止桥慈善基金的资助下，去年我们开始筹划在马岔村设计捐建一座村民活动中心，结合当地公共服务功能需求，希望将其设计建造得更加讲究，让村民明白，老祖宗留下来的传统，依然可以用来建造"时髦""洋气"的房子。同时，就专业角度而言，新型夯土在国内可以说是一种新的材料语言，我们也在探索它在建筑设计体系中相适宜的应用空间和定位。最近疲于奔命于各种杂事，但凡有时间和蒋蔚带着学生研讨活动中心的设计和施工方案，顿觉无比惬意。

另外，还有一个有趣的项目就是配合王戈所做的西安万科大明宫项目中庭景观。我们负责的是夯土景观墙部分。目前一期施工进入尾声。如果说新型夯土的农村应用，走的是追求高性价比且具有慈善性质的所谓"低端"路线，万科项目算是我们所谓"高端"路线的开端。根据住建部 2010 年的农村住房普查，传统生土建造技术的应用广泛分布于几乎全国所有省份。对广大具有生土建造传统的农村地区村民而言，我们最为看重的意义在于，这样"高大上"的项目足以证明，他们祖辈留存下来的建造传统，并非贫困落后的象征。

有方： 最近在做有趣的项目的同时，是否也出于某种原因，做另一些无趣的项目？
穆钧： "冬天"已然来临，倒是无趣的项目也少了。

有方： 最近在自己的业务上你觉得最烦的事是什么？
穆钧： 最烦的事莫过于挤不出时间，停下来想想最烦的事到底是什么。

有方： 最近在集中琢磨什么问题？
穆钧： 最近比较烧脑的，怕是住建部正在大力推动的传统民居建造技术调查研究的统筹任务了。近几年，国家越发重视传统村落和传统民居的保护工作，投入也越来越大。其中，传统民居建造技术可以说是各地传统民居智慧的核心载体，住建部自去年底开始，发动各省住建系统和地方专家开展广泛的调研和数据上报工作，希望以此为基础系统研究和梳理我国传统民居建造技术，形成一系列可以留存后世的文献。在当前城镇化不断加速，传统遗存快速凋零的大背景下，毫无疑问，这一计划着实令人为之一振。
然而，众所周知，在地方材料资源、气候、地理地貌、经济技术水平、生产生活、文化习俗等一系列具有广泛地域差异的影响要素作用下，逐渐形成了我们所熟知的各地区丰富多样的传统民居及其建造技术。正因其相互关联作用的复杂性和多样性，尚未有站在全国层面从建造技术的角度进行系统梳理和研究的先例，

穆钧工作场景

其难度和复杂程度可想而知。而今,住建部发动全国资源开展这项工作,着实提供了一个难得的机遇和平台。在前期组织协调的过程中,深感这一系统梳理是需要多年积淀的。庆幸的是,我们的学界前辈已经打下了一个十分坚实的研究基础,真心希望能利用此次机会为老先生们营造一个平台,能够系统整理多年来的研究积淀,并获得一个正式的、官方的认可与发表。

有方: 最近读的最有趣的一本书是什么?

穆钧: 很是惭愧,床头新书是越垒越高,但读书的时间和心境是越来越少。倒是最近一套《传家》(作者:任祥/刘振祥)被家人拿去读了。在开读之前,惭愧地间接推荐一下。

有方: 最近一次旅行去了哪里?

穆钧: 如果调研不算旅行的话,那真是一年来哪也没去了。

有方: 最近有没有新发现某位很有趣的建筑师,对你特别有启发?

穆钧: 说到"最近"的话,还真连"发现"的精力都没得了。倒是一直想介绍一位奥地利的同道朋友,Anna Heringer。她目前作品不多,刚刚起步,但其成名作Handmade School,很值得研习,作为一个新人,用"心"在设计,令人感动。

有方: 最近哪个建筑议题最让你关注?

穆钧: 答案同上,最近极度缺乏"关注"的精力和时间!

有方: 最近哪个社会议题最让你关注?

穆钧: 新疆暴恐当然排第一了,身在大西北,格外揪心。另外,"农村土地流转"这把双刃剑不知何时、以何种形式到来,也是个格外令人揪心的事。盘根错节,难以在此尽述。

有方： 最近除了设计外，花最多精力的活动是什么？

穆钧： 最近花精力最多的莫过于"活动"解决实验室的建设问题。2012年，住建部正式批准我们依托西安建筑科技大学成立现代生土建筑实验室。2013年，联合国教科文组织"生土建筑、文化与可持续发展"教席（UNESCO Earth Architecture Chair）也正式邀请我们作为第二个中方机构（第一个是王澍老师），加入其国际研究网络。为应对源于教学、研究和实践的各种实验需求，实验室场所建设尤为迫切。学校正式批了建设用地，而建设资金缺口还是很大。所以最近花费最多精力的活动就是"愁建"实验室了。

17/ 李兴钢

时间和自然可以赋予建筑生命之感

李兴钢,建筑师,工学博士。1969年出生,中国建筑设计院有限公司总建筑师、李兴钢建筑工作室主持人,天津大学和东南大学建筑学院客座教授,清华大学建筑学院设计导师。1991年毕业于天津大学建筑系,1998年入选法国总统项目"50位中国建筑师在法国",2012年获得天津大学建筑设计及其理论专业博士学位。

采访时间:2014年5月

有方: 最近在做的最有趣的项目是什么?

李兴钢: 最近在做的一个最新项目是南京老城区的低层院宅社区,是房地产开发项目,算有趣吧。有可能把一些一直以来的想法放进去。

有方: 最近在做有趣的项目的同时,是否也出于某种原因,做另一些无趣的项目?

李兴钢: 我并不把我们做项目分成有趣的和无趣的。只要是我们接了的项目,就都得有充分的投入。其实项目本身无所谓有趣无趣,关键是自己的设计是做得有意思还是没意思。一个看似无趣的项目被你做出意思来,这算你的本事;当然也有另一种情况:一个本来挺有意思的项目做着做着变得无感了,这是挺悲哀的事情,常常不是由于我们自己的原因,并且无能为力。

有方: 最近在自己的业务上你觉得最烦的事是什么?

李兴钢: 一个项目的施工现场快完工了,但还有一大堆质量问题,被一直拖着不能解决,各种托辞。嘴皮子都快磨破了,但你又不能自己动手干,烦死了。

有方: 最近在集中琢磨什么问题?

李兴钢: 最近因为各种原因我有点无法集中精力琢磨我应该琢磨的问题,我在琢磨:我到底怎么了?呵呵。

有方: 最近读的最有趣的一本书是什么?

李兴钢: 东野圭吾的《白夜行》,很早以前就想读而没读的虚构作品。也很长时间没有读长篇小说了,记得读的上一部是王安忆的《天香》,两年以前。读好的长篇会有一种长时间沉浸在作者营造的世界中的感觉,虽然时间有限只能零碎地一点点读,但总是惦记和期盼的心情,读完后会暗自发出一声叹息,有不舍之感。

建筑师在做什么

上：建川镜鉴博物馆暨汶川地震纪念馆鸟瞰
下：建川镜鉴博物馆暨汶川地震纪念馆西立面

李兴钢工作场景

有方：最近一次旅行去了哪里？

李兴钢：格拉斯哥和巴黎。巴黎是老相识，故地重游；而格拉斯哥是第一次，去瞻仰了 Macintosh 的名作——格拉斯哥艺术学院，没想到我离开一周就不幸失火焚毁了，当然对我算是一种幸运。还有，我声明失火事件跟我一点关系都没有！

有方：最近有没有新发现某位很有趣的建筑师，对你特别有启发？

李兴钢：刘家琨。不能算新发现，因为也是老相识，这两年联系少了，但对他有新的认识。最近有机会又去看了他十年前的作品——鹿野苑石刻佛像博物馆，十年前我就看过，这次重游让我有新的感受：时间和自然可以赋予一个好建筑生命之感，而只有真正的好建筑才能经历长久的时光和自然的媾和而愈加散发出魅力。这个房子被我列为有方讲座《十二匠造——那些旅行中感动和影响我的建筑》中的最后一个。家琨有性情，有才气，又有过人的智慧。他房子盖那么好，还会写小说，最近刚出版了旧作《明月构想》，我还没看到。我历来对小说写得好的人都会另眼相看，这一下，我真的感觉几乎要崇拜久违的家琨大哥了。

有方：最近哪个建筑议题最让你关注？

李兴钢：建筑教育。最近带了一次清华建筑学院本科三年级的 8 周建筑设计课，又密集参加了不同学校的毕业设计评图、研究生论文答辩等，有些感触。不仅是带学生怎样做设计的问题，还会涉及到自己对建筑的本质意义的认识问题，也就是说，建筑以及建筑设计的含义里面，哪些是具有普遍性意义、必须理解并能操作的，哪些是可以在未来随着自己生活及实践阅历的增加，可以成为具有某种个人特征的方向的。其实，这种认识也会延伸到作为导师的自己怎么做建筑的问题。我吃惊地发现，对这样一个看似非常基本的问题，不同的人看法差异非常大，不同学校之间、国内与国外、欧洲美国日本，统统不同。我对此稍感困惑，或许这就是建筑和建筑教育吧。

有方: 最近哪个社会议题最让你关注?

李兴钢: 雾霾天气和招远事件。我们赖以生存的环境,不论是气候的还是人的,自然的还是社会的,都变得如此恶化,几乎不再适合甚至威胁人类的生存,而这一切却都缘于人类自己。人该如何修正自己与自然的关系,如何看待自己与他人的生命?建筑师作为人类生活环境的营造者,是否可能把这样的问题带入自己的思考和实践?问题看似宏大,却与我们自身的日常生活和工作密切相关。

有方: 最近除了设计外,花最多精力的活动是什么?

李兴钢: 准备有方讲座。不是开玩笑,每次在外面的讲座都会花费我很多精力准备。写作和讲话我都不擅长。所以除非是用以前的讲稿,每次新的讲座总要花很多时间想,讲什么,怎么讲。就跟写文章一样,很怕很憷。但若实在推辞不掉逼上梁山的话,就得被迫思考,理清脉络线索,最后发现不仅完成了任务,自己原来懵懂杂乱的一些思考其实在这样的过程中反而被梳理得清晰起来,这算是未曾预料的收获和好处。

18/ 张应鹏

最烦眼高手低

张应鹏,1964年12月出生,安徽宣城人,博士研究生。现任九城都市(上海·苏州)建筑设计有限公司董事长,总建筑师、研究员级高级工程师。1987年合肥工业大学本科,1995年东南大学硕士研究生,2000年浙江大学博士研究生。

采访时间:2014年5月

有方：最近在做的最有趣的项目是什么？

张应鹏：最近在做的最有趣的项目要数孙武墓、文徵明墓及周围场地公共环境的设计了。

首先，这两个人本身就非常有意思：一个是"武圣人"，世界兵学史上的泰斗，一个是"江南四大才子"之一的吴门画派的掌门人；一个是雄才大略的政治家与军事家，一个是仕途坎坷十次不第的民间文人；一个严谨，一个浪漫。两人的墓地相距不到50米，位于苏州相城区阳澄湖西路南侧，一文一武，相映成趣。

其次，这是这么多年来我第一次做跟墓地有关的项目。之前，我设计过幼儿园及从小学到中学、大学的项目，也设计过办公、研发、会所、酒店、商业等以成人为主的项目，还设计了几个养老院。这次的墓地项目从设计上完成了我对人生的整体思考。但从根本上讲，这好像又不能算是一个墓地的设计。孙武已经去世了2500年，文徵明也去世了近500年，死亡的悲情在远逝的时间中早已淡去，而成就的辉煌已赋予了他们另一种更加鲜活的生命。他们已经死了，但是他们又还活着，活得很健康，活得灿烂，活成了永恒。

在这个项目的设计中，设计同时面对了生的有限与死的永恒、文的浪漫与武的严谨、仪式的纪念性与生活的日常性等不同命题。

这是一组墓地！是一个公园！这是一个公园中充满阳光的墓地！

有方：最近在做有趣的项目的同时，是否也出于某种原因，做另一些无趣的项目？

张应鹏：其实没有无趣的项目，只有无趣的设计！

最近在"设计"一个华能集团在苏州的发电厂，我自然不能做电厂的设计，这个项目是江苏省电力设计院设计的，这是他们的专长。但因为项目距离主城区很近，规划部门认为电厂原来的样子不好看，60米高的烟囱的"标志性"形象还容易引起周边居民关于污染排放的误解（说是误解，是因为这个发电厂烧的不再是煤，而是天然气，基本是零排放），希望能通过"穿衣戴帽"改变其固有的形象。简单地讲，就是要"打扮"成不是发电厂的模样。

这本是一个蛮无趣的项目,但我是那种很想让任何事情都能有趣一点的人,这是我的个性,也是我工作的动力。

我采用了两种方法来解决这个问题。首先是在原电力设计院设计的基础上根据建筑的体型、尺度和功能将建筑立面重新进行一次设计,还是以发电厂这种工业建筑的本源为前提,而不是其他。我还是希望不要违背功能本身的形式逻辑。其次是在保持原有空间布局的基础上,深入研究了一下天然气发电厂的发电原理和工艺流程。在充分考虑到生产安全性与合理性的同时,在其中植入了一条可供参观的公共系统。这种设计从根本上绕开了形式上的局限性,拓展了空间与功能上多种新的可能。一方面将原本发电厂自我封闭性的生产系统转换成了开放性的城市公共空间;另一方面,通过景观与生态的设计手段将零污染的生产工艺在空间与院落中以视觉的方式直接呈现;同时,新植入的空间与原有空间在叠合的构成中穿插交织互成对景,机器与设备转换为陈列中的展品,生产与工艺转换成行走中的体验。这已不再是一个简单的生产性的发电厂,而是一个可供参观、可供学习、可供交流、可供示范的双重能源中心。

有方: 最近在自己的业务上你觉得最烦的事是什么?

张应鹏: 最近最烦的是"眼高手低"!早年曾经有段时间觉得自己很牛,那时候其实刚刚开始自学建筑学,好像没有觉得谁是了不起的。多年以后,当我回想起那时的状态,才终于理解了什么叫无知者无畏。后来又有一段时间觉得自己很无能,什么都做不好。现在想想,这两种状态都不能算最烦,牛气冲天的时候是根本不知道指北针朝哪儿的,第二种状态其实也挺好,就不用再瞎折腾了嘛,老老实实过日子呗。现在好像真正感觉到有点烦,似乎隐隐看到了眼前的空气中飘浮着什么,但却又总是够不着;有时是明显地就在那儿,可一伸手却又不见了。在这种状态中,既折磨着自己,又折腾着别人。为此,我常常是充满了歉意。

上、中：孙武及文徵明墓地公园

下：华能苏福路热电厂

有方： 最近在集中琢磨什么问题？

张应鹏： 表达，主要指空间的表达。表达是一种自我呈现的方式。如果说过去这些年的生活和阅历（包括阅读与思考）让我对生活已有所感悟和理解，那么现在最主要的是如何用空间的方式表达出这种对生活的理解与思考，并与人分享。建筑设计是我的存在方式，并以此承担着社会的责任。

有方： 最近读的最有趣的一本书是什么？

张应鹏： 奥尔罕·帕慕克的《白色城堡》。这本书中的两个主人公，主人霍加是土耳其人，奴隶是抓来的威尼斯人，两个人长得一模一样，在共同的生活中互相给对方讲自己过去的故事，以至于最后很难确认"我"和"他"到底谁是自己。在通篇小说中，房间里总是有一面镜子，镜中的"我"也总是以一个他者的角色旁观着自己。这其实隐含了一个关于"自我"的哲学命题。我们常常理解的"自我"是"我"与"自我"的同体，这样我们对"我"的评判一定是有失公允，所以"我"应该站在"我"的旁边。这可能有些不好理解。作为建筑师，可以把"我"分解成"我"和"我所设计的建筑"，则相对比较容易理解一些。前提是要求"我"和"我所设计的建筑"本是一体的，而我又能以旁观者的身份审视。

有方： 最近一次旅行去了哪里？

张应鹏： 日本。这是第二次去，再次看一看日本的现代建筑。两国有着某些共同的文化与传统。如果说过去在这些建筑中我看到更多的是他们关于传统与现代之间的相互承接与转换的手法与技法，这次似乎有些异样，不再是手法与技法，越过了这些，更远了一些，但我还是不能很准确地说出来……

有方： 最近有没有新发现某位很有趣的建筑师，对你特别有启发？

张应鹏： 文徵明算不算？他没有学习过建筑，但他设计了拙政园。帕慕克算不算?他毕业于伊斯坦布尔科技大学建筑系,但他没有做过设计,他写小说获得了2006年诺贝尔文学奖。我喜欢建筑中的文学空间,也喜欢文学中的建筑空间。

有方: 最近哪个建筑议题最让你关注?

张应鹏: 跨界。我本就是跨界过来的,喜欢的方向也很杂,经常有一种内疚感和负罪感。"跨界"的热议与价值肯定某种程度上让我少了一些原有的纠结。

有方: 最近哪个社会议题最让你关注?

张应鹏: 公平。建筑空间,尤其是城市空间,都有其社会公共属性。在一个权力与资本至上的社会环境中,作为一个建筑师如何在力所能及的前提下,在我们设计的空间中,为社会最基层的人们创造尽可能公平的生活空间。我们可以将表现高高扛在肩上,但腋下私藏温暖!

有方: 最近除了设计外,花最多精力的活动是什么?

张应鹏: 听昆曲。

19/ 张鹏举

期待自己的作品:有目标、不做作、有完成度、能接入市场

张鹏举,教授、博士、国家一级注册建筑师。内蒙古工业大学建筑设计有限责任公司董事长。本、硕、博分别就读于内蒙古建筑学校、东南大学、天津大学,现任职于内蒙古工业大学,从事教学、科研、设计及管理工作。曾获内蒙古十大杰出青年、内蒙古有突出贡献的中青年专家、内蒙古建筑设计大师、国务院特殊津贴专家。还曾获得世界华人建筑师协会设计金奖、中国勘察设计协会行业一等奖。

采访时间:2014年5月

有方：最近在做的最有趣的项目是什么？

张鹏举：一个传统村落的改造。政府称其为改造，实质是疏导、复旧。项目位于黄河流经内蒙到山西交界处，叫老牛湾村。近年，该村游客增多，为增加接待服务面积，村民自主搭建了不少"新房子"，同样也由于关注旅游业态，政府决定"弃新复旧"。

对我而言，这是全新又陌生的项目。陌生，自然就有趣。有趣之处还在于其过程几乎不需抽象的图纸，所有的工作均是和村民面对面地展开的。在协调各方利益的同时，也体验和分享了他们的生活和故事，这让设计与这些个体或家庭鲜活的生命形态联系在一起。

这种具象的设计方式，不仅让我整天面对图纸的眼睛和大脑获得了"易境"休息，也训练或恢复大脑固有的感知能力。在设计正变得极端数字化的今天，也许正需要让设计方式回归一下、反叛一下，正如建筑的发展需要"地域建筑"作为一种人文武器，不断反叛和矫正现代建筑的科技理性一样。

有方：最近在做有趣的项目的同时，是否也出于某种原因，做另一些无趣的项目？

张鹏举：如果"无趣"确指字面所表达的意思的话，那么可以这样说：我基本是在大量无趣的项目中，偶遇几个有趣的项目。这恐怕是许多设计院中需要考虑产值的建筑师的共同命运。让无趣变有趣，通常需要建筑师的另一种能力和修养，我很向往，但目前尚不具备。

有方：最近在自己的业务上你觉得最烦的事是什么？

张鹏举：受大环境影响，地产项目少了，"楼堂馆所"没了。现有项目变得细碎，精力不得不分散，很难专注于偶遇的"有趣"项目。

有方：最近在集中琢磨什么？

张鹏举：改变上述现状。当然，大的背景不是建筑师能改变的，但改变自己的

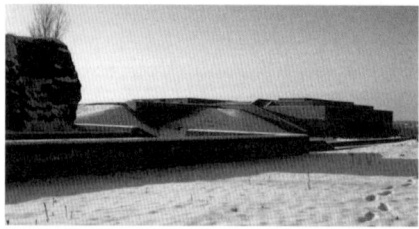

上：内蒙古恩格贝沙漠科学馆
中：内蒙古盛乐博物馆
下：乌海市青少年创意园

小环境还是可以的。我正在琢磨找专人管理设计院,让自己腾出精力,休养身体,专注于"有趣"的项目。

这种努力已经持续了一段时间,去年辞去了建筑学院院长一职,除了一部分是身体原因外,也是我改变现状的第一步。我相信存在着不断有奇思妙想、且能迅速抓住的建筑师,但我想我自己是属于那种在平实的建筑上反复锤炼的建筑师。我相信好建筑是在放松、再放松的状态下完成的。

有方: 最近读的最有趣的一本书是什么?

张鹏举: 有学生送了我一本小书《小言黄帝内经与生命科学》,是南怀瑾先生演讲稿的合集。因其薄且内容以"课堂"划分,适合随身携带,并在闲暇时翻翻。一读,竟也喜欢,于是,车上、机上或等人时总是带着。还真有些收获,收获之一便是加强了对放松身心的认识。

有方: 最近一次旅行去了哪里?

张鹏举: 中欧。我在中欧体验到的是陌生、闲适和不同。这让我身体和心理都能最大化地逃离"设计",从而放松身心。因此每年春节,我都选择一个尽可能陌生的地方转转,当然,顺便临场看看建筑,是建筑师无法逃离的习惯。

有方: 最近有没有新发现某位很有趣的建筑师,对你特别有启发?

张鹏举: 我总是关注身边的建筑师并从他们身上学习。近期关注吴钢,他是维思平的主持建筑师。他不完全是明星建筑师,也非彻底的市场建筑师(个人判断),常用极具说服力的理性设计征服业主。他的作品在理性中透着机敏和智慧,也不乏创意。不能说成"有趣",却是我一直想成为的状态:有目标,不做作;有完成度,也能接入市场。

有方： 最近哪个建筑议题最让你关注？

张鹏举： 总承包。关注项目总承包已经有一段时间了，并非为了"做大做强"，而是想让有趣的项目有更好的完成度。

在中国推行"建筑项目总承包"相当有难度。一方面，从外界环境看，仅仅是住建部提倡和在设计资质中明确此项业务还远远不够，政府相关职能部门和市场都面临着相当大的阻力；另一方面，绝大多数设计机构也不具备这种能力。个人认为从小项目开始尝试推进可实现双赢，应是可行的做法。

我去年完成的内蒙乌海市青少年创意园，是一个由旧厂房改造的小项目，这个项目业主需要完成度，但造价有限，还有工期短的要求，故而施工企业不感兴趣，于是，我们不得不采用了总承包的方式，因为采用这种方式，对设计方而言可以弥补设计费的不足。

有方： 最近哪个社会议题最让你关注？

张鹏举： 基本不关注。

有方： 最近除了设计外，花最多精力的活动是什么？

张鹏举： 一朋友收罗了一些老物件，拿来送我，我喜欢得不得了。不停地考虑如何安置：石柱立于桥旁还是门前，是强调界限还是提示引入？老门扇立于厅前还是堂后，融于背景还是成为主题？木雕窗扇在设计楼内是挂还是搁？摆弄了很长一段时间。其间，淡忘了烦事，缓释了压力，对于不善文体活动的我，确是一种休息换脑的好办法。

张鹏举工作场景

20/ 傅筱

美的东西不在乎大小,
而在乎是否用心

傅筱,1973年出生于重庆。教授,任教于南京大学建筑与城规学院,集筑建筑工作室主持建筑师。南京工业大学工学学士,东南大学建筑学硕士和工学博士。近年来,集筑建筑工作室完成了长兴传媒中心、S景观步行桥、紫东国际招商中心办公楼、2014青岛世界园艺博览会梦幻科技馆等作品。作品和个人获得了多项奖项,主要包括第十二届威尼斯双年展CA'ASI中国新锐建筑创作展入围奖、第二届中国建筑传媒奖青年建筑师奖、法国罗阿大区TA生态建筑入围奖、2013香港建筑师学会两岸四地建筑设计大奖金奖、WA中国建筑奖(实验建筑类)佳作奖。

采访时间:2014年6月

有方： 最近在做的最有趣的项目是什么？

傅筱： 一个2000平方米的通用公司办公楼设计，（业主）希望能从节能的角度进行考虑。这是一个老业主，我在十几年前帮他设计了一栋通用办公楼，最近两年又和他接上线了！看来付出还是最终会有回报的。

有方： 最近在做有趣的项目的同时，是否也出于某种原因，做另一些无趣的项目？

傅筱： 我们工作室没有刻意区分有趣和无趣的项目，因为在生存的压力下，我们很难都做所谓的有趣项目，而对于解决生存的项目，我们会同样认真对待。一旦遇到对的业主和对的项目，我们会努力做对的事儿，尽量做点平时琢磨的东西进去。

有方： 最近在自己的业务上你觉得最烦的事是什么？

傅筱： 头绪太多，上课、看论文、答辩、草图、建模、工地、合同、开会、交稿、讲座……建筑需要安静的思考！

有方： 最近在集中琢磨什么问题？

傅筱： 如果有一天建设节奏慢下来，我和我的团队能干什么？研究型设计？专业化设计？精品化设计？也许有点杞人忧天，但我们真有些担心那一天！所以，现在是不是该做点什么？

有方： 最近读的最有趣的一本书是什么？

傅筱： 川濑敏郎《一日一花》，"一株不起眼的小草，通过插花竟然也能呈现出一种崇高的姿态"，美的东西不在乎大小，而在于用心。所以面对某专家的提问："既然你是搞建筑设计的，南京哪个大型的标志性建筑是你做的？"答曰：没有！

有方： 最近一次旅行去了哪里？

傅筱： 已经很久没有旅行了！

上：通用公司办公楼
下：长兴传媒中心

傅筱工作场景

有方: 最近有没有新发现某位很有趣的建筑师,对你特别有启发?

傅筱: 再读卡罗·斯卡帕,温故而知新。关系产生空间,交接产生细节,雕琢产生品质,修为产生诗意!

有方: 最近哪个建筑议题最让你关注?

傅筱: 威尼斯双年展金狮奖终生成就奖。也许十多年前,中国的建筑师们是通过磨砺自己的锋刃盖出好品质的房子,而今天很多建筑师的刀磨得已经有些快了,但中国好房子数量还是很少。今年威尼斯双年展,金狮奖终生成就奖颁给了非建筑师的菲利斯·兰伯特,这位伟大的幕后英雄,说明好房子真不只是建筑师的事儿!

有方: 最近哪个社会议题最让你关注?

傅筱: 四季如春的云南竟然44.5度高温,看着世界各地极端恶劣天气频现,酷暑、极寒、沙尘暴、雾霾……我突然觉得自己理解了老祖宗天人合一的思想,那绝不是"反宇向阳"这样简单的形式主义解释!

有方: 最近除了设计外,花最多精力的活动是什么?

傅筱: 教学活动,这也是我的本职工作。

21 / 李晓东

半亩塘和黄声远改变传统建筑师的定义

李晓东，清华大学建筑学院教授，博士生导师，李晓东工作室主持建筑师。研究领域包括：建筑历史与理论、中国当代建筑理论与实践、农村城市化、地域建筑设计理论及方法；著有专著3本，学术论文30余篇；其主持设计的设计项目获多项国际设计大奖，包括世界建筑节年度文化建筑大奖（新加坡，2012年）、英国"建筑回顾"世界新锐建筑奖一等奖（2009年）、阿卡汗建筑大奖（2010年）等。

采访时间：2014年6月

上：桥上书屋
中：篱苑书屋
下：森庐

有方： 最近在做的最有趣的项目是什么？

李晓东： 有几个空间意义上非常纯粹的项目，无论是地段还是内容都很奇特，但暂时保密。

有方： 最近在做有趣的项目的同时，是否也出于某种原因，做另一些无趣的项目？

李晓东： 没有。

有方： 最近在自己的业务上你觉得最烦的事是什么？

李晓东： 没有。

有方： 最近在集中琢磨什么问题？

李晓东： 儿子教育问题。

有方： 最近读的最有趣的一本书是什么？

李晓东： 好久没有读书了。

有方： 最近一次旅行去了哪里？

李晓东： 宁波。

有方： 最近有没有新发现某位很有趣的建筑师，对你特别有启发？

李晓东： 半亩塘和黄声远，他们正在改变传统意义上对建筑师的定义，非常理想主义，非常快乐。

有方： 最近哪个建筑议题最让你关注？

李晓东： 建造质量。

有方：最近哪个社会议题最让你关注?

李晓东：居住问题。

有方：最近除了设计外,花最多精力的活动是什么?

李晓东：陪儿子。

 22/ 倪阳

小城镇不应成为大城市的"殖民地"

倪阳,中国建筑设计大师,华南理工大学建筑设计研究院副院长、博士生导师、副总建筑师。

采访时间:2014年6月

建筑师在做什么

上：南京大屠杀纪念馆三期
下：广州国际羽毛球培训中心

倪阳工作场景

有方： 最近在做的最有思考的项目是什么？

倪阳： 南京大屠杀纪念馆三期——反法西斯抗战胜利广场、731遗址博物馆等，胜利广场作为南京大屠杀纪念馆的三期，是其收尾工程。但无论其空间的气氛还是结构与上期相比都有着较大改变。该项目最大挑战是如何在国家公祭的仪式性和市民广场的休闲性之间找到平衡点。鉴于该广场每年只公祭一天，除了在东侧设计了一幅完整的公祭弧墙外，我们将其布局成一个开放的地景式广场，希望能为南京市民及游人提供更多元化的活动场地。

有方： 最近在做有趣的项目的同时，是否也出于某种原因，做另一些无趣的项目？

倪阳： 其实任何项目都可以变得有趣或变得更具争议性，只是着眼点不同。

有方： 最近在自己的业务上你觉得最烦的事是什么？

倪阳： 一个公益项目——援助设计一个山区中学。做该项目碰到一个独断专行的领导，又不好退出，很闹心！

有方： 最近在集中琢磨什么问题？

倪阳： 只能说关注了一个问题：空间与时间。

有方： 最近读的最有趣的一本书是什么？

倪阳：《日本文化中的时间与空间》（加藤周一著，南京大学出版社出版）讲的是日本人对空间领域及时间方面的感悟。作者提出了日本人生活在"现在＝此处"这个命题，它在时间方面被概括为"现在"，在空间方面被概括为"此处"；而从"部分到整体"这种思考过程的方向性是"现在＝此处"这一日本文化的基本特征。

有方： 最近一次旅行去了哪里？

倪阳： 英国，与多年前去相比几乎没有变化，印象最深的是在剑桥三一学院旁边的农场上,几头牛在那儿悠闲吃草。试想在中国,这块农场早就被征地,用来扩展大学建设了。

有方: 最近有没有新发现某位很有趣的建筑师,对你特别有启发?
倪阳: 没有留意。

有方: 最近哪个建筑议题最让你关注?
倪阳: 城镇化,小城镇不应成为大城市的"殖民地"!国家应在产业结构、税收上给予小城镇倾斜,让其自由生长。

有方: 最近除了设计外,花最多精力的活动是什么?
倪阳: 出差算吗?各种各样的出差!今年到 5 月份我单算坐飞机就已经飞了 30 多次了。

23/ 杨旭

世俗化的建筑最有趣

杨旭，现就职于深圳市建筑设计研究总院有限公司建筑创作院。2003 年毕业于哈尔滨工业大学，获建筑学硕士学位。毕业后师从孟建民，主要从事公共建筑的创作与实践。近期作品有吉林省图书馆新馆、深圳湾生态科技城一期、临海市博物馆等，曾获中国建筑学会第八届青年建筑师奖。

采访时间：2014 年 6 月

有方： 最近在做的最有趣的项目是什么？

杨旭： 世俗化的建筑最有趣。

最近与几家设计团队共同参与深圳留仙洞一街坊产业园项目。这是一组近百万平方米的建筑群，未来有近十万人在这里工作、生活。在此项目中，我的兴趣点在于："如何使建筑更加世俗化？"我希望通过场所的营造、事件的策划，让更多人进入建筑、使用建筑，让建筑更具有活力。

早高峰的深圳高新区，道路上满是塞着耳机的年轻人，他们沉默、快速地步入一座座巨大的建筑物，然后即刻切换至工作模式。我很想知道，他们喜欢这些的建筑吗？他们需要什么样的建筑？无论是擅长"宏大叙事"的大院建筑师，还是倾向于"个性表述"的体制外建筑师，我们真的在意过使用者的感受吗？他们懂不懂我们不重要，我们懂不懂他们很重要。别太自我，别太严肃，我希望留仙洞项目中的"街坊建筑"更热闹一些，更世俗化一些，能够给身处其中的人带来轻松与快乐。

有方： 最近在做有趣的项目的同时，是否也出于某种原因，做另一些无趣的项目？

杨旭： 无趣中找寻有趣。

由于国企大院的背景，很多项目你无法选择，更无法拒绝。虽自身水平低、能力差、不太能抵御诱惑，但我也不愿放弃初心。于是逐渐培养出一种能力：在无趣中找寻有趣。

《天使爱美丽》中有个心地澄澈的小女孩艾米丽，面对苦乐人生，她总是尝试去改变其他人的生活，小善举成就其他人的小幸福。基于对建筑师社会性的认同，我已不再纠结于无趣的项目和无趣的人，不失希望，总有收获。

有方： 最近在自己的业务上你觉得最烦的事是什么？

杨旭： 如何构建团队的技术体系。

团队的前身是孟建民建筑工作室，初期不足10人，每年完成十几项设计，孟先生亲力亲为，品质与节奏尚可把握；如今发展至60人，每年完成60-80项

上：深圳留仙洞产业园区一街坊
下：吉林省图书新馆

设计,如何规范团队的设计流程,又不失独立思考?如何统一团队的技术标准,又不沦为标准化生产?这是我最近比较烦恼的事情。

有方: 最近在集中琢磨什么问题?

杨旭: 团队的未来有没有第三种选择?

过去这十年,设计团队的两极化发展趋势渐现。一种团队迅速扩张至上千人,集团管控、矩阵管理、绩效考核、标准流程、整合产业链、资本运作……所有的选择都是以目标为导向;另外一种团队仍然十几人或几十人,现实中守望理想,顽强地承担市场与体制的压力。团队发展到一定阶段,有没有第三选择?能不能"站着就把钱赚了"?

有方: 最近读的最有趣的一本书是什么?

杨旭: 美剧《纸牌屋》。团队启动了管理变革,所以我最近读的都是关于设计企业管理的书,有用却未必有趣。倒是熬夜追了一部美剧《纸牌屋》,觉得比书有趣得多。除了政客的卑鄙、政治的阴暗、权力的败坏等共识之外,我还感受到弗朗西斯三十年国会浸淫所历练出来的职业化冷漠。国企大院12年的经历,我是不是也逐渐职业化?是不是也开始熟练而缺乏情感地去应对我的设计?

有方: 最近一次旅行去了哪里?

杨旭: 直岛,日本。

最近随有方去了日本,我很喜欢妹岛的直岛町客运码头,材料朴素、做法简单。建筑很轻而且飘浮,没有明确的边界,可穿透、可消隐,安安静静地守在码头,极为低调,低调到渡轮刚离开码头,回头就"看不见"这建筑了。我们的码头、车站、机场何等宏大壮观,想想深圳新航站楼的步行极限测验与3.8万个天窗,真是敬佩"没有困难创造困难也要上"的勇气与实力。

有方：最近有没有新发现某位很有趣的建筑师，对你特别有启发？

杨旭：无。

有方：最近哪个建筑议题最让你关注？

杨旭：混合所有制。

身处国企大院，体制问题是我们无法回避且密切关注的。设计是一个智力密集型的行业，人是核心要素，我们对企业是否有认同感与归属感，决定了企业的未来。院内关于混合所有制的问卷调查，我认真回复了，据说回复率远高于以往其他调查。但愿一颗红心两手准备的状态不要太久。

有方：最近哪个社会议题最让你关注？

杨旭：高考变革。

传闻英语科目不参加高考统考了。其实我的孩子们还小，高考遥不可及，完全没必要关注。但这让我联想到，国内的建筑教育有什么变化？工作中，我总是惊讶地发现，即便是有工作经验的同事，也极易忽略掉人对建筑的基本使用需求。大家谈思想、文化、空间、表皮、建构……但就是不谈人的使用需求。我们的很多设计习惯都源自教育，教育与实践之间的距离是必然的，但不应是滞后与背离的。

有方：最近除了设计外，花最多精力的活动是什么？

杨旭：与同事们聊天。

"三十年为一世，而道更也"，时代激变，团队也需要变革。最近只要空闲，我就与同事们聊天，因为不了解80后、90后建筑师需求的团队是没有未来的。团队的未来，不再以个人价值观为导向，不是"听你的"或者"听我的"，而是应该寻求协同，找到团队的共同价值观。

23 杨旭

杨旭工作场景

24/ 胡宪

怀着谦逊的姿态，
将建筑恰当安放在环境里

胡宪，多相工作室合伙人。多相工作室2006年成立于北京，合伙人有四位，分别是：陈龙、胡宪、贾莲娜、陆翔。2010年上海世博会万科馆获得了2010年WA中国建筑佳作奖及2011年北美照明工程师协会照明设计优胜奖，2011年深港城市\建筑双城双年展荷兰馆获得了组委会特别奖。

采访时间：2014年6月

有方：最近在做的最有趣的项目是什么？

胡宪：我们最近在做一个大展览和一个小酒店。大展览是今年的威尼斯建筑双年展中国馆，我们与另外两家事务所合作。由策展人命题，三家事务所均只做中国馆的一部分，一个做台基，一个做室内，一个做室外，均使用相同的材料和做法。在历届中国馆的设计中，这种合作还是头一次。小酒店是我们在山东威海的一个精品酒店，只有12套客房。基地环境很有意思，三面环山一面向海，外临水库，内包小丘。这个项目对我们的挑战是如何在这样一个环境里做出好的体验来。

有方：最近在做有趣的项目的同时，是否也出于某种原因，做另一些无趣的项目？

胡宪：项目倒不分有趣无趣的，关键看业主和建筑师。很幸运，多相工作室目前做的项目倒还都有趣。

有方：最近在自己的业务上你觉得最烦的事是什么？

胡宪：花了很多心血的设计，没有实现。

有方：最近在集中琢磨什么问题？

胡宪：环境和建筑的关系。环境一直在那里，建筑是后来者。建筑师应怀着谦逊的姿态将建筑恰当地安放在那里。重点不是房子本身，而是房子和环境的关系，这种关系并不是竞争和消耗，而是共生的，你中有我，我中有你。在环境和建筑的关系中，人的体验是核心，这也是建筑这件事得以存在的理由。建筑师需要脚踏实地，走到环境和空间中去呼吸、触摸和体会，而不是把自己当作上帝。

有方：最近读的最有趣的一本书是什么？

胡宪：《红楼梦》。我总是断断续续地读，十七回大观园一段很有意思，作者

| 建筑师在做什么

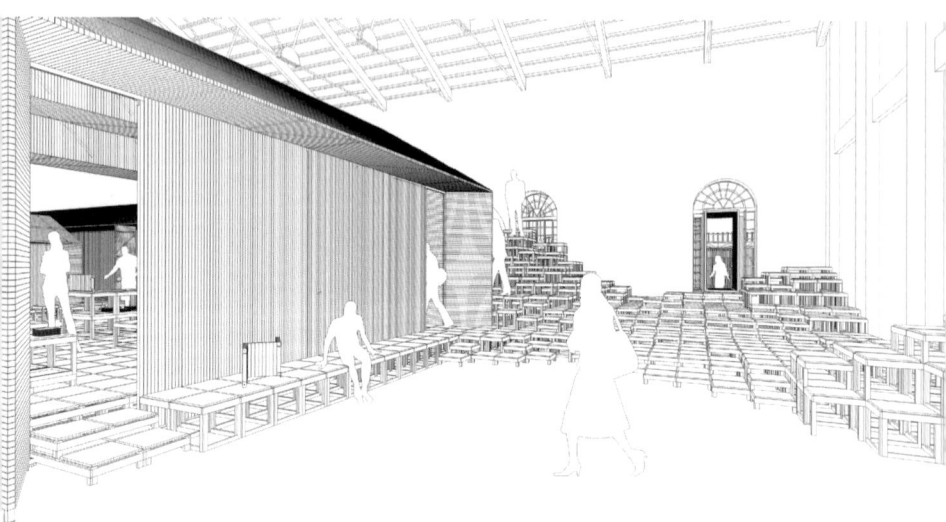

2014 年 威尼斯建筑双年展中国馆

上: 石岛精品文化酒店效果图
下: 石岛精品文化酒店施工现场 (摄影: 周琛)

借题对额，带读者体验了一回大观园。题额是特别中国的事情，你去一个地方，开始还不知道怎么回事，一看对额便豁然开朗，渐入佳境。中国园林的题额是造园者最后的一块砖，这块无形的砖需要通过游园者境由心生来完成。

有方： 最近一次旅行去了哪里？
胡宪： 最近没去。以前的旅行，我的感觉是有的地方去了也就是去了，而有的地方无论去了多少次，每次都会让你想在那儿一直待着。

有方： 最近有没有新发现某位很有趣的建筑师，对你特别有启发？
胡宪： 看了一些产品设计，有的解决了日常生活中的小麻烦，有的让我们做某件事情的时候更方便。这些设计虽小，但很打动我。建筑师其实需要带着一颗初心，去感悟、发现和设计。

有方： 最近哪个建筑议题最让你关注？
胡宪： 库哈斯本届威尼斯建筑双年展的主题"基本法则"（Fundamentals）。借用胡适的话，少谈些主义，多研究些问题。

有方： 最近哪个社会议题最让你关注？
胡宪： 高考，现在高考的地位如此之高值得深思。我会告诉我的孩子，如果你以后必须参加高考，那么请不要忘记你自己。

有方： 最近除了设计外，花最多精力的活动是什么？
胡宪： 陪伴家人。

胡宪工作场景(摄影:周琛)

25/ 袁烽

走向数字化建构

袁烽,同济大学建筑与城市规划学院建筑系副教授,负责主持同济大学高密度人居国家实验室"数字化设计实验中心"(DDRC)的工作。上海创盟国际建筑设计有限公司设计总监。

采访时间:2014年6月

有方： 最近在做的最有趣的项目是什么？

袁烽： 项目对我来说比较广义，有趣的事情其实都是相互关联的，在我的日常生活中，教学、研究和实践如影随形……2009年到现在，我感兴趣的项目一直与我的教学研究密切相关，我一直持续在思考建筑自主性的存在意义，及其如何推动建筑学本体的发展。事实上，多元化的各种因素在不断重新质疑什么是建筑学的自主概念，尤其是"实践决定论"让我们不停地忙于解决具体项目问题，而很难达成在建筑理论研究与建造意义上的共识。这些多元化的立场导致了建筑文化的语境错位以及价值观的迷失……

在这样的氛围下，我坚信新方法论、新技术才是在真实意义上推动建筑本体发展的动力，其中最有趣的应该是其与传统思想、现实实践的相互碰撞与批判性演进。我在早年项目实践中，一直在追求一年能建成几栋房子，但是这几年我开始琢磨建造的过程意义，其中比较专注在思考的问题应该就是研究数字化建造设计方法所带来的建筑形式的自主性。随着数字化时代的到来，地域文化的传承、社会伦理的认知以及建筑产业的升级等都应被重新认识与理解。我比较感兴趣的是探讨如何把数字技术作为一种新文化来看待，建筑实践所呈现的社会意义和推动力应该是超越现实意义上"政治正确性"概念的。

今年有几个有趣的项目正在建设中的，南京四方佛手湖园区的"晶舍"，我们尝试在森林里建造一个承载人与景观关系的互动容器，探讨把人的行为与自然（如大树、风等）的环境性能投射到建筑空间中时，建筑形式与建构意义的变化；在上海松江名企艺术园区的设计主要在尝试砖的数字化建构问题，这个项目是我们系列砖构建筑的延伸，探讨数字技术在建构美学延伸中的意义。

有方： 最近在做有趣的项目的同时，是否也出于某种原因，做另一些无趣的项目？

袁烽： 我并不想将自己与社会实践割裂开来，在此过程中，"平常心"很重要。建筑师仅是复杂社会生产系统的一个部分，当我们真正融入这个系统的时候，会发现很多貌似无趣的项目往往才是最真实的。而作为一个认真观察社会生产

卜石艺术馆

系统的建筑师,如何能在建筑生产过程中占有"主导话语权"才是最重要的。所以,我在团队中的主要工作恰恰是如何在无趣项目中寻求问题和主导话语权,这在整个生产过程中非常重要。

有方: 最近在自己的业务上你觉得最烦的事是什么?

袁烽: "时间都去哪儿了?"每天都挺忙,但还算生活在快乐当中。如果说最烦的事情,应该是如何平衡自己在研究和建筑实践中的时间精力,面临的最大挑战是在忙碌中如何保持身心的状态;同时,在寻求解决建筑新的本体问题时,让建筑设计高品质地落地。所以,实践意义中的自主性概念,应该是一种"半自主"状态,建筑设计中的一些基本问题如基本功能、结构以及构造细部等都显得尤为重要。而这些内容的实现事实上与整个团队的能力密切相关,所以如何实现建筑的完成度,对我来说都是每天要面对的重要挑战。

有方: 最近在集中琢磨什么问题?

袁烽: 我最近几年琢磨的事儿都没变。大学给了我一个很好的避风港,让我可以持续安静地思考具体问题。庆幸的是,这样的方式能够实现从教学探索、理论研究以及实践项目的呈现过程。记得我在 2009 年国内数专会议上中提出了"走向数字化建构"的观点,2011 年我和尼尔·利奇(Neil Leach)出版了《数字化编程》以及《数字化建造》两本书,2013 年举办了名为"自主建构"(Autonomous Tectonics)的展览。2014 年我在密西根大学发表了"性能化建构"(Performative Tectonics)的演讲。这里面琢磨的事儿,简单地讲是个方法论的思考过程。近期我在重点研究关于如何建立从建筑性能分析到建筑几何生成,如何从几何算法找形到机器人数字建构。最近我们在 6 月底到 7 月底即将在同济举办 2014 上海数字未来(Digital Future Shanghai 2014)的暑期夏令营,今年的主题是"基于结构性能的机器人建造",每年希望集中一段时间来静心探讨特定语境的研究话题。

有方：最近读的最有趣的书是什么？

袁烽：马克·布瑞（Mark Burry）写的 AD 系列读本中的《数字编程文化》（*Scripting Culture*）非常有意思。Mark 作为巴塞罗那圣家族教堂续建部分的主要建筑师之一，研究了高迪生前大量的关于数字几何、生态生形和结构找形等方面的工作，归纳了高迪设计中的逻辑问题，并通过算法模拟以及机器人数字化建造的方法实现了圣家族教堂建筑空间的延续。这种运用当代技术手段，延续文化传统的核心价值，很有启发性。还有前两天翻看的一本三联书店出版的德国雷德侯写的《万物——中国艺术中的模件化与规模化生产》一书，从中国传统艺术和建筑的生产方式的全新视角重新审视中国建筑艺术史的意义，这非常值得当下思考建筑本体性时借鉴的。

有方：最近一次旅行去了哪里？

袁烽：最近的一次旅行去了美国，并在密西根大学参加"关于建筑与艺术的机器人建造"（Robotic Fabrication in Architecture and Art Design）会议，收获不仅仅来自建筑旅行，通过与来自世界各地建筑师、学者的讨论、交流，让我感受到了实体建筑以外的活生生探索建筑未来的思想碰撞……一次好的学术会议带来的正能量让我受益匪浅。

有方：最近有没有新发现某位很有趣的建筑师，对你特别有启发？

袁烽：斯图加特大学的阿吉姆·门戈斯（Achim Menges）这几年对我的影响蛮大，将数字编程与材料性能的表达运用到数字原型空间的设计中，非常有力地体现了从理论研究到实践的一体化过程和建筑技术文化的全新意义。在纽约，设计布鲁克林体育馆的 SHOP 事务所，他们对于超大型项目的控制同样很有趣，将设计与数字化生产全过程总包的方式，让我们看到了一个全新的设计过程控制的概念。

袁烽工作场景

有方: 最近哪个建筑议题最让你关注?

袁烽: 有关派垂克·舒马赫(Patrik Schumacher)在脸书(Facebook)上提出的"政治正确性"的议题。提出了建筑师是否可以成为解决社会公平、伦理、良知等问题的主导者;他尖锐地提出,建筑师着重研究建造环境的形式,而不是内容,这应该是针对上届威尼斯双年展上所有奖项的政治正确性导向的回应,也是建筑领域中左右阵营的强有力对话。有意思的是,这个讨论一直延续到本届威尼斯双年展中,彼得·艾森曼正式宣告了库哈斯时代的结束,弗朗索瓦(Francois Roche)、爱丽莎·安德塞克(Alisa Andrasek)右翼阵营针对库哈斯阵营展开激烈的批评。这个话题值得深思,什么才是多元时代下建筑学的基本法则(Fundamental)呢?

有方: 最近哪个社会议题最让你关注?

袁烽: 近日,在上海城市总体规划讨论修编过程中,提出了"全球城市"的定位讨论。我在思考,什么是城市魅力与发展的原动力?"科技创新"与"传统文化延续"的有机融合应该是"全球城市"发展的核心价值观。未来无论是上海这样的大都市,还是大学,乃至个体,在全球化的背景下,积极达成集体价值共识对于城市发展、学术进步以及个体成长都将起到极为重要的作用。

有方: 最近除了设计外,花最多精力的活动是什么?

袁烽: 身边有不少艺术家朋友,他们的创作非常吸引我,在业余时间,我花了不少时间和他们交流,参观工作室和画展。无论是作为观念的当代艺术,还是作为美学方法的当代艺术,都提供了特殊的视角,与我的生活相伴,帮助让我思考建筑与生活的意义。

26/ 众建筑

无趣是我们的工作标准之一

众建筑，由何哲、沈海恩和臧峰在北京创办的创新性设计合资公司。团队成员来自海内外，包括建筑师、工程师和规划师等。"设计为大众"是"众建筑"思考的起点和终点，他们认为建筑设计首先应当能被大众理解，其次应当积极策略地参与到构建大众文化的过程当中。众建筑在全球经济、国际流通、大规模生产、大众市场以及网络社会中审视和寻找设计创新的可能性，并希望最终达到"设计影响大众"的目标。

采访时间：2014年6月

有方： 最近在做的最有趣的项目是什么？

众建筑： 我们目前进行的项目有：可移动家具、办公室隔断系统、内盒院、可变室外顶棚、某四合院改造设计、某办公楼设计、某商业综合体设计、某住宅小区设计、某别墅区设计。

基本上我们所有的项目都要求必须有能够改变人们的固有认识点，但这不是以是否有趣为标准的。或许最终的结果会让人觉得很有趣，可它们却都是依靠理性的分析、探寻真正的问题、提出创新的解决方案这个过程得出的。

例如内盒院，最初的问题是希望在保护四合院的同时能够提供舒适的使用空间，要解决老房子的防潮、保温、密闭、隔音较差、设施不齐等问题，还要考虑胡同中的运输、施工，及对周边居民的影响等问题。

最终的解决方案就是在老房子中放置一个保温、密闭性等各方面性能都非常好的新房子，对老房子仅作最基本的维护。新房子在工厂预制完成，附带内外装修和管线，在现场仅需最简单的拼装即可。

内盒院外立面

有方： 最近在做有趣的项目的同时，是否也出于某种原因，做另一些无趣的项目？

众建筑： 从某些角度讲，无趣是我们的工作标准之一。

原因是虽然有趣的好处是好玩、与正常的不同、独特。但同时却也意味着偶然、较少负责任、想当然、浪费与成为回避他人质疑的借口。反而无趣可以排除以上各种偶然主观的因素，以最客观的方法来面对问题并提出解决方案，确保设计的真正有效与公平。

在每个人都声称要做有趣事情的时代，有趣已经不再是创新的动力。对设计、对事情的判断应从是否有效，是否是真的创新、是否客观、如何影响到他人等角度来看待。

有方： 最近在自己的业务上你觉得最烦的事是什么？

众建筑： 分身乏术，同时还要协调项目数量与团队规模。

有方： 最近在集中琢磨什么问题？

众建筑： 一是工业化。

工业化与建筑，工业化与社会，工业化与文化，工业化与传统。当代中国为什么一方面严重依赖工业化，靠其振国兴邦，扬名立万；另一方面却在社会文化层面上将其隐形，仿佛人们的精神生活、社会的文化事务与工业（制造业）都毫无关联，这种断裂仅在炫耀实力的时候稍有弥合。我们的工作都试图让工业化再次回到人们的眼前，工业化同样可以来讨论文化，来联系传统，来满足精神的要求。而非必须要回到纯粹自（yuan）然（shi）时才能想这些问题。

二是建筑、人与地。

就某时期而言，建筑与土地的关系是固定的，这也导致了人与土地关系的固定，多数社会、经济问题都与此相关。

上、下：圈泡系列

我们的工作，如"内盒院"、"圈泡系列"、"三轮房车与三轮公园"都试图解开这个固定的关系，让建筑与土地脱离，不仅是产权结构上的脱离，更是物理结构上的脱离。建筑可以私有，但土地应是公共的，这样土地才能真正回归公共资源的本貌，在土地与建筑之间出现一个弹性空间，来解决原先又臭又硬的社会、经济问题，容纳更加丰富多彩的设计和与之相应的生活出现。

有方： 最近读的最有趣的一本书是什么？

众建筑： 1.《为真实的世界设计》，美国设计理论家维克多·帕帕纳克（Victor Papanek）最重要的著作。书中他强调设计应为大众服务，并应该认真考虑地球的有限资源使用问题。
2. 描写全球新兴国家地区局面的书籍《一炮走红的国家》，这类书籍能让我们明白现在的世界是什么样的，去理解未来的全球政治与社会。
3. 偶像派科幻小说《分歧者》，这本书一定不是好的科幻小说，但需要习惯阅读科幻小说，习惯去看别人怎么设想未来。

有方： 最近一次旅行去了哪里？

众建筑： 纽约，芝加哥。

有方： 最近有没有新发现某位很有趣的建筑师，对你特别有启发？

众建筑： João Filgueiras Lima（1932—2014），刚刚过世的巴西建筑师。他的设计工作一直针对建筑的合理性和工业化、预制化，这也是我们目前感兴趣的方面。
巴西这个国家的制度与社会环境令人好奇，已将现代主义作为传统来对待，诞生了很多现代主义建筑设计大师，有 Lúcio Costa，有 Oscar Niemeyer，有 Lina Bo Bardi，有 Paulo Mendes da Rocha，还有 João Filgueiras Lima。

有方：最近中国建筑界哪种现象最让你反感？

众建筑：虚假的文化诉求。

以前的情况不了解，但现在的中国社会文化始终被一对坏问题围绕：为什么是别人的文化来侵蚀我们？为什么不是自己的文化去影响别人？

这对问题导致了两种倾向：一是封闭，为了抗拒别人的影响，先把自己封闭起来；二是考古，为了建立影响别人的文化，从老祖宗那里寻求支持，所有的智力都用来寻根探祖了。

这类地域主义（或曰民粹主义）的倾向蔓延在整个社会之中，无论是普通大众还是社会精英，他们对地球上的其他文化采用简单（甚至粗暴）的敌对态度，他们的思考都不需要任何责任感，与现实无关，与未来更无关，如同海市蜃楼，是虚假的诉求。

有方：你觉得最近建成的最糟糕的建筑作品是哪一个？

众建筑：不以任何形式考虑现实，一味结合历史文化与所谓时尚形体的设计是最糟糕的，一味粉饰未来的设计也是最糟糕的。

有方：最近哪个社会议题最让你关注？

众建筑：陈升"上厕所不关门"事件、香港女童当街小便事件，没想到现在不同人群的文化歧视还这么严重。这个社会还是应该多一些宽容，给所有的群体。

有方：最近除了设计外，花最多精力的活动是什么？

众建筑：微信。除去当面讨论之外，微信现在是我们三个人之间讨论问题的主要方式。

有方：最近有没有对建筑设计感到困惑、厌倦，想过改行，改做哪一行？

众建筑：我们一直在改行，因为我们还在做产品设计。我们经常用产品设计的角度来看待建筑设计，用建筑设计的思路来设计产品，并且现在开始开发介乎

众建筑工作场景

于二者之间的建筑（或产品），例如内盒院。

"众产品"是我们产品设计的品牌，给不同品牌设计家具、灯具、餐具，同时我们自己还卖我们自己设计的家具产品。做个小广告，有兴趣的话可以查看www.peoples-products.com。可以说因为始终在改行，所以从未有困惑。

27/ 陈屹峰

建筑除了遮风蔽雨，更深层的意义是什么？

陈屹峰，1972年出生，大舍建筑设计事务所主持建筑师、创始合伙人。毕业于同济大学建筑系，获建筑学硕士学位。他和合伙人柳亦春所主持的大舍在专业领域内受到持续关注，曾受邀参加法国蓬皮杜中心"当代中国建筑与艺术展"、威尼斯双年展之"中国新锐建筑创作展"、米兰三年展等重要的国际建筑与艺术展览，获"远东建筑奖"、"WA中国建筑奖"等奖项，并被国际期刊《建筑实录》杂志评选为2011年度全球十佳"设计先锋"（Design Vanguard 2011）。

采访时间：2014年6月

有方：最近在做的最有趣的项目是什么？

陈屹峰：最近手上几个项目都还比较有意思。一个是凌云社区公共服务中心，这项目非常"上海"，要求在不足5000平方米的用地上布置16000多平方米的建筑，安排30余项不同的功能，还须顾及左邻右舍。它的趣味在于，建筑师照顾好方方面面、把一切安排得妥妥帖帖之后，还能给建筑自身留下些什么？

另一项目的情形正好相反，它在黄浦江边的友好城市公园内，面积不大（300多平方米），功能不定（姑且把它当作茶室），用地不限（没有红线）。刚上手茫茫然有不知从何下手之感，很好玩。

目前还在给绍兴某生态城设计一个展示中心。基地紧邻着的景区原来是个古采石场，从隋到清一千多年的开采活动，竟然把一座原本平淡无奇的江南小山雕琢成为中国人心目中真正的山水风景，古人的智慧令人惊叹，希望我们的设计能用恰当方式来延续这种智慧。

有方：最近在做有趣的项目的同时，是否也出于某种原因，做另一些无趣的项目？

陈屹峰：目前没有。

有方：最近在自己的业务上你觉得最烦的事是什么？

陈屹峰：有两个方面的问题不得不抱怨一下。首先是建筑、结构及机电专业的各项设计规范越来越严苛，加上施工图审图机构变本加厉，设计的自由度正不断受到挤压，经常让人有某种窒息感。其次可能是项目规模较小的缘故，和十多年前相比，我们遇到的施工企业在荣誉感、责任心、业务能力等方面都在与时俱退，结果是建筑师待在工地上的时间越来越长，叹息越来越多。

有方：最近在集中琢磨什么问题？

陈屹峰：最近一直在思考：除了遮风蔽雨外，建筑对人更为深层的意义究竟是什么？这个问题指向建筑师的价值观，应该不会有标准答案。但不管怎样，在这个瞬息万变的喧嚣时代中，从容不迫地前行需要一个坚定的立场。

上： 友好城市公园茶室
中上：绍兴某生态城展示中心
中下：嘉定新城幼儿园
下： 夏雨幼儿园

有方： 最近读的最有趣的一本书是什么？

陈屹峰： 目前断断续续在啃马丁·海德格尔的《林中路》。这本书收录了海德格尔上世纪三四十年代创作的六篇文章，基本涵盖了他后期思想的所有方面。我刚读完其中的第一篇——《艺术作品的本源》。在这篇文章中海德格尔从"物之为物，究竟是什么"开始，对艺术作品的本源进行了层层剖析，最后得出"艺术的本质就是真理的生成与发生"。对他而言，艺术作品存在就是建立一个世界，在这里，存在者整体被带入无蔽状态并且保持于无蔽状态之中。而真理即是存在者之为存在者的无蔽状态，因此真理就自行设置入作品并显现出来，这种显现，就是美。在海德格尔眼里，真理并不是指传统意义上的知识与事实符合一致，而是一种至大的明澈境界，就是他所说"存在之澄明"，只有在这里人才能格物致知。而"美是与真理比肩而立的"，属于真理的自行发生，不是自为的，也决非是主体的体验。

有方： 最近一次旅行去了哪里？

陈屹峰： 上个月刚去了台湾，着重看了黄声远建筑师的作品以及陈其宽、张肇康建筑师设计的东海大学校园建筑，印象深刻。尤其是黄声远在宜兰的实践，对当地日常生活和气候采用一种拥抱的姿态，同时又有着几分即兴意味，这给他的房子带来浓浓人情味和丰富性。相比越来越多的当代建筑都在追求极少主义的视觉效果，对世俗生活也往往持排斥态度，黄声远的做法可谓是一种抵抗。

有方： 最近有没有新发现某位很有趣的建筑师，对你特别有启发？

陈屹峰： 去年参观了彼得·卒姆托在库尔及周边做的几个房子，感受与之前看过的图片完全不同，于是重新"发现"了他。现场看卒姆托的房子就像读陶渊明的诗作，也像听巴赫的音乐，感觉明净而澄澈，也许这就是海德格尔所说的"无蔽状态"。

大舍建筑设计事务所工作场景

建筑具有它自己的疆土。它与生活有着特殊的物质联系。我认为建筑从根本上并不是某种信息或象征；相反，它应是一个外壳和后台，适合我们的生活在其间和其周围延续；是一个灵敏的容器，适于楼板上的脚步声，适于专心工作，适于安然睡眠。

为什么我们对构成建筑的基本东西——材料、结构、构造、荷载及承载、地面与天空——如此没有把握？对真正成其为空间的空间——那些拥有经过细致考虑与处理的界面、材质、虚空、光线、气味、回声等要素的空间——如此没有把握？

从卒姆托的这些表述中可以看出，真实生活世界和建筑本体内容是他创作的基点，而现场感受告诉我，他已经真正做到了知行合一。

有方： 最近哪个建筑议题最让你关注？
陈屹峰： 刚刚开幕的第 14 届威尼斯建筑双年展的主题是"基本法则"（Fundamental），着重于对建筑现代化进程的回顾和历史研究。我觉得这也可以解读为是从另一个角度向着建筑本体的回归。

有方： 最近哪个社会议题最让你关注？
陈屹峰： 中国进入"全民反恐"时代。

有方： 最近除了设计外，花最多精力的活动是什么？
陈屹峰： 亲子和阅读。

28/ 张佳晶

不敬畏自然,就谈不上城镇化

张佳晶,上海高目建筑设计咨询有限公司(Atelier GOM Architecture)主持建筑师,毕业于同济大学。职业建筑师、职业城市设计师、咖啡店主、业余围棋高手、业余网络作家、业余旅行者、业余摄影师、业余歌手、业余大学讲师、上海市规委专家。

采访时间:2014年7月

有方： 最近在做的最有趣的项目是什么？

张佳晶： 一个偶然的机会，我的一个读者，就是看过我写的那本《谈点建筑好不好》的一个建筑师，在和某区规划局的领导接洽一个中心区项目的时候，隆重推荐了我。其实那时候我还没见过这个"粉丝"，偏巧这个规划局领导也认识我，而且在他刚毕业的时候参与过我在北京的现代主义住宅项目，我俩虽十年未见，但他依然相信我的设计热情。所以他们双方推波助澜就促成了我参加这个项目的国际竞标，对手是 David Chipperfield 等国际一线建筑师事务所，所以我觉得自己运气不错，人品也不错。更加有趣的是，这个项目是在高密度中心城区寻求大规模开发和风貌保护之间的平衡点，暗合了我们做过的很多城市更新研究。

有方： 最近在做有趣的项目的同时，是否也出于某种原因，做另一些无趣的项目？

张佳晶： 我曾经的一个项目，本来我认为可能是最近几年最有趣的一个项目，反倒变成了一个"最无趣"的项目，就是嘉定的一个设计周期持续了五年的初中，现在才刚刚示意性开工。原因固然很多，但究其根本，就是我的设计跟传统学校"稍微有点不太一样"，这大概是很多有追求的项目的宿命。有趣和无趣随着设计阶段的不同而不停转换——新鲜的时候，什么都有趣，但当你每天面对面积计算、审图审查、项目终止、项目再启动、设计修改、相关部门"会山会海"的折腾之后，作为一个并不大的项目的建筑师，每天面对着那些无趣甚至毫无尊严的事情的时候，赚钱和扬名已经不重要，能坚持下来靠的就是意志。最近几年我没有什么像样的建成作品，大部分项目都在规范边缘艰难行走——类似的经历还包括徐汇西岸的公租房，我们的口号是：不计成本，死磕到底。

有方： 最近在自己的业务上你觉得最烦的事是什么？

张佳晶： 领导换了。

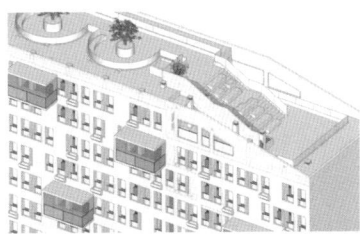

上：龙馆方案模型

中：西岸公租房轴测图

下：渔歌项目透视图

有方： 最近在集中琢磨什么问题？

张佳晶： 在重塑信仰的过程中，我有过很多偏激的想法，可是它们总是在微妙地变化，也导致我不停地思考。我最近一直在反复颠覆和琢磨的一件事情是：在2040年，上海市如果人口接近5000万，我们，建筑师和城市设计师该如何应对。

有方： 最近读的最有趣的一本书是什么？

张佳晶： 最近没有完整地读过任何一本书——我是建筑师群体里的文盲，我喜欢用肉体接触自然胜过用文字阅读世界，但这不值得表扬。

有方： 最近一次旅行去了哪里？

张佳晶： 桂林的兴坪，浙江的安吉。

有方： 最近有没有新发现某位很有趣的建筑师，对你特别有启发？

张佳晶： 我一直很喜欢本土的建筑师，比如柳亦春和袁烽。前者是个隐忍的建筑师，可以十年磨一剑；后者是个才能全面的建筑师，可以产学研兼顾。这两种品质都是我钦佩的。

有方： 最近哪个建筑议题最让你关注？

张佳晶： 城镇化是我非常关注并讨厌的一个说法，它有很多歧义，毁了很多地方。不理解城市的意义，就无法面对乡村；不去敬畏自然，更谈不上城镇化。

有方： 你觉得最近建成的最糟糕的建筑作品是哪一个？最讨厌的甲方是什么样的？

张佳晶： 我觉得最近我看到的最糟糕的建设项目就是我公司门口的华山路人行道改造工程，这一看就是个从不走路的人做的人行道设计，同时也是在类似路段不停重复的建设浪费。

28 张佳晶

张佳晶工作场景

建筑和规划行业里讨厌的甲方跟讨厌的乙方是一样多的——我最讨厌的甲方有两种：第一是逼你加班的；第二是不给钱的。

有方：最近哪个社会议题最让你关注？
张佳晶：虽然我很关心上海 2040 年战略的进展，但我还是更关心 MH370 到底怎么回事。

有方：最近除了设计外，花最多精力的活动是什么？
张佳晶：伺候我那几十盆植物。

有方：最近有没有对建筑设计感到困惑、厌倦，想过改行，改做哪一行？
张佳晶：虽然我拥有很多建筑师以外的标签，但是我不会改行，我以建筑师为荣。

29/ 刘艺

设计的第一步应是解除认知的"布帘"

刘艺,重庆建筑大学建筑城规学院硕士,中建西南院常务副总建筑师,中国建筑学会建筑师分会理事,获选第六届"中国青年建筑师奖"。其作品曾获全国勘察设计建筑工程一等奖、中国建筑学会创作奖等奖项。

采访时间:2014年7月

有方：最近在做的最有趣的项目是什么？

刘艺：没有无趣的项目，只有无趣的人。

有些项目从无趣开始，慢慢变得有趣。比如正在设计的深圳某央企办公楼，当前政治环境决定了业主保守的立场，我们就在保守的外壳下加入新的想法，偷梁换柱似的孵化出新的内核——瓶是老的，酒已经新了。

有方：最近在做有趣的项目的同时，是否也出于某种原因，做另一些无趣的项目？

刘艺：另一类项目却是反过来，开始听起来蛮有趣的项目，因为业主与设计团队在价值观上的分歧，最后变得无趣。最近碰到的一个地方文化类建筑就让我们感觉很无奈，也很无力。

有方：最近在自己的业务上你觉得最烦的事是什么？

刘艺：经济环境阴晴不定，好些项目都暂停或放缓了。

有方：最近在集中琢磨什么问题？

刘艺：目前看到的设计大多都有模糊或明晰的来源与参照，新的创造变得非常困难。就像年轻时的贾珂梅悌面对模特儿的困惑：在他和对象之间隔着太多"作品"，似层层布帘，于是他说："我只想做出一个头像，正如我眼睛所看见的那样。"我想设计的第一步也应该是解除布帘的工作，但这也是最难的一步。

有方：最近读的最有趣的一本书是什么？

刘艺：席龙飞编著的《中国造船史》。我一直对船舶有兴趣，作为大型人造物，中国古代木质船舶的制造技术平行于建筑木构技术的发展，早在战国时期就出现了以铁箍拼联木船板，孔洞注入铅液封固的构造做法，将同一时期造船与建房对照起来看会很有意思。

上：德阳特殊教育学校
下：四川教育学院艺术楼

有方： 最近一次旅行去了哪里？

刘艺： 台湾。我喜欢那里的城市生活，在那里能找到我小时候生活的场景。我也第一次见到整座城市全是骑楼，非常棒。

有方： 最近有没有新发现某位很有趣的建筑师，对你特别有启发？

刘艺： 当我路过街巷时，偶尔会被没有建筑师的民间场所和建筑所触动，那种自发的、全无专业痕迹的做法充满了新意和自由的生气。

有方： 最近哪个建筑议题最让你关注？

刘艺： 新版《建筑设计防火规范》难产已久，据说就快要发布了。在国内没什么比规范更能够深刻而广泛地影响建筑的设计，我一直觉得中国城市和建筑发展被几本规范所限定。比如对日照的控制，对消防高度和防火分区面积上限的规定，等等，都决定了我们城市建筑基本的模样。我真心希望规范不要作茧自缚。

有方： 你觉得最近建成的最糟糕的建筑作品是哪一个？

刘艺： 成都100公里长的中轴大道算么，我不能想象这个"世界第一"会给成都城市的未来带来什么样的影响，它会让成都从"摊大饼"变成"长面条"么？

有方： 最近哪个社会议题最让你关注？

刘艺： 棚户区改造，政府特别能推出新词，每次都让部分人兴奋，部分人紧张。

有方： 最近除了设计外，花最多精力的活动是什么？

刘艺： 我希望能多陪陪女儿。

有方： 最近有没有对建筑设计感到困惑、厌倦，想过改行，改做哪一行？

刘艺： 没想过。前面说过我对造船感兴趣，其实想想也没什么不同吧，就是可以在水里移动的房子。

刘艺工作场景

30/ 朱亦民

我们的烦恼大多是体制性的

朱亦民，1967年生于河南洛阳，曾就读于西安冶金建筑学院建筑系及荷兰贝尔拉格学院。2004年开始任教于华南理工大学建筑系。2002年创办道格玛建筑设计公司。主要建筑作品有成都建川博物馆聚落文革生活用品馆、洛阳普莱柯国家兽用疫苗工程中心等。

采访时间：2014年7月

有方： 最近在做的最有趣的项目是什么？

朱亦民： 最近在做贵州的一所职业学院，这是一个由二十几栋单体组成的山地建筑群，最大高差有 70 米。因此第一个设计原则就是尽可能地贴近地形，处理好建筑与场地的关系，尽可能减少土方量，把原有地形地貌特征转化为建筑空间的一个组成部分。居住在山地的人跟平原地区的人相比，对于山有很不同的感觉。在情感上山是与他们生活血肉相连的一部分，但在实用层面上，山区的人们宁愿把高低起伏的地形全都铲平。因此我们在设计中也费了一些口舌来说服甲方保持和利用现有地形。

在规划上的出发点是把整个校园当成一个小的城市来设计，甚至想象这个建筑群除了学校也可以做别的用途。因此这个校园设计中采用了各种形态的平面，主要是提供多样化的空间样式和丰富的空间体验。

我们的方案的另一个特点是采用了组团形式。除了图书馆、办公室和风雨操场等公共设施以外，整个校园由四个组团构成，每个组团包含了教学设施、宿舍和食堂等完整的功能设施。这种布局方式不同于前些年流行的大功能分区的模式，学生不必在教学区和生活区之间大范围地奔波往返。完整的功能组团更像是城市中的一个社区，使学生的活动更方便，容易产生认同感。能实现这个想法多亏了校方的领导非常务实开明。

这个项目从 2011 年设计竞赛开始，到现在已经有三年时间了。中间由于各种问题有一年时间彻底停顿，后来当地政府又对用地和建筑规模进行了调整。客观上这些变故倒是给了我们设计方足够的时间反思和调整。不利的地方是和大多数这一类公共项目一样，地方政府希望越快建成越好，最终搞成了一个"三边工程"的局面，使得对于施工质量的控制格外麻烦。

有方： 最近在做有趣的项目的同时，是否也出于某种原因，做另一些无趣的项目？

朱亦民： 是的。有一些项目是一开始有趣，后来就变得无趣了。我觉得没有无趣的项目，只有无趣的人（甲方）。

有方：最近在自己的业务上你觉得最烦的事是什么？

朱亦民：我觉得作为建筑师可能大家的烦恼都大同小异：施工单位没有职业水准，施工质量较差。另外我发现在施工图的设计中各专业之间的配合有不少问题，有些是技术规范和工作流程上的问题，与个人的职业素养无关。中国建筑师的烦恼大多是体制性的。我们在制度上有很多方面还处在计划经济的时代。

有方：最近在集中琢磨什么问题？

朱亦民：在准备写关于英国建筑师史密森夫妇（Peter and Alison Smithson）的论文。这二位是理解现代建筑在1950年之后发生转变的关键人物，我在教学中也一直很关注他们。围绕这个研究课题也对英国的近现代史和二战前后的建筑和文化、社会历史做了一些阅读。史密森夫妇和三件事有关：新粗野主义、独立小组（通俗艺术）和十次小组（Team10）。这三件事都发生在上世纪50年代，也都对现代建筑和艺术产生了历史性的影响。他们属于思考型的建筑师，在1950年至1970年之间英国建设大发展时期几乎没有建成什么作品，也就和媒体及主流建筑越来越远。不过还是能从他们关于建筑和城市的思想中找到与现今一些方法的联系。

有方：最近读的最有趣的一本书是什么？

朱亦民：最近读的最有趣的书是《江城》，作者是美国人何伟（David Hessler）。可能有很多人听说过何伟。他写过三本关于中国的书，分别是《江城》、《甲骨文》和《寻路中国》。《江城》是何伟写的第一本书，但最近这两年才在中国内地出版。这本书是根据他上世纪90年代后期在四川涪陵师范专科学校做外教时的经历写成的。

我是第一次完整地读他的书。老实说最近几年很少有哪本书能像《江城》这样使人产生代入感和好奇心。书中对于涪陵这个长江边上的小城市和生活在这里的人们的描述，让人有一种奇特的既真实又陌生的感觉，也纠正或者凸显了我

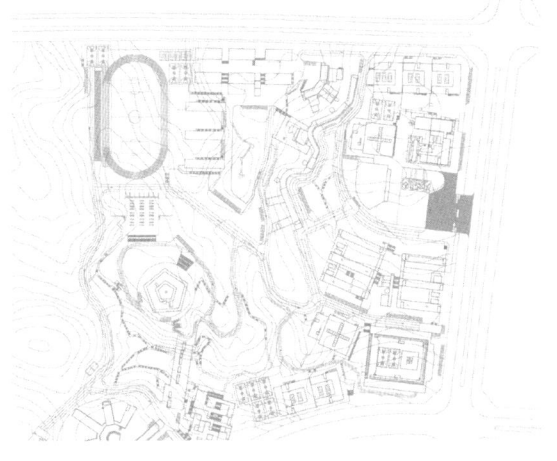

上：毕节医学专科学校第一组团
下：毕节医学专科学校总图

们的偏见。从始至终我们也能感觉到作者巨大的同情心。读完这本书后，我有点冲动想去看看现在的涪陵是个什么样子。据说有一些美国人读了这本书之后真的就跑到涪陵，按照书中的描写一处处访问何伟描写过的地方。

何伟有非常敏锐的观察力和想象力。我觉得他是属于那种很有文字天赋，能把一件在大多数人眼里很平常的事情讲得引人入胜的那一类人。这一类人在哪个国家都有。当然他也利用了自己作为一个外国人的优势，既是生活积极的参与者，又和现实保持有效的距离。可能当一个外国人写作的时候很自然地就有一种叙事的张力。作为中国人，我们的问题是对太多的东西熟视无睹到了麻木的地步。这本书无论是作为文学写作还是生活指南都值得一看。

有方： 最近一次旅行去了哪里？

朱亦民： 去了新疆的库尔勒。这是我第一次到新疆，看到了不同的山水，对辽阔有了直观的经验。也是第一次看到了沙漠，知道了胡杨林有三种形状的叶子。也许库尔勒是汉族占多数的城市，感觉跟内地没什么两样。走到城市郊区能看到一些维族和其他少数民族。新疆人的热情也是出乎意料之外。美中不足的是城市中盖了太多的高层建筑。对于新疆这样地域辽阔不缺土地的地方，是不是有可能建一些中低层的住宅呢？看来在新疆的规划和土地政策以及开发模式与内地没什么不同。

有方： 最近有没有新发现某位很有趣的建筑师，对你特别有启发？

朱亦民： 在这个信息泛滥的时代，可能也很难"新"发现什么人了。我倒是可以说说"再"发现的建筑师。我个人觉得比较有启发的建筑师要算南美比较早的一批现代建筑师。现在比较关注的是巴西建筑师里娜·博·巴尔迪（Lina Bo Bardi）和巴蒂斯·维兰诺瓦·阿蒂加斯（Batista Vilanova Artigas）。1990年代初我在当时建工出版社和意大利 Domus 杂志合作出版的《Domus 中文版》上看到过博·巴尔迪 1970 年代末设计的圣保罗庞皮亚工厂改造（SESC—Pompeia Factory），印

朱亦民工作场景

洛阳普莱柯国家兽用疫苗工程中心

象非常深刻。后来又在一些出版物上看到她设计的圣保罗现代美术馆。博·巴尔迪的设计既有理性主义，又受到意大利的"贫穷建筑"（Poor Architecture）和粗野主义的影响，对南美洲充满活力同时又矛盾而残酷的野蛮现实做出了精彩的阐释和表现。最近这几年国外建筑界对她越来越有兴趣，整理出版了她的作品集。

博·巴尔迪和阿蒂加斯，也许还有德·罗查（Paul Mendes de Rocha）这几位促使我思考公共空间的形态问题，以及建筑空间和艺术性与社会价值之间的关系。再有就是从他们的实践中你会发现没有精良的工艺和"高级"技术也不是件多了不得的事，施工质量好还是坏和建筑质量根本没关系。

《百年孤独》的作者加西亚·马尔克斯前一阵去世了，在中国的媒体上再一次形成了一个热闹的话题。南美洲的现代文学对中国新时期的文学创作，对莫言、余华这一批作家有巨大的艺术和精神影响力,简直不敢想象没有了马尔克斯、博尔赫斯这几个南美巨匠,中国目前的文学创作会是个什么状态。可是南美洲的现代建筑却引不起中国建筑师任何讨论的兴趣,这是个有意思的对比。

有方: 最近哪个建筑议题最让你关注?
朱亦民: 暂时没有。

有方: 最近哪个社会议题最让你关注?
朱亦民: 中国政府什么时候开征房产税。

有方: 最近除了设计外,花最多精力的活动是什么?
朱亦民: 我的家乡洛阳从去年开始在对老城区进行大规模拆迁,2、3月份的时候我做了一些调查,写了一个情况说明,联合了同济大学的阮仪三老师、张松老师,北京建工学院的刘临安老师和华南理工大学的邓其生、冯江老师共同签署给建设部的历史文化名城保护处,对洛阳市政府的大拆大建的做法提出反对意见。这件事耗去不少时间和精力。幸运的是洛阳市已经停止了在老城区的大规模动迁。前些时候还派人到广州与我们沟通,打算放弃房地产开发,在老城区中结合文化产业进行旧城改造。当然我没觉得这跟我们几个人的努力有直接关系。这个结果是目前大的社会政治形势造成的。2013年之后的新一届中央政府对国家经济、社会和文化发展以及制度建设有完全不同的想法和政策,一些地方政府可能没有完全理解这一点,还在延续之前的做法,当然就会碰钉子。
一开始真没有想到会这么麻烦和耗费时间。我不是研究历史文化建筑保护的,属于管闲事。如果不是同事冯江老师帮助,我可能连这个事情的关键问题在哪儿都说不清楚。阮仪三和邓其生二位老先生尤其热心,给了很多支持和鼓励。阮仪三先生还亲自给建设部的领导写了信,起到很大推动作用。在这件事上,广州和深圳的几位媒体朋友也帮了很大忙。《南方周末》还对这件事做了报道。

31 / 罗松

文字和建筑一样有生命力

罗松,建文创工作室合伙人。80后女建筑师,现居厦门,专栏作家,自由撰稿人。在建筑设计的实践中探索酒店、办公、文化、商业等多种类别建筑在设计过程中的研发与创新。

采访时间:2014年7月

有方：最近在做的最有趣的项目是什么？

罗松：最近确实遇到了一个很有趣的项目，关于厦门老城区两座旧建筑的改造再利用。前两天去看场地，在厦港片区有两座上百年的红砖老厝，一个是六落红砖大厝，是当年六品带刀侍卫家族兴建；另一个是中轴对称的横向两落大厝和两纵列护厝及前埕，前后大厝平面均为三进三间。因时代的变迁、风雨的侵蚀，两处回廊倒塌，多处屋檐完全断裂。修缮保护迫在眉睫。这已经不是简单的一个项目，而是一种使命感在驱使着你，以己之力去保护它再利用它，让它再现昨日的辉煌与神奇。

有方：最近在做有趣的项目的同时，是否也出于某种原因，做另一些无趣的项目？

罗松：人确实是矛盾的。近年来做的最多的项目就是大型商业和酒店。每当置身于这种高速运转的项目周期循环里，自然会变得强势、锐利。在此类项目中，你的职责就不仅仅是个建筑师，你有责任和义务帮业主解决问题，并将利益最大化。

有方：最近在自己的业务上你觉得最烦的事是什么？

罗松：建筑师这个职业其实很多时间不是在画图，这个世界要求我们不停地解决问题。做建筑师，必须要有适应万变的能力及心理素质。非常规周期改图要有相应的对策，追设计费要有追设计费的对策，身陷非公平竞争要有非公平竞争的对策，我正在努力尝试将这些问题归纳成体系，让更多的建筑师在遭遇它们的时候，迎难而上、迎刃而解。

有方：最近在集中琢磨什么问题？

罗松：我一直在思考女建筑师的未来之路，这不仅仅是最近琢磨的问题，我从业第一天起，直至现在都在不停地跟自己对话。

我常问自己三个问题：1. 你对过去有什么经验和教训？ 2. 你对自己的现状满意吗？ 3. 你将来的路要怎么走？

我曾经写过许多关于女建筑师题材的文章，我的未来当不了"妹岛女神"，我也当不了"审图奶奶"。我相信许多女建筑师都在探索一条属于自己的路。

有方： 最近读的最有趣的一本书是什么？

罗松： 我最近很喜欢一本书叫《美食新鲜人》，这本书讲一个懵懂无知的小小美食记者成长为一个专业美食工作者的心路历程。文字很轻松，以"美食 + 记录生活 + 游记"为主线。其实我们建筑师又何尝不是呢？成长是残酷的，记录成长，是美好的。

有方： 最近一次旅行去了哪里？

罗松： 我去年秋天"挤"出了 20 天来游历欧洲，那是我第二次踏上欧洲大陆的自由行，由于制定的行程围绕着看《外国建筑史》中的真迹为主线，所以，每到一处，必泪洒神坛。学建筑的我们，心里一直有那么百十来个地方，去亲眼见见它仿佛是完成人生的一场场重要仪式。

有方： 最近有没有新发现某位很有趣的建筑师，对你特别有启发？

罗松： 今年的 6 月 7 日，李兴钢老师在有方讲了《十二匠造——那些旅行中感动和影响我的建筑》。从第一个登万春亭看日落紫禁城开始，许多场景感同而身受，故地又重游。里面有一部分讲到了中国传统园林设计对李老师设计思路的影响，尤其提到了无锡的寄畅园。很遗憾我至今没有去过寄畅园，李老师的讲座让我萌生了探索江南园林的"建筑之旅"，远方不远，路其实就在人间。

有方： 最近哪个社会议题最让你关注？

罗松： 我居住的城市厦门是个岛上的城市，特有的地理位置和环境让厦门有了自己独特的城市气质。我们最近也正在做一个关于厦门老城区保护与改造的课题。

上：旧城改造现状
下：厦门老城区市景

有方：你觉得最近建成的最糟糕的建筑作品是哪一个？

罗松：我主持过项目，我相信项目主持人是有苦衷的。我们都知道一个项目从无到有，会经历许多难以预料的各种变化，建筑师一直在寻求一个各方向力量的平衡点，把握起来非常不易，一个好的建筑不是让每个人都满意，拍案叫绝。在一个量化尺度范围内如何更合理地解决问题才是建筑师一直要探索的。

有方：最近除了设计外，花最多精力的活动是什么？

罗松：每个建筑师都有一支笔，用来画图；建筑师其实还有一支笔，用来写字。我一直相信文字如建筑般具有自己的生命力，这种生命力顽强坚韧，将所有无形的想法幻化为有形。一支写作的铿锵之笔，犹如一面旗帜，可以在思想的困境中拉自己一把，并指引自己前进的方向。

32/ 曾群

没有难受就没有好设计

曾群,同济大学建筑设计研究院(集团)有限公司副总裁,集团副总建筑师,教授级高级建筑师,同济大学建筑城规学院硕士生导师及客座评委,中国建筑学会资深会员。主持设计有数十项不同类型作品,包括大型城市公共建筑和小型实验类项目,代表作有钓鱼台国宾馆芳菲苑、中国银联研发中心、同济大学传媒学院、2010年上海世博会主题馆、巴士一汽停车库改造——TJAD办公楼、上海棋院、西岸瓷堂等。著作有《空间再生》等。

采访时间:2014年7月

有方：最近在做的最有趣的项目是什么？

曾群：于我而言，项目没有有趣和无趣之分。首先，我庆幸自己有很好的耐受力和心态。其次，很多看似有趣的项目其实在实际的设计过程充满了相当的无趣和无奈，甚至无聊。而看似无趣的项目却常常让你在困顿中左冲右突，却有峰回路转柳暗花明的惊喜。再者，任何有趣无趣的项目，对我来说，它的设计过程都是无趣的，或者说是纠结的、拧巴的、不轻松的。我常跟年轻人说：别轻信那些驾轻就熟、如鱼得水、"就做自己最喜欢的"的设计师的话，没有难受就没有好设计。我还是看山不是山，看水不是水，我也没见到哪个设计师到了看山是山、看水是水的境界。有趣是暂时的，无趣是永远的。

瓷堂

有方：最近你做的最让你后悔的项目是什么？

曾群：如果说有后悔的话，那就是当结果比你想象的要乐观时，这时你会后悔自己没有在设计中掺入更多的自己的"私货"，所以我常告诫自己：不要抱怨，事情也许比你想象的更顺利，业主也比你想象的更开明，大胆拿出你的想法和行动有多重要。

有方： 最近在自己的业务上你觉得最烦的事是什么？

曾群： 设计周期过快导致深入研究的时间不够，特别是对于一些大型项目，思考的深度和广度都要大得多。量变引起质变，量大到一定时候，思考的角度和操作的手段都非常多维，这需要很多的时间来比较和深入，如同煲一锅好汤，有了好食材还不够，还必须有足够的时间，这是逃避不了的。对于我们非常强调设计的完整性和完成度而言，目前众所周知的设计现状是很大的问题。

有方： 最近在集中琢磨什么问题？

曾群： 由于我的项目较多位于一、二线大城市，因此经常迫使自己思考大都市的问题，并且特别想琢磨它未来的事。诚然，中国大城市弊病繁多，国际性的大都市的发展貌似提供了很多可参考的案例，但我一直觉得中国的大都市发展的关键一定跟那些不同，甚至是完全背道而驰（但并不是说是错的），这是二十多年来的建筑实践告诉我。比如，我们注意到，前不久政府提出要限制特大城市人口的规模，这本身就是一条有悖于城市发展规律的措施。大都市像个黑洞，一定会吸引越来越多的资源进去，人口增长是必然的，尤其是还处在发展中的城市。但是，这条规定无疑又对城市发展有不可避免的重要影响。中国城市就是在这种对抗和博弈中蓬勃生长的，如同没有经济理论能完整解释我们的经济发展，经济学家总在凯恩斯和哈耶克之间吵架一样，城市也是既有序又无理地生长，撇开好与坏的判断，我以为这其中的未可知性恰是中国城市最大的丰富性所在。

有方： 最近读的最有趣的一本书是什么？

曾群： 格非的《相遇》，作者过去一些短篇小说的自选集，格非的文字有种丰沛华美的缺失感，适合反复阅读。每当觉得自己被各种观点打扰时，我就会去读文学了，文学是最有想象力的，我一直觉得，想象力比观点重要。

有方： 最近一次旅行去了哪里？

曾群： 最近一次有趣的旅行去了越南河内。我很惊讶，这个和我们拥有同样社会制度的国家的首都，几十年的战火和意识形态的洗礼对这个城市的影响相当有限，尤其在老城区里，传统的原住民的习俗和西方的生活方式泾渭分明又和睦共存，仿佛是上海的老城厢和新天地糅杂在一起，杂乱无章又生气勃勃。同时，由于土地政策的制约和商业化程度尚未过度，河内老城区展现出的一种良好的既开放又自律的都市生态系统，这不能不让人庆幸和感叹：政治和商业的力量在此有所收敛，生活的魅力才得以保存和彰显。

有方： 最近有没有新发现某位很有趣的建筑师，对你特别有启发？

曾群： 不能说是新发现，最近比较有感触的建筑师是 Christian Kerez。他沿袭了 ETH 的传统，一直致力于发掘新的建构方式，藉此来表达一种对空间独特性的探求。方法是传统的，过程和结果的呈现却极具当代性（这似乎和格非的文字有了暗合？）。此外，作品空间表现出来的"重量感"和"物质性"没有我们见到的那些流行的"轻"建筑的无力感，这点让我觉得提神得很。

有方： 最近哪个建筑议题最让你关注？

曾群： 建筑保守和创新的问题。自从有了"乡愁"一说，我听到各种来自官方、专家、建设者和设计师的解读，曲意逢迎，令人不解。我们的项目也遇到了同样的问题。不可避免，这会在一段时间内成为现实操作的一种风向标，然而流于表面的口号式解读只会制造更多的庸俗形式主义的设计，建筑的当代性面临挑战，保守和创新的之间的矛盾会更加凸显。

曾群工作场景

TJAD办公楼外观

有方：你觉得最近建成的最糟糕的建筑作品是哪一个？

曾群：曾经有次我在一个机场候机，打个盹醒来，有那么一小会儿，环顾四周，茫然竟不知道自己身处哪个城市，因为在我的记忆中，这些机场太像了！这恐怕是让我觉得最糟糕和最无语的设计现象。近二十多年来，一大批城市，尤其是二、三线城市建成的机场（包括一些火车站），作为一个城市重要的公共建筑，它们都仿佛是同一个设计师的系列作品，倒不是说它们有多难看，而是理念如此雷同，形式和空间如此类似，都是钢结构桁架弧形屋面，当你提到济南、长沙、太原、南昌、石家庄、重庆、贵州机场等等，你能想出它们的区别吗？我想多年以后，来撰写中国建筑史，这应该可以作为一个很好的范例来阐述我们这段的辉煌设计史其实包含着多么的庸常。

有方：最近除了设计外，花最多精力的活动是什么？
曾群：陪女儿。

有方：最近有没有对建筑设计感到困惑、厌倦，想过改行，改做哪一行？
曾群：困惑一直有，想改行，来不及了。

33/ 李涵

"刺猬"越来越多,"狐狸"越来越少

李涵,绘造社(www.d-a-s.cn)创始合伙人,国家一级注册建筑师。毕业于中央美术学院和皇家墨尔本理工大学。作为建筑师在中国建筑设计研究院工作多年。现为绘造社创始合伙人,从事建筑设计、城市研究与城市绘本出版工作。已出版城市绘本《一点儿北京》(荣膺 2013 年"中国最美的书")和译作《新兴建构图集》。

采访时间:2014 年 7 月

有方： 最近在做的最有趣的项目是什么？

李涵： 在做海口老城的皮拉内西式畅想。这不是一个设计项目，而是海口艺术节委托的一个艺术作品。我以建筑师的工作方式做一个城市设计，结果将是一件艺术作品。因此工作的方法既设计也不设计，既颠覆也很传统。我的目标是做出一张海口骑楼老街的"战神广场"。

有方： 最近在做有趣的项目的同时，是否也出于某种原因，做另一些无趣的项目？

李涵： 成立工作室以后我就不做无趣的项目了，我这样的微型工作室好处就是没有太大生存压力，就可以对无趣说不了。最近接了一个商业插画的任务，算是对建筑图商业化的探索。这可能是个没有什么态度的任务，算是业务形式探索。

有方： 最近在自己的业务上你觉得最烦的事是什么？

李涵： 应酬有点多，没有完整的时间。

有方： 最近在集中琢磨什么问题？

李涵： 还是如何挖掘建筑图画的潜力，这将是我终身的思考课题。

有方： 最近读的最有趣的一本书是什么？

李涵： 东野圭吾的《解忧杂货店》。东野圭吾是我最喜欢的小说家。这本小说构思巧妙，带着小温馨。

有方： 最近一次旅行去了哪里？

李涵： 墨尔本。8年后的故地重游。第一次去的时候还是RMIT的学生。这次回学校看到他们花巨资兴建的建筑系大楼，真想回去再上一遍学。庆幸的是工作这么多年，看到建筑系还有这种发自内心的冲动。

有方： 最近有没有新发现某位很有趣的建筑师，对你特别有启发？

李涵： 那位设计竹子建筑很出名的越南建筑师Vo Trong Nghia。我受到的启发

33 李涵

绘造社工作室工作场景

建筑师在做什么

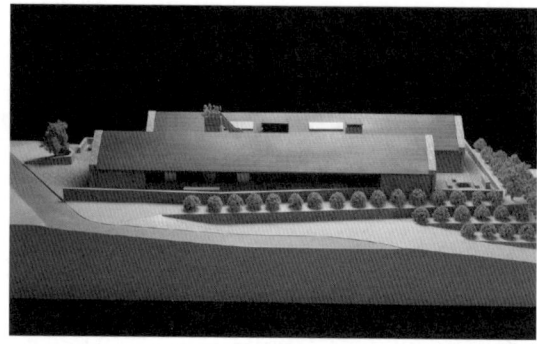

上：日照茶场模型
下：日照茶场施工现场

就是"一招鲜吃遍天"。总体来说,当代建筑师,是刺猬越来越多了,狐狸越发稀少了。

有方: 最近哪个建筑议题最让你关注?
李涵: 越来越多的建筑师开始认真思考建筑业会逐渐变成夕阳产业。越来越多的年轻建筑师要放弃传统的盖房子的实践模式。但新的模式是什么样,大家好像都还说不清。

有方: 你觉得最近建成的最糟糕的建筑作品是哪一个?你最讨厌的甲方是什么样的?
李涵: 自己的还没有盖成,说别人就不好了。
听说小米要搞在北京总部的设计投标,先找了20家公司免费做一轮,只是为了看看你有没有资格参加投标。如果是真的,我最讨厌这样的甲方,同样也讨厌参与的建筑师。如果是真的,我呼吁建筑师抵制小米手机。他们根本不尊重建筑师的劳动。

有方: 最近哪个社会议题最让你关注?
李涵: 中纪委打击大老虎的力度。我特别想穿越到一百年以后看那时拍的这段历史的连续剧。

有方: 最近除了设计外,花最多精力的活动是什么?
李涵: 最近有不少教学活动,主要是教学生们画好看的建筑图。

有方: 最近有没有对建筑设计感到困惑、厌倦,想过改行,改做哪一行?
李涵: 建筑设计上,我目前的策略是顺其自然,被动一点,不要较劲,这样心态更好一点。村上春树说写小说是体力活,那建筑设计就更是体力劳动了。保持身心健康才能坚持更长。我主动探索的领域是建筑图画领域,我希望能找到可行的商业模式。但我始终认为在绘画上的探索依然是建筑师的份内工作,不是改行。

34/ 黄声远

把无趣变成有趣是我们的专长

黄声远，1963年生于台北，台湾东海大学建筑学士，美国耶鲁大学建筑硕士，曾于 Eric Owen Moss Architects 担任 Project Associate、于 North Carolina State University 任教。现为田中央建筑学校/田中央工作群主持建筑师，在宜兰深耕16年，自1994年起推动宜兰河边的维管束计划、宜兰河、罗东文化工场等都市改造计划。

采访时间：2014年7月

有方：最近在做些什么有趣的设计项目？

黄声远：1. 仓储式资源再生厂（以堆栈的方式处理焚化炉产生的飞灰，形成在海边的地景生态大教室）；

2. 在宜兰再弄出几个和太平洋纠缠（可种菜）的水公园，兰阳溪出海口以北为加留沙埔水公园、以南为利泽简水公园。

有方：最近在做有趣的项目的同时，是否也出于某种原因，做另一些无趣的项目？

黄声远：没有，会把无趣变有趣是我们的专长。

有方：最近在自己的业务上你觉得最烦的事是什么？

黄声远：周转不灵，但并不烦恼。

有方：最近在集中琢磨什么问题吗？

黄声远：大家都很希望我把建筑形式处理的哲学，转换成文字说明清楚。

有方：能否推荐您最近读过的最有趣的一本书？

黄声远：有在看书，但是有"最"有趣就无法回答。

有方：最近一次旅行去了哪里？

黄声远：台东、北京、奈良（回推）。

有方：最近有没有新发现某位很有趣的建筑师，对你特别有启发？

黄声远：小杜、阿尧、汪炜杰，其实就是同事啦！

有方：最近哪个建筑议题最让你关注？

黄声远：合宜航空城。

上:仓储式资源再生厂基地局部
下:仓储式资源再生厂基地鸟瞰图

34 黄声远

黄声远工作场景

有方: 最近哪个社会议题最让你关注？
黄声远: 太阳花。

有方: 最近除了设计外,花最多精力的活动是什么？
黄声远: 还是设计。

35/ 曹晓昕

最讨厌有钱到处贴花岗岩，没钱给设计费的甲方

曹晓昕，器空间建筑工作室（第七建筑工作室）主任、主持建筑师，中国建筑设计研究院总院副总建筑师。毕业于东南大学建筑系，国家一级注册建筑师，教授级高级建筑师，北京建筑大学硕士生导师，著有《北京市人民检察院新办公楼》、《有关建筑·纯的杂》等书。代表作品中软昌平总部大楼、北京市人民检察院新办公楼、包头市图书馆·少年宫、北京未来科技城城市设计等。

采访时间：2014 年 7 月

有方： 最近在做的最有趣的项目是什么？

曹晓昕： 项目都有趣，学校、住区、剧场等，一个项目做到最后是否有趣，关键不是建筑师，而是业主觉得他是否有趣。换句话说，只有有了有趣的业主，才能有有趣的房子。

有方： 最近你做的最让你后悔的项目是什么？

曹晓昕： 最近我做的最后悔的项目都是政府的项目，因为都下马了，关键是不认账不给钱。

有方： 最近在自己的业务上你觉得最烦的事是什么？

曹晓昕： 有点烦的是结构工程师和设备工程师与你工作的目标不一致，最烦的是我找不到办法来改变它。

有方： 最近在集中琢磨什么问题？

曹晓昕： 最近我在琢磨：是什么让蒙古人从屠城、弃城等拒绝城市生活的状态迅速地决定转变为拥抱城市生活——兴建元大都。

有方： 最近读的最有趣的一本书是什么？

曹晓昕：《东方风暴：从成吉思汗到忽必烈，挑动欧亚大陆》。

有方： 最近一次旅行去了哪里？

曹晓昕： 北海道。

有方： 最近有没有新发现某位很有趣的建筑师，对你特别有启发？

曹晓昕： 没有。

上：巴彦淖尔西区高级中学全景
下：巴彦淖尔西区高级中学教学楼

有方： 最近中国建筑界哪种现象最让你反感？

曹晓昕： 一个房子建筑杂志和媒体要么都说好，要么都说不好，所有的杂志和媒体都是一个媒体一本杂志，怪没劲的。

有方： 你最讨厌的甲方是什么样的？

曹晓昕： 有钱满处贴花岗岩却没钱多给点设计费的。

有方： 最近哪个社会议题最让你关注？

曹晓昕： 棚户区改造。

有方： 最近除了设计外，花最多精力的活动是什么？

曹晓昕： 前些天花最多精力的是自宅的装修，这些天女儿放假了，花最多精力的是陪她画画。

有方： 最近有没有对建筑设计感到困惑、厌倦，想过改行，改做哪一行？

曹晓昕： 有过对建筑设计感到困惑、厌倦，也想过改行，但想了想自己其实也干不好别的，于是也就断了杂念，且行且珍惜了！

35 曹晓昕

器空间建筑工作室

36/ 李伟

音乐、文学、电影和建筑有何种关联?

李伟,李伟建筑师工作室主持建筑师,毕业于华中科技大学建筑学系。主张立足本土,着眼当下,真实面对设计环境,以国际化的设计思维解决本土化问题。

采访时间:2014年7月

有方：最近在做的最有趣的项目是什么？

李伟：一个是在湿地公园里的 1200 平方米高尔夫会所，一个是在植物园磨山脚下 8000 平方米的私家会馆。两个项目都拥有独特的自然景观，却又有很大的不同。前者具有强烈的公共性，而会馆则要求做到私密性的最大化。有趣的点在于其物业属性上一个公家，一个私有，而建筑师的最终目的都是回到建筑对场地原始属性的最大化反馈上。高尔夫会所选择双向平行界面的方式依山而立，一层封闭，内向，以此应对盥洗及厨房、办公等配套设施；二层餐厅和咖啡厅三个方向的开敞，获得了最大可能的自然对话。两个界面层出现了包括层高、封闭与开放性、清水混凝土和钢结构的悬殊性对比，以此获得空间记忆。而私家会馆则用 8 片墙体，均匀独立了 10 个单元空间，通过包括沙院/石院/水院和树院的四进院落，串联了包括接待、起居、运动、休闲、办公等设施，沿场地的逐级高差混入室内，获得了生动的联系。

有方：最近在做有趣的项目的同时，是否也出于某种原因，做另一些无趣的项目？

李伟：是的。工作室是一个年轻团队，盖一个相对满意的房子耗费的精力是相当大的。从建筑/室内/景观的设计到施工阶段的现场配合、变更等，我们几乎全部不落。加上内地设计费低廉，没有适量的纯商业性项目是无法生存的。

有方：最近在自己的业务上你觉得最烦的事是什么？

李伟：市场萎缩，项目进展缓慢。

有方：最近在集中琢磨什么问题？

李伟：音乐、文学、电影和建筑的关联性。电影导演很容易带领读者或者观众进入他们的世界，传播其价值观和美感取向，它们的画面感往往可以伴随音乐、旁白、特意的构图而获得多维的感官传达，这种传达具有准确性、片段性和选择性；而建筑师则非常难，建筑的空间叙事无法进行片段截取和特意的图像构

上：高尔夫会所外景渲染图
中：企业会馆沿街渲染图
下：藏龙学校风雨操场立面

李伟工作场景

成，空间意境和画面感受往往需要身临其境，同时伴随观者视角选择的随意性，并具有时间效应，就如同天窗在没有光线射入时的苍白。这就要求建筑师对建筑的空间掌控和细节处理都必须具备高完成度而让观者获得空间成像品质的完整性。另外建筑的空间体验在视觉和触感的基础上，能否尝试加入更多的听觉构成，让这种体验获得更多维度的介入，从而丰富场所记忆。

有方： 最近读的最有趣的一本书是什么？

李伟： 《垮掉的一代》，由凯鲁亚克在1957年发表其代表作《在路上》之后花了一个晚上写成。该书被封存了50年之久，以杰克·杜鲁兹（凯鲁亚克文学作品中的著名人物，也是他的另一个自我）为切入点，通过漫不经心的对话方式，辐射了美国在20世纪50年代的一大批年轻人的心态。杰克时时刻刻想抓住生活的实在享受，只追求当下，他们的思想在绝对自由的躯体里得到升华，并在美国战后的忧伤失望中予以了世人面对现实的勇气。

有方： 最近一次旅行去了哪里？

李伟： 斯里兰卡。

有方： 最近有没有新发现某位很有趣的建筑师，对你特别有启发？

李伟： UID，一个日本建筑师团体。完成作品基本上99%是住宅。他们所重视的房子和自然的关系是永恒的，但却在不同场所里尝试了多样化的对接，包括边界的消失、出挑、内向光线运用等。他们的作品没有巨大的尺度，亦无夸张的外在形式，所有墙面及开口的出现皆为空间需要，皆为景而来。解构墙体，重新定义内和外，获得第三重界面。他们大多的房子都是钢结构或者木结构，房子轻盈，自然而真诚。植物营造也别具一格，最大程度配合了空间需求。给我的感觉是他们盖的是房子，收获的是自然。

有方：最近中国建筑界哪种现象最让你反感？
李伟：一直反感的是建筑的官本位解读和建筑形式的具象性特征，以及传统文化的表面触碰。

有方：你最讨厌的甲方是什么样的？
李伟：最讨厌的甲方是让你接项目的时候谈理想，讨论设计的时候跟你谈大众审美，接受理念的时候跟你谈造价，讨论建造的时候告诉你项目延期了……

有方：最近哪个社会议题最让你关注？
李伟：韩寒的电影《后会无期》。作为同龄人，在80后成为社会骨干力量的时候，他用他的方式解读了生活。生活不在别处，生活在平凡之中。他用公路片的画面，带我们进入人性的若干面。我还是愿意相信理想的，就算现实残酷，就算有命运的锅盖，我宁愿听到温水里的青蛙撞击锅盖的挣扎声响。

有方：最近除了设计外，花最多精力的活动是什么？
李伟：亲子活动和阅读。

有方：最近有没有对建筑设计感到困惑、厌倦，想过改行，改做哪一行？
李伟：没有，一直热爱这件事。

37/ 徐浪

睡觉是个体力活儿

徐浪,香港华艺设计顾问(深圳)有限公司副总建筑师,学术交流虚拟空间"合造社"发起者,曾创办 NOffice(嗯工作室)作为独立建筑师进行建筑创作和实践。作为 NOffice 合伙人参与早期的《城市中国》编辑与撰稿,从事城市研究和社会观察。2012 年重回建筑设计行业,并加入香港华艺设计顾问(深圳)有限公司。曾获 2006 年度日本"新建筑"概念建筑设计奖。

采访时间:2014 年 7 月

有方： 最近在做的最有趣的项目是什么？

徐浪： 刚刚做完深圳大运中心城市活化项目的竞赛，是一个有趣的项目。我们入围了，但最终没有进入前三名。竞赛完成之后，我们继续在对这个竞赛中我们抛出的"艺术家驻留计划"这一概念进行后续延展性研究，我们希望能从中得出一些关于当代艺术的社会介入和后工业时代的城市活化的方式。这是不是不能算项目？如果不算的话，那我们去年做的昆明滇池边上一个商业、别墅区、会所的混合体还比较有趣，至少曾经有趣过（现在这个项目处于暂停状态）。和艺术家王海川、重庆器空间一起在做的重庆铜元局项目也还挺有趣。目前刚开始做的"洪安古镇保护规划"可能会变得有趣。

有方： 最近在做有趣的项目的同时，是否也出于某种原因，做另一些无趣的项目？

徐浪： 会做。这也许是大多数中国建筑师都要面对的一个问题。一方面寻找一些合适的机会做一些"有意思"的项目，也许是出于自我实现，也许是被某种社会理想所驱动；另一方面也受制于外界多方面的压力来做一些"无趣"的项目。这些压力可能来自公司的运营层面：业主的诉求，但更多的是一些看上去不可抗拒的"社会共识"。所以，无论如何，"无趣"的项目是避免不了。但关键的问题是，如何甄别"有趣"的项目和"无趣"的项目，以及以什么方式对待那些看上去就很"无趣"的项目。

我们并不会在最开始接触项目的时候就先入为主的依据项目类型来判断这个项目的"有趣"或"无趣"（就像一种行业共识一样：公建是有趣的，住宅是无趣的）。一般来说，我们在任何一个项目开始的时候就会提出一种可能的创造的方式。当然这种方式需要接地气，需要回应业主的诉求，并解决基本问题。有的时候，这种创造的方式不仅让设计或研究工作变得有趣，还会因新的模式的提出而为业主争取更大的利益。这样会让项目变得更加有趣。但一些时候，一旦沟通不畅，我们会陷入业主意识中的"社会共识"之海，一些看上去很有趣的项目也会变得非常无趣。对待"无趣"的项目，我们会尽量从"专业化"的这个切入点来

上：昆明滇池项目
下：铜元局艺术项目（与重庆器空间合作）

完成。也就是以较有效的方式、较小的代价和较为成熟的设计方法来完成这个项目。我们目前工作的一块也是在编写这个"专业化"手册，用来操作一些已有既定模式的项目。其实编写这个手册，并让团队有较高的专业化水准，这件事儿也挺有趣的。

这么看起来，只要动脑筋，就挺有趣。

有方： 最近在自己的业务上你觉得最烦的事是什么？

徐浪： 说不上具体烦心的事情，但一直以来都很焦虑。很大一部分的原因是我本身是一个焦虑的人：忙的时候会彻夜失眠，睡不着就三点钟从床上爬起来开车到办公室。最近有所好转，似乎想通了一些事。这些事大多是关于如何带团队，如何转化自己从独立建筑师到职业建筑师的身份。我们的团队正在成长，虽然我们都还很年轻，离真正的成熟还有很远的道路，但我们似乎开始尝试走路了。

有方： 最近在集中琢磨什么问题？

徐浪： 最近集中琢磨的问题还是关于团队。怎么找寻理想的团队，怎么凝聚志同道合的人是一方面；怎么发挥现有团队的价值，让每个人在这个团队中都乐在其中和乐得其所，并愿意为这个集体贡献自己的力量，同时还能实现自己的价值。这个问题其实很像做设计，因为建筑师永远也找不到一个完美的场地、一个完美的甲方。但一个好的建筑师应懂得如何利用现有的条件做出有智慧的回应。

有方： 最近读的最有趣的一本书是什么？

徐浪： 就不聊建筑学的专业书了，最近读的最有趣的一部书是中国科幻小说家刘慈欣写的《三体》。书中，作者从量子物理开始展开的对于整个宇宙和想象正是我对于生命还有这个世界的体验。

还有另一本书《万历十五年》，一本介于学术研究和报告文学之间的书，是我最近唯一比较系统地重新阅读的一本书。这本书可以当作一本"宫廷权力争斗"

书来阅读,这也是我在读研的时候读这本书所看到的东西;但这本书也展述了我们民族在现代历史中艰难前行的深层原因。这个原因在明朝——这个文官和农民组成的社会结构——就根深蒂固了:依靠道德伦理作为立国之本,催生了一个至上而下的礼治文官系统和被灌输式教化的农民国家。在宋代开始形成的市民阶层最终没有发育出现代意义的"社区"概念。作为"国"的替代性社会管理机构"家"正是被文官系统所完全操持,向上取代法制,向下渗透道德的教条。但无论如何,依靠这种传统来统治几千年的民族在轮回中几乎没有改变,它形成了这个民族在历史中唯一可以依靠的东西。而当现代性进入中国之后,这一根基被意识形态革命强行摧毁了,伦理和道德去无踪,却没有改变我们作为一个农业国家的悲剧性命运。准确说,是中国农村的悲剧性命运。这正是我们今天看到的中国农村的现实,一个被现代化、道德和伦理都遗弃的地方。这些都应景了我一直在思考的东西,也应对最近在做的古镇保护规划项目中的一些想法。我想,我们已经不能再天真地怀着简单的人文关怀的想法,认为帮助穷人和农民设计房子就能让他们过得更好了。

有方: 最近一次旅行去了哪里?

徐浪: 最近一次旅行是去了泰国,和去之前对泰国的想象很不同。去之前一直觉得泰国是一个落后、欠发达国家(也许从某种角度上定义的确如此),但去了之后发现泰国的现代化程度也许并不比我们差。泰国也是一个贫富差距挺大的国家,普通的泰国人也并不富裕,但我感受到的他们的幸福感远超国人。一次我坐进一个被各种音响悬挂的 tutu 车(清迈的士),大概 50 多岁的师傅开车后用蹩脚的泰国英语跟我说:"come some music?"我还没反应过来,他便打开了全部音响。很有节奏地一边骑着三轮 tutu,一边手舞足蹈地小幅动作蹦起来。我试着用英语跟他沟通去哪里,但似乎他听不懂,只是冲着我"格格"地笑,并说:"come on!"意思是来吧兄弟,和我一起 high 起来。那种洋溢的自在和惬意是我在国人那焦虑的脸上从未见过的。

泰国的现代性并不在于高楼林立的城市。就算在曼谷这样的超级大城市,也看不到几栋超过百米的摩天大楼。但在派县——这样一个仅一条不足1公里主街的小镇——却拥有一个现代化的医院。刚到派县的时候我就注意到了这个医院,因为比起周围超小尺度的民宅,这是我视野里唯一一栋超大体量的现代风格建筑。走进医院,看到的是整齐排列的大概100多个移动担架床车。我才注意到,从停放床车的地方一直走到街道上,再到每一个民宅的院子里全部都被无障碍化过。每个担架床车上配备了基本救护的设置。整个医院建筑被精心规划过的,一切的一切,每个细节都似乎经历过现代建筑学知识的洗礼。而这一切,仅仅是为了一个以农耕为基础的乡村城镇所设立。

派县周围的村庄道路被wifi覆盖,一方面是为了方便旅游业,但更重要的一点是这使得泰国农村的普通人获得了一个进入现代社会的渠道。而这些普通人,仍然过着上午农耕,下午去村庄的佛教寺庙拜佛的生活。那座位于派县边上3公里处村庄中心的寺庙,被修葺得美轮美奂。这对我来说是不可想象的,因为在我印象中的农村匠人早已消失殆尽。我曾怀疑那座寺庙并非出自当地人之手,但最终因语言不通而不得而知。尽管如此,我仍感叹在泰国农村的所见所闻:一个不经意间就维持并延续了传统,并有意地将现代性根植到社会最为基础的"底层"里的国家。泰国的现代性,对于一个来自同样经历了现代化阵痛国家的中国人来说,真是值得深思并尊敬。

有方: 最近有没有新发现某位很有趣的建筑师,对你特别有启发?

徐浪: 不能说发现,因为很早就知道台湾有位叫谢英俊的建筑师。一直没有认真了解过谢老师的工作,并一度觉得抗震援建项目是政治家做的相当"政治正确"的事,和建筑设计其实相去甚远。在一帮艺术家朋友的小规模聚会上和谢老师认识,并在和谢老师的聊天中大致了解了他的工作和态度。和同一帮朋友去了雅安芦山农村——地震后的在建现场,体会到在中国农村实践的艰难与不易。亲眼见到谢老师女儿——作为雅安项目的联系人和现场管理者——面对农民和官员时无奈地泪洒现场。深感此时与此地的复杂和矛盾。这也许就是对我最好的启发。

有方：最近哪个建筑议题最让你关注？

徐浪：李克强总理执政后所提的"新型城镇化"变成了建筑和规划界的一个热点话题。这个话题既庞大又复杂，不排除在真正实践的时候，"城镇化"又将会变成新一轮大资本对农村的剥削。建筑师真要投入这个上位政治洪流的实践中的话，千坑万坑就摆在那里。但作为一个城乡二元结构所遗留的社会问题，这又是一个不得不思考的话题。所以，我宁愿把自己当作一个旁观者来关注这个问题的讨论和走向。也许，我也会在一些项目中去参与这个过程，但建筑师的身份问题必须认真思考：我们的工作是为资本服务的么？就算是，那我们是否有一些微观层面的策略让我们不会那么理所当然地成为共谋的罪人？

有方：你觉得最近建成的最糟糕的建筑作品是哪一个？

徐浪：2009年的时候，作为一个自由职业者的独立建筑师，我为重庆龙湖地产集团设计了一个商业楼盘（重庆春森彼岸）下方的公共空间。这个设计比较特殊，不是在一片空地上设计房屋，而是在一个既有结构中来设计一处供市民使用的公共空间。问题是这块空间的建筑面积是在规划局批复的面积之外了，用行话来说，这个空间是"偷面积"的空间。当时也正值龙湖的多事之秋，当我做完方案的时候，我才发现和我接洽沟通的几个"甲方建筑师"都已经在龙湖2009年的大裁员中离开了公司，我也就跟最后画施工图的团队失去了沟通权。和想象的一样，最终建成是各种失控。这也情有可原，施工图团队在这个小项目中不可能投入过多成本，唯一的逻辑就是怎么简化怎么高效怎么来。而业主也许处于人事交接的焦头烂额状态中，哪有时间来顾及一个公共空间的建成效果？我想这也许是中国所有的独立建筑师都要面对的最大挑战：以什么身份和姿态去和几个庞大体量的机构（政府、开发企业、施工图企业）来合作？

徐浪工作场景

有方： 最近哪个社会议题最让你关注？

徐浪： 前段时间国家出台了一个政策，建筑方案设计阶段似乎要取消现行的资质审核办法。这似乎是一件好事儿，也让我看到了建筑方案设计作为一种创意产业的可能性。如果真是这样，那么中国国内的青年建筑师也许会有更多的机会和更大的表达空间。但事实总会和理想有所偏差。我的一些持悲观主义态度的建筑师朋友也会抛出这样的话："其实真想卡你，还不是有很多办法让你连摸到这些机会的门都没有。"观望吧。何去何从，这是个问题。

有方： 最近除了设计外，花最多精力的活动是什么？

徐浪： 我能说睡觉么？睡觉对我来说是个体力活儿，因为需要特别的认真和加倍的努力才睡得着。如果不能，那花精力最多的活动就是琢磨事儿。除了想着怎么做设计外，就是想着怎么分解和安排工作，怎么和甲方打交道，怎么成功地避开父母催婚的话题，以及乱七八糟琢磨一气。

有方： 最近有没有对建筑设计感到困惑、厌倦，想过改行，改做哪一行？

徐浪： 感到困惑是必然的。但困惑的对象不是狭义的建筑设计本身。我想，这个问题应该更多的关于这一个行业，如果是这样，困惑必须有。但也从未想过改行。因自觉天赋在这一块儿（如果有天赋的话），改行了还真不知道自己应该干些什么。

38/ 陈泽涛

"深双"主场馆改造让我收获颇丰

陈泽涛,深圳大学建筑学学士,荷兰贝尔拉格城市与建筑学院硕士,现任坊城建筑合伙人、创意总监。

采访时间:2014年7月

有方：最近在做的最有趣的项目是什么？

陈泽涛：最近在做的最有趣项目应该是去年双年展主场馆的再改造项目了。2013年我幸运地收到了创意总监 Ole Bouman 的邀请参与了主场馆的改造，与来自世界各地的建筑师一同出谋划策，学习到了很多先进的理念和经验。特别是 Ole 作为一个评论家、策展人那种国际化的视野和独到的改造理念——轻轻触碰，并用持续的学术活动来激活整个场馆的策略，这也算是深港双年展的一次创新。我作为本地设计师有机会参与整个过程并负责机械大厅的改造的经历让我收获颇丰，最终双年展留下了很多精彩的空间和精神遗产作为下一轮再出发的基础。现在我们收到这个工业设计港的委托也是感觉责任重大，一来需要尽可能地保留双年展的遗产，其次还要考虑新建建筑如何与现状建筑的和谐共存，这是一个考验。

有方：最近在做有趣的项目的同时，是否也出于某种原因，做另一些无趣的项目？

陈泽涛：其实有趣的项目那是可遇不可求，大部分的项目都是要在约束条件非常高的情况下去寻找有趣的点，不管有趣与否，这些项目也往往牵涉很多人的生活质量还有城市景观，我们也不能掉以轻心。

有方：最近在自己的业务上你觉得最烦的事是什么？

陈泽涛：我一直以来都比较平和，遇到问题积极乐观地面对更重要。

有方：最近在集中琢磨什么问题？

陈泽涛：就是怎么提升项目的整体质量，做更多的精品项目，这里面牵涉的问题很多，项目的管理，团队的磨合，还有细节的控制，整体的落实。

比如最近我们在做东莞的一个销售中心，希望能够更加纯粹地表达我们的理念及整体效果，我们向甲方提出了从建筑、室内到环境的整体性设计，这种整体性设计是我们一直梦寐以求的，对设计师的要求也更高，希望能够成为我们的一种更加习惯的设计模式。

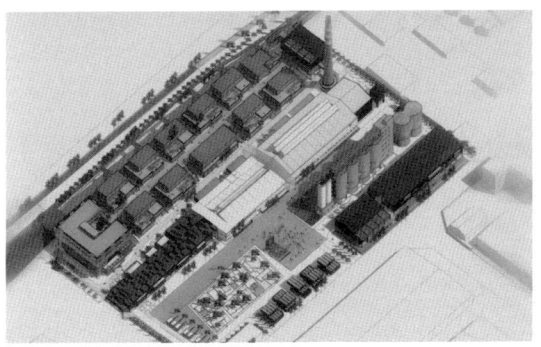

上：2013年深港城市\建筑双城双年展主场馆机械大厅改造
下：工业设计港鸟瞰图

有方： 最近读的最有趣的一本书是什么？

陈泽涛： 应该说这几年一直悟《道德经》。这本书已经成为指导我做人和做建筑的最高指导原则了。个人认为做人做建筑其实是一样的，先要做"好"人，才能做出"好"的建筑，这种好是一种和周边环境关系的和谐平衡，人必须搞清楚如何与这个世界和谐共存的伦理关系之后才能处理好与周围环境的各种问题，建筑也一样，要法地，法天，法自然，去了解事物背后的道，才能真正看到问题的根源。

有方： 最近一次旅行去了哪里？

陈泽涛： 最近工作和家庭两头忙，已经有一段时间没有旅行了。

有方： 最近有没有新发现某位很有趣的建筑师，对你特别有启发？

陈泽涛： 最近有一次去都市实践和孟岩、刘晓都聊天，他们提出年轻建筑师如果碰到好的项目应该抓住机会，往死里做，这样的描述还是很让我震惊，就是全力以赴还不够，也对我很有启发！

陈泽涛工作场景

有方： 最近哪个建筑议题最让你关注？

陈泽涛： 旧建筑的改造与再利用问题。

有方： 你觉得最近建成的最糟糕的建筑作品是哪一个？

陈泽涛： 所有用心做的项目都不会那么糟糕，只是有些不那么满意而已。

有方： 最近哪个社会议题最让你关注？

陈泽涛： 最近反腐的势头还有力度不断加大，我想社会的公平正义与建筑市场的生态系统紧密相连，期待这么一个大环境，让有能力、有理想、有责任、有立场的建筑师能够发展起来。

有方： 最近除了设计外，花最多精力的活动是什么？

陈泽涛： 养育新生命。

有方： 最近有没有对建筑设计感到困惑、厌倦，想过改行，改做哪一行？

陈泽涛： 曾经有人问过我世界末日之前最想做的事情是什么，我的回答就是趴在桌子上继续做设计，虽然学习并做了十多年的建筑，但感觉还是刚入门，学习一辈子都不会够的，路还很长啊！

39/ 陈海津

反腐是否有利于
改善建筑师的生存环境

陈海津,建筑师,1973年出生于海南省万宁市。1996年毕业于华南理工大学建筑学系,获建筑学学士学位。现任广州中恒信德建筑设计院有限公司总建筑师。2010年获得第八届中国建筑学会青年建筑师奖。主要建筑作品有广州白云国际会议中心、广州科学城孵化区、广州萝岗区行政中心等。

采访时间:2014年7月

有方： 最近在做的最有趣的项目是什么？

陈海津： 似乎中国建筑师一个不错的现状就是，在不断生产面积的同时，能偶尔碰上个有趣的项目。而我对"有趣"的理解，更多的是设计的一种状态。一个设计的完成通常是开始时兴奋，中途开始无聊和无助，非常痛苦。如果到最后能够坚持下来，那就有一种满足。就像我最近在忙的项目：广州老年病康复医院。做医院设计，谈不上有趣，但对于一个建筑学专业的人来说，像一种情结。我也有这种情结。这几年来，我一直在投医院的标，然后在第五个标时，我们中标了。我把这满足当成了有趣。医院设计能让你暂时把一些专业的理想、概念抛在一边，更多地思考一个建筑师的社会责任感，这一转变其实也挺有趣的。没有太多的理念，没有更多地从概念出发，完全从功能出发的H型的建筑平面，解决了医院建筑的各种入口及流线，而这种顺应道路和地形的变形也给建筑带来了流畅和动感。在这个项目里，我们把自己想象成一个老年人，一个病人，探讨什么样的建筑更适合他们，这种角色的介入也是很有趣的。最终我们决定了"阳光、温馨、快乐"的建筑。而在设计的深化过程中，和医院以及病人的交流，和业主以及规范的"斗智斗勇"，都是苦中作乐，让我更深地理解了"设计在建筑之外"这句话。

有方： 最近在做有趣的项目的同时，是否也出于某种原因，做另一些无趣的项目？

陈海津： 在我看来，没有什么项目是"无趣"的。"无趣"让人感觉很不负责任。在这些年里，我也设计了很多没有质量的面积。在这些项目里，最后悔的是保障房的设计，没有太多的思考，急急忙忙，草草了事。出于什么原因？"时间太紧"、"我们控制不了"、"我们必须活着"。但这些似乎都不准确，也许更多的是我们的欲望。我们本不该这么贪得无厌。

有方： 最近在自己的业务上你觉得最烦的事是什么？

陈海津： 最近在业务上最烦心的事是：开会。最近的状态是：不是在开会就是在去开会的路上。项目上一些毫无效率的会议、汇报让人疲惫、麻木。

上：广州老年病康复医院
中：广州鹿鸣酒家
下：白云国际会议中心

有方： 最近在集中琢磨什么问题？

陈海津： 最近在琢磨的问题是：如何保持对建筑的热爱？以前，我对建筑有着一种类似宗教般的热爱，可这两年，不时会冒出这样的想法：建筑其实并没有我们想象的那般重要。有时我对建筑、城市会很悲观，但我想这辈子我都会从事建筑设计这一行业，所以我必须想办法让自己保持对建筑的热爱。

有方： 最近读的最有趣的一本书是什么？

陈海津： 我读的书很杂，大部分和建筑无关。但最近还是读了一本比较有趣的和城市有关的书：理查德·桑内特的《肉体与石头》。这是一本另辟蹊径从身体的体验去讲城市发展的书。我们过分追求"速度"——在城市中移动的速度、网络刷屏的速度，而忽略了体验。而唯有回归身体，回归感觉，才能真正恢复被现代城市文明所排挤掉的人的身体和文化。这本书写得很有意思，值得看看。

有方： 最近一次旅行去了哪里？

陈海津： 最近一次旅行是回了一趟乡下，城市人回乡下似乎也成了一趟旅行。海南台风过后，我回了一趟乡下，满目疮痍。三十年前，我们还能适应黑灯瞎火的生活，可现在，停水停电对于我们来说如同末日。大面积的瓦房倒塌而村子里那些我认为很丑陋的洋房却很安全。我在想，我们需要什么样的房子？

有方： 最近有没有新发现某位很有趣的建筑师，对你特别有启发？

陈海津： 最近我在了解两位建筑师，很有意思，也很想去读懂他们：黄声远和董功。一个来自台湾，一个来自内地，都有留学的经历。黄声远的建筑几乎没有明确的形象，甚至可以说是支离破碎，但你却感觉它是根植于大地的，有一种莫名其妙的魅力。董功关注的是建造、建造的原型、建造的逻辑、建造的精确……用一种工艺品的品质来要求建筑。但当你把黄声远的"若无其事"和董功的"威严正坐"放在一起看时，你又觉得他们是相通的。

39 陈梅津

陈海津工作场景

有方： 最近哪个社会议题最让你关注？

陈海津： 反腐是否有利于改善建筑师的生存环境。

有方： 最近除了设计外，花最多精力的活动是什么？

陈海津： 最近除了设计外花最多时间的活动是带孩子。孩子的出生让我的生活发生了很大的转变，我忽然发现有一样东西要比建筑设计重要得多，那就是带孩子。我想以后能告诉她，我在生活的所有角色里，做得最好的不是建筑师，而是爸爸。

有方： 最近有没有对建筑设计感到困惑、厌倦，想过改行，改做哪一行？

陈海津： 人们总说，能把职业结合兴趣的人是幸福的。其实这也是一种误解。真正的兴趣应该是无欲无求。可我们现在对建筑索求太多，指望它养家糊口，最好还要发家致富。我现在的状态是：存在困惑、偶尔厌倦，但也不想改行。不想从一个坑里起来又掉到另一个坑里。如果一定要我选择，那我会选择写作，但似乎那是一个更大、更深的坑。

40/ 李涛

现在设计拼的不是技法,是世界观

李涛,UAO 瑞拓设计创始人,国家一级注册建筑师。

采访时间:2014 年 7 月

有方：最近在做的最有趣的项目是什么？

李涛：最近在做的最有趣的项目是位于武汉一大型滨水空间的一组小木屋。这个 7 公里长的城市滨水景观项目，UAO 主要负责其中的景观和建筑部分；这组小木屋建筑因为不阻洪的要求，刻意被抬高了 1.5 米，形成一个栈桥式的空中平台，在这个栈桥平台上貌似随意地布置了七七八八的单元式小木屋组合——这源于项目最开始，我随手丢的一把小立方体盒子，形成了一个随机的排列方式——我称之为"可控的随机"。为什么叫可控：是因为要保留场地中 170 棵原生水杉防浪林，小木屋只能穿插在林中，那么随机丢弃的盒子，只是在构图中表现的那么随机而已。这反而成就了项目最大的一个亮点：笔直的水杉林与小木屋建筑的和谐共生——水杉的种植方式是规整的（防浪林的布置），小木屋的聚落关系和架空栈桥可以在构图和竖向上打破这一规整，它们形成有序与无序的对比，而不是音符与噪音的合成，这响应了我一直的追求：让建筑和景观和谐共生，而且在植物的生长过程中，植物有时间的流动感，建筑会随着植物的变化发生变化，我给它一个新造的词：植物建筑学。类似案例还如我和合伙人梁海峪合作的天门儿童馆：在一个狭小场地上，保留了原生的水杉林，水杉垂直线条与立面彩色竖向线条呼应同时，又打破了折线屋面起伏的线条，倒影中建筑更与植物融为一体。

有方：最近在做有趣的项目的同时，是否也出于某种原因，做另一些无趣的项目？

李涛：最近有 2 个项目比较失败，失败就导致了无趣。一个项目是一个公园内的小型服务建筑，总共有十几栋之多，因为建设程序设置的原因，需要先赶着报初步设计再回头深化方案，结果就是导致不停赶工，为了追求完美，每一轮我们都付出巨大的努力，但是最后发现不过是长官意志下的一支笔而已，无奈就中途终止了合同。还有一个项目是武汉园博会的某地州园，当我们做完方案的第二天，甲方告知领导已经定了某家单位的方案，我们的方案还没有送出去……为了安慰自己，我们又深化了方案，恳求甲方再送给领导看一眼。对！

我们要求不高：只是为在人群中，多看我们一眼……

这个方案还是贯彻了我的景观和建筑的融合的想法，建筑的屋顶与地形混为一体，从一个规整的圆形庭院空间步行至另一个规整的圆形庭院空间，必须穿越屋顶上不规则的栈桥，把古典的山水情怀用现代的几何手法表达出来。同时室内顶棚就依托屋顶的原始地形的形状做起伏变化。

有方：最近在自己的业务上你觉得最烦的事是什么？

李涛：除了一个项目的终止合同，其他好像没有比较烦心的事情。常宽己，好心情。

有方：最近在集中琢磨什么问题？

李涛：最近琢磨大和小的两方面的问题：Mini is Big。"大"指的是：在网络信息发达的今天，发现设计比拼的已经不是单纯的技法，而比的是世界观；俗一点讲：眼界决定了境界。技法总有人比你玩得炫，特别是90后的小孩子；那么，我刻意对每个项目从设计思想的世界观上出发，发现其中不可替代的闪光点；同时，我们手上很多大的公园项目，里面有很多附带的小服务建筑，一大一小的组合，符合我一直坚持的对大景观、微建筑理论上的深入研究。另外一方面，"小"集中在我对构造和工艺的研究，见微知著：比如去日本直岛看见一个民居，外装饰面材都是黑色火烧过的痕迹，只知道肯定有耐老化的作用，但是不明白怎么制作的；前段时间偶然看到藤森照信在书中讲这是"烧杉"的工法，才明白是用三张杉木板围成三角形筒，在筒底塞上报纸点燃，板材内侧留下烧焦的痕迹后，将板分离，用水浇灭即可。

有方：最近读的最有趣的一本书是什么？

李涛：最近读的书比较多，多年养成的习惯总在出差途中带上书。推荐2本：一本是《遗失在西方的中国史——〈伦敦新闻画报〉记录的晚清》，这本书以

上、下：某城市滨水景观项目小木屋模型

当时伦敦新闻画报派驻清政府的记者视角,以速写版画配文字稿的方式,真实还原了19世纪末期,上到道光皇帝(本书封面即是道光画像),下到港口水手的世态景象,非常直观和形象,比起电视里勾心斗角的清宫剧,真实太让人汗颜。重点推荐章节有:伦敦首届世博会的中国官员、中国皇帝的夏宫(即圆明园,此章讲英法联军以几个士兵的被俘为由而报复火烧圆明园)、中国皇帝的婚礼,全书共607小章。另一本是《城市营造:21世纪城市设计的九项原则》,老外的书总是一针见血,看过这本书后觉得原来大学所学的某些规划原理的书太晦涩了,国内的书总是无病呻吟太多,为了凑字数似的长篇大论。

有方: 最近一次旅行去了哪里?

李涛: 德国和日本,德国柏林有很多大师的作品(如密斯的国家美术馆、里伯斯金的犹太人博物馆、贝聿铭的国家博物馆等),日本更不用说。当在现场感受原来处于书本上的建成实例时,还是被深深触动到。这使得我反思自己出来看这些建筑还是太晚了,被书本上的知识蒙蔽得太久了,从而反思旅行对于建筑学的意义:身处差异化的视觉环境,身处发达后的实践现场,身处异质的文化冲击,你都可以发现可供参考的案例,重要的是提升自己的眼光和挑剔的口味,发现自己的水平位置,从自己熟悉的体系中找到适合自己发展的方向和语法,甚至强化自己的初心和信心,坚持下去,水滴石穿,一定有一天会发现一个全新的自己和自成体系的作品!

有方: 最近有没有新发现某位很有趣的建筑师,对你特别有启发?

李涛: 越南的 Vo Trong Nghia,有人预测他会在不久的将来搞定一个普利策奖的名额。他的建筑体量都不大,充分利用了当地材料,比较适应当地热带气候;我更看重的是他将建筑和植物的结合以及建筑对可再生的竹子的利用,比较契合我给自己的"植物建筑学"的命题。他属于那种当你看到他的建成作品后,会发出"咦,原来还可以这样,我怎么没想到"这种情理之中、意料之外的让人感叹的建筑师。

有方：最近中国建筑界哪种现象最让你反感？

李涛：中国建筑界对当代成名设计师没有尊敬感。有人年纪轻轻就出名，中了外国的标，结果被人说是爱作秀；有人得了许多人想都不敢想的国际大奖，结果还是一众人跳出来扔板砖。这其实是文人心理几千年传承的恶果。不像其他国家，民众和专业人士对本国的现当代建筑大师非常尊敬，不断为其作品出书、出专辑；对其建成作品做了很好的保护，甚至成为当地的标志性景点。比如西班牙巴塞罗那为密斯复建德国馆、日本大小书店（并非建筑专业书店）里都有建筑大师的作品集等。

有方：你最讨厌的甲方是什么样的？

李涛：最讨厌的首先是不诚信的甲方，还有是不拍板的甲方。你做什么他都可以，或者是任由手下七嘴八舌发表意见，他没有定论，其实是怕担责任；最可气的是等你都理清会议纪要，按会议精神修改完毕，甚至施工图都完成了，他突然灵光一闪，否定前面的所有手下意见，以表达自己的英明决策。

有方：最近哪件社会议题最让你关注？

李涛：最近豆瓣上有个议题叫"如果兔子都在拼命奔跑，乌龟该怎么办？"。"前面比你牛的人一眼望不到边，后面一帮天才，比你有精力，比你聪明，比你学历高，比你国际化"，比你天才的人，还比你努力！我们能做什么？这个议题后来给出了这样的答案：勤奋，是这个世界上最被高估的美德，但是对于一个毫无天赋的人来说，可以依仗的也只有勤奋了。如此，即便你还是追不上兔子，你也可以是乌龟里跑的最快的一个。

有方：最近除了设计外，花最多精力的活动是什么？

李涛：除了睡觉外，旅行考察、看书、陪小孩是三大花精力的活动。陪小孩主

UAO 瑞拓设计工作室工作场景

要是陪玩（学习有妈妈管了），比如游泳、画画、足球、乐高。尤其小孩子已经有独立的思想后，你会发现自己设计构思的时候，自己冒出来的可能是他的想法，这也许是世界观返璞归真的一种表现，对于设计来说，算是不忘初心。

有方： 最近有没有对建筑设计感到困惑、厌倦，想过改行，改做哪一行？

李涛： 曾经有一段时间偏离建筑设计航道太远，不断地在做景观设计这种对私营公司壁垒较低的项目，那个时间对自己的设计生涯感到困惑：一个堂堂一级注册建筑师，整天在玩景观平面构图；左手是景观，右手是建筑，不断地左手搏右手，却忽然有一天发现自己爱上了景观和建筑的结合，并将景观视角引入建筑实践，又把建筑手法套在景观框架上。我自诩为：建筑师中景观设计做得最好的，景观师中建筑设计做得最好的。

41/ 胡如珊

建筑师只关注同类会越来越迷茫

胡如珊,毕业于加州大学伯克利分校建筑学院,获建筑学学士学位;之后又获得普林斯顿大学建筑及城市规划硕士学位,和郭锡恩共同创立了如恩设计研究室(NERI&HU);此前,曾任职于迈克·格雷夫斯(Michael Graves Architects and Associates)、普林斯顿的 Ralph Lerner Architect PC、纽约的 Skidmore, Owings and Merrill (SOM) 以及旧金山的 The Architects Collaborative (TAC) 等建筑公司。此外,胡如珊还与郭锡恩共同创立了设计共和(Design Republic)并任创意总监。

采访时间:2014 年 8 月

有方： 最近在做的最有趣的项目是什么？

胡如珊： 我认为每个项目都有它独特的有趣点，很难定其之最。对我而言，当项目随之产生的问题十分具有挑战性时，这个项目就很有趣，且越挑战越有趣。三年前我们在伦敦赢得了一个国际竞赛项目，也由此迫使我们去处理一些公司承接项目时最困难的部分：1. 在著名的历史建筑中如何体现"相互融洽"的概念，使老建筑为当代社会所重新利用，嵌入合理设计，使之成为有意义的当代建筑。2. 严格的改建指标，以及获得规划许可证的艰难过程，这对于一家在驻国外，在当地城市中没有任何社会关系与政府维系的少数外国设计师而言，尤为突出。3. 为一幢历史建筑的设计创造出有力的品牌形象与空间体验。这是一幢有着"传奇"故事的历史建筑，它曾是伦敦的第一间法院，也是世界上第一间警察局。警察局附属的监狱房历史可以追溯到1700年，有很多后来的名人呆过那儿，如 Oscar Wilde、Vivienne Westwood、Casanova 等等。

现存建筑历史所拥有的精神内涵，就像是隐约呈现在各个角落和石头之中一般，向世人们诉说着一段无法倾诉的故事。我们通过对历史脉络的探求，去揭开某些神秘之处时，便会很感兴趣，但也并不仅限于此。我们对历史感兴趣不只是因为它所展现出的作为遗迹的价值，毕竟它已经随时间风化流逝。我们想要通过逝去的骨骼与空洞的肌理，呼吸到新的生命气息，使一些旧物呈现出新的含义，这些都是这一项目中令人兴奋的元素。而在诸如伦敦这样深具批判性的城市中工作，你应当不难想象作为一家来自中国的设计事务所，所面临的压力与挑战。在赢得这个竞赛后，特别是外界知道在当初的竞争者中包括了诸多国际著名建筑师后，有些媒体甚至开始攻击我们的业主，因为他们选择了一家非英国的公司。大众媒体中出现的一些头条新闻很不堪，源于伦敦媒体一贯用词巧妙且犀利的语法。我们在各种不被看好的大环境下去抵抗傲慢、歧视以及反击陈腔滥调也很有意思，我很乐意接受这些挑战，因为这可以更有力地去证明所谓的批评家们是错的。

上：田子坊私宅
中：南外滩水舍精品酒店
下：西安威斯汀博物馆酒店中国元素餐厅

有方： 最近在做有趣的项目的同时，是否也出于某种原因，做另一些无趣的项目？

胡如珊： 如果候选的项目无趣，我们是不会浪费时间承接或继续的。生命很短暂，时间真的很宝贵，即便是那些起初让人觉得很有意思的项目变味了，或者不像当初呈现在你面前那样了，我也同样会试着停止它，以避免浪费每一个人的时间。

有方： 最近在自己的业务上你觉得最烦的事是什么？

胡如珊： 相较于设计，可能有时需要花更多的精力去说服业主、顾问，或者施工单位，让他们了解"为什么要照我们的设计做"真的很累。当然，手头所做的设计如果让我们充满激情，通常也不会太介意试着慢慢去引导客户，甚至是更多额外的付出。但是，如果在对待某些基本事物上就已经产生分歧，那不论费用如何，也都没有任何继续下去的意义。在没有充足时间和重点面前，我非常厌恶无法集中精力做重要的事情，比如工作环境经常让你分心，太多的琐碎的东西出现在你的面前去分散你的注意力。我真的很希望能聚精会神做好每件重要的事，而且希望做到满意。

有方： 最近在集中琢磨什么问题？

胡如珊： 1. 界限，关系，与抽象思维中的形与内涵。2. John Berger 提过一种"时间断裂所造成的惊吓感"（shock of discontinuity），他认为照片里那些瞬间的、断裂的信息或事实，无法构成意义，也无法产生有意义的政治行动，这让我想到都市文化与建筑历史的"时间断裂"。人生许多如此的片段与感觉，也都和空间有关系。

有方： 最近读的最有趣的一本书是什么？

胡如珊： 重新再读 Samuel Beckett。最近这本是他开始用法文写作后一连串被自称为"荒诞戏剧"（writing freny）的短篇小说集——*First Love and Other*

如恩设计工作室

Novellas。我很久以前读过他的剧本,他最著名的也是剧本写作。我深深被他的用词以及用叙事方式描绘情绪的能力折服,并因此被深深触动!

有方: 最近一次旅行去了哪里?

胡如珊: 上两周去了伦敦(去看正在进行的项目)、里斯本(新项目)、萨尔茨堡(拜见客户和观摩萨尔茨堡音乐节)以及威尼斯(去看我们在建筑双年展中希腊馆里的项目展览)。时间非常珍贵,所以我只能幻想将这些以出差为目的的旅行当作自己是在度假,没有会议或工作的时候,就会试着抽时间呆在当地的艺术博物馆,或参观一幢建筑,或听场好的音乐会。

有方: 最近有没有新发现某位很有趣的建筑师,对你特别有启发?

胡如珊: 坦白说越来越不想去过分关注建筑,总觉得建筑师如若只关注自己的同类会变得越来越迷茫(更想用 "incestuous" 来形容)。
反而,最近音乐和文学让我想通很多东西,尤其是形式上的抽象化问题。我觉得建筑和设计最终是通过物质材料使我们对意义的表达形式化,我们如何去创造形态去阐述我们想要诉说的事物?通过其他艺术途径,视觉艺术、音乐、文学,我找到了一种适合我的抽象感,当然它还在等待被理解的阶段。这当中有一种自由感,让我汲取灵感,而不是通过参考其他建筑项目来帮助自己为所做的设计项目找灵感。太多的建筑师都在重塑他们以往在杂志中看到的作品,而我越来越试着不去看太多的设计类刊物。

有方: 最近哪个建筑议题最让你关注?

胡如珊: 保护文化历史及恢复城市记忆。我并不很确定是否所有的事物都应该被保护和恢复;许多事物其实毫无价值可言,但我也同时质疑:"什么是值得?什么是不值得?"这就像生活:什么是重要的?我们该保留住什么?又该放弃什么?在建成的城市老建筑中,已被摧毁的部分所造成的分离感,对我们会有什么样的后果？我认为这个含义无可估量，我似乎可以在人们的眼中看到，但却很难肯定地找到答案。

有方： 你最讨厌的甲方是什么样的？

胡如珊： 一些客户不了解我们是做什么的就来找如恩，或者误解我们所做的事（就像让莫奈去画成达利，让莫扎特谱曲成勃拉姆斯）。这些都是最难去处理的情况，就像乱点了鸳鸯谱。客户往往想要我们无法给予或不想给予的东西，又或许是他们根本也不知道自己想要什么，又不甘心去信任我们能给予他们所想要的。这也就是在美国常常被俗称为"catch 22"（第二十二条军规：悖论式的进退维谷的局面，叫人左右为难）。

有方： 最近哪件社会议题最让你关注？

胡如珊： "失语"。失语的社会是没有灵魂的社会。

有方： 最近除了设计外，花最多精力的活动是什么？

胡如珊： 听音乐、看书，还有发呆。

有方： 最近有没有对建筑设计感到困惑、厌倦，想过改行，改做哪一行？

胡如珊： 厌倦倒不会，但困惑却常有，而且似乎有越来越多事是很难搞懂的。事实上，我并没有真正将建筑看做只是一个事业或者工作，它和我生命、生活是一个混合体，是我人生定义非常重要的部分。即使我不工作时，所做的许多事也都会很自然地融入到建筑、空间、设计。

如果不做设计，我想去教学，我认为教育需要一些基础的变化去适应如今这个全新的世界。

若能更加任性，我会拿起一个背包上路，去不知名的不同地方，旅游、写作。

42/ 魏浩波

乡土不仅是用于瞻仰的化石，它也有发展的权利

魏浩波，西线工作室主持建筑师，贵阳建筑勘察设计有限公司设计总监，重庆建筑大学建筑设计及其理论专业硕士研究生，教授级高级建筑师，国务院政府特殊津贴专家，中国建筑学会资深会员，第八届中国建筑学会青年建筑师奖获得者。

采访时间：2014 年 8 月

有方：最近在做的最有趣的项目是什么？

魏浩波：正在施工中的车田村游客中心是个很有意思的东西，位于贵州省贵安国家级开发新区的车田村内。这是一山地石头村落，沿山坡与河流布局，自然造就了不同朝向的层层叠叠的条带平行组织方式，由此形成"单元同构＋列平行"的空间控制模式。

车田游客中心主入口外景

游客中心的设计尝试导入这种控制模式作为空间成型的生发机制——三列功能平行带均采用了单元同构的方式，平面均以类"L"形的衍生方式完成各自的空间构成：直面交叉口的条带一，空间类别为"院"，通过折转围合成院，通体白色粉刷，是入口过渡空间；条带二地处基地最长地段，空间类别为"巷"，在利用地形进行拉伸扭转后，在北端绕出一方小功能组，通体石头砌筑，曲折通幽；条带三体量最大，空间类别为"房"，为游客中心主功能区，内部亦遵循平行方式进行功能分区，且在靠近条带一与条带二的南侧端头刻意做了个"L"形的突然转折，由此将三个条带咬合成一整体，将平行控制模式无精确边沿界限的状态调整为以某种特定的场地结构作为收束。

这种功能"单元同构＋平行复加"的组织模式，既保持了列与列之间相对的独立性，亦获取了平行组合所具有的匀质性与整体性，因而透射出重复性与差异性共存的乡土空间控制思维。

有方： 最近在做有趣的项目的同时，是否也出于某种原因，做另一些无趣的项目？

魏浩波： 造房子就是我们最日常最基本的工作，无论有趣也好，无奈也罢，你的专业操守与工作责任心是必须在的，大量的平凡建造是当下大多数基层的中国建筑师必须直面的现实，在平常、平庸、利益、强迫的现实与诱惑下，有效地坚持专业原则，保证基本的建造质量、传导建构意识也是一种专业基本功。

有方： 最近在自己的业务上你觉得最烦的事是什么？

魏浩波： 效率，具体点就是拖图现象，品质与效率似乎总是这般冲突，欧洲同行也常常质疑"中国效率"，"中国效率"似乎总是与粗糙建造挂钩；但是中国的现行运作机制，效率是一个基本条件，一个团队的生存与成长、一个有质量的建筑的成立都离不开当下的制度与社会需求，效率当然是中国状态的特色了，如何处理效率与品质的冲突必然是要学着克服的问题。

有方： 最近在集中琢磨什么问题？

魏浩波： 西线工作室有一个近十年的长期工作方向，即是："摸索通用建造技术背景下的乡土工作方式"，由若干子项构成，最近集中关注其中的"乡土空间的同构控制机制"——在长期的乡村调查与具体实践中，我们逐渐发现传统聚落中存在着一种原理性的空间成组技术，即所谓的"同构控制机制"，这种机制是通过各层级对某种基本空间组合技术的重复使用，将单元体组合成单元组，再将单元组扩展为单元群，如此反复，最终发展成某种有序的群空间系统，其具有如下优势：

首先，由于各单元体相对独立，能有效降低对地缘结构与原生自然的伤害；其次，由于是小空间单元体成组成群，有助于延续重复性与差异性并存的聚落空间质感,并易于整合成规模效应;再次,由于是系统成型,有益于对复杂功能进行秩序组织;最后,由于采用重复使用单一空间组合方式的手段拓展空间,有利于实际操作与节点控制。

刚才提到的车田村游客中心就是这个系列中的最新的实践项目,其具体同构模式为:单元同构重复;今年5月刚落成的丹霞世界自然遗产赤水游客中心为"聚焦同构模式";2007年竣工的贵阳花溪摆陇苗寨民俗综合体则是"层级嵌套"模式,这些均是具有这个具有原理意味的"同构控制机制"的衍生型。

有方:最近读的最有趣的一本书是什么?

魏浩波:德国人Lothar Ledderose所著的《万物》,书中认为中国的汉字系统、青铜铸造术、工厂艺术、建筑构架、印刷术、官府风貌、画笔方式等等都是一种单元层级复加的成组技术。

有方:最近一次旅行去了哪里?

魏浩波:横跨西班牙全境,走了五六十多个城镇,鳞次栉比的老屋古堡教堂、林林总总的伊斯兰式、文艺复兴式、巴洛克式与现代式等等活色生香,罗马文明、西哥特文明与穆斯林文明、时尚生活交相辉映……

西班牙当代建筑自20世纪90年代全面崛起以来,以其简洁清晰的形式系统、精细的空间控制系统与精微的CONTEXT表达系统独步世界,尤其在基本几何体空间控制系统与组织方式的发展方面成就突出,逐渐从传统的轴线控制、向心控制、围合控制等几何方式发展为多层次历史关系投射控制(如拉斐尔·莫尼奥设计的穆尔西亚市新政厅)、范式原型尺度重组控制(如坎波·贝萨主笔的安达卢西亚历史博物馆)、斜切光控制(如SMAO设计的阿里坎特当代艺术博物馆)、单元复加控制等多样性的空间控制机制,将单纯的几何控制法则与丰富的世界状态及当代性相贯,生产出既能精微照应文脉,更具当代性的多义的空间存在状态。西班牙几代建筑师,一脉相承,执着地恪守现代主义立场,在特殊的时间段,特殊的地点,特殊的文化圈,以特定的方法体系,精准地发展着蕴涵特定意义的 CONTEXT,在他们眼中:遗产是无数现在时的叠加。

有方: 最近有没有新发现某位很有趣的建筑师,对你特别有启发?

魏浩波: 西班牙建筑师曼西利亚与图尼翁组合,他们设计的2007年密斯·凡·德·罗奖获奖作品——莱昂当代艺术馆,系单元复加体系的范式:整个建筑由平面呈锯齿形的封闭型多边形单元空间体重复链接而成,平面整体呈现摊开的扁平态势。其空间控制可概括为:基本单元体——锯齿状多边形空间体;组织方式——平面链接;集合空间——玻璃晶体。这种组织方式似乎源自当地传统的马赛克镶贴方式般所编织在一起的网状几何体系,允许叠放不同的几何外形以及通过邻近的要素和联系而产生的某种特定的场地结构;由于列与列间单元体的交错方式,导致交错点形成分岔的空间节点,由此生成多项选择的与迷宫般的路径体系;每个基本单元体都与其周围的基本单元体产生关联,这种链结方式导致内部空间出现惊人的、意外的对角空间。总之,基本单元空间的不同组合使单元复加在保持整体性的同时更蕴含了多样性与选择性,这正是曼尼西亚与图尼翁重复性与差异性共存的设计思想直接作用的结果;同时这种单元复加式的组织系统是从某个具体的点出发,通过基本单元拼接,由点成面,最终达成一种未完成的持续生长状态,并以缺乏一定的边沿精度界限的方式渗透进城市环境中。

遗憾的是曼西利亚在2012年2月在巴塞罗那辞世,那时我正徘徊在马德里皇宫附近,一座他设计的即将竣工的房子内,听闻此事,久久郁闷,一位从未谋面的知音去了。

有方: 最近中国建筑界哪种现象最让你反感?

魏浩波: 当下,乡村建设的成规模开展,出现了一种标榜真实建构性特征的、以大量使用原生地材为主要建造用材、以恢复传统结构技术为方向的乡土实践。这样的东西作为小范围的孤芳自赏并无大碍,但作为一种潮流就危险了。今天

西线工作室工作场景

贵阳花溪摆陇苗寨民俗综合体南侧外景

的乡土建造大多数情况下是成规模短时间的建造,已不同于过去仅仅限于一家人合力的漫长建造了,规模建造耗材大、周期短,若大量地使用原生材料,势必对当地生态环境破坏严重。同时,老建筑赖以生存的社会技术体系早已是大江东去水,在当下的背景中强行去做,豆腐盘成肉价钱,也不吻合经济规律,这种"伪"乡土建筑现象的逆生态与逆时间方式潜伏的危害是令人担忧的。

对一个聚落有纪念意义与存在渊源的老房子只要不是危房,当然采用修缮与保护方式,但重建与新建,我还是倾向以当代社会技术条件为基本手段。乡土绝不只是用于瞻仰的化石,它更是鲜活的生命体,它有发展的权利。西线工作室的"通用建造技术背景下的乡土工作方式的摸索"正是针对这种现实的努力。

有方:你觉得最近建成的最糟糕的建筑作品是哪类?

魏浩波:贵州各地正弥漫着一种所谓的简欧风格,不论它造得怎样的精致与成熟,但毋庸置疑的是:它正吞噬着一个地域的整体性特质。

有方： 最近哪个社会议题最让你关注？

魏浩波： 小小的贵阳竟然有中国三大楼盘：中铁国际生态城，总建筑面积2038万平方米（部分建成）；贵阳花果园楼盘，总建筑面积1830万平方米（基本竣工，销售很好）；大川·白金城，规划总建筑面积1600万平方米（部分建成）。

有方： 最近除了设计外，花最多精力的活动是什么？

魏浩波： 这几年西线工作室一直在尝试着寻找与欧洲建筑师建立一种落地性的专业合作与联系的方式。2012年在塞维利亚碰见了BAUM工作室，BAUM以TIME、PLACE、PROCESS与ACTION四要素所建立的IDEAL分析与拓展框架，令我动了念想。同年秋，BAUM事务所造访西线工作室，历览了西线的"上山下乡"系列项目之后，他们兴奋了，"终于看到了，近本原的中国当代建筑，这是远不同于国际化中心城市的东西"，没想到在远隔万里的中国西部竟有与他们类似的方法体系的摸索。2013年，合作水到渠成，WB国际工作站就此成立，规则障碍、理解障碍、分配障碍、工作机制障碍、运作障碍等等接踵而至，逐一协调，渐行渐近。但最难于克服的障碍还是西方的工作习惯与中国速度的矛盾。同年岁末于塞维利亚，对两年的工作项目作回顾性分析，讨论满足双方工作特点的方法体系的骨架。在科尔瓦多古老的山地小镇，就地问答BAUM设计的戏称"三只眼"的养老中心是如何以纯净的当代性的方式与深厚的传统产生关联。罗马桥上，以科尔瓦多古城主入口处新近落成的一游客中心的形式处理及城市关系是否妥切为引，从城市的历史渊源与宏观轮廓线的角度展开争论；在科尔瓦多大清真寺内，聆听塞维利亚大学建筑历史系教授卡柏先生绘声绘色地分析着古清真寺的局部柱网体系是怎样在后世巧妙地转化为插入其间的大小两所教堂的结构骨架的……

同时，WB国际工作站引起了西班牙重要的国家媒体*EL PAIS*报纸的关注，WB接受了该报资深记者的采访，主要是三个方面的提问：1. 如何看待西班牙建筑师与中国西部建筑师的设计水准？在中国西部大建设进程中，西班牙建筑师的参与对中国同行能有实质性帮助吗？ 2. 中西合作的最大障碍是什么？ 3. 共同合作的

西班牙 BAUM 事务所设计的某养老中心项目实景

设计是怎样的现代性取向,同时又是如何尊重地方文脉与地方性生活的?今年 7 月,在贵阳,就 BAUM 方案在中国西部难于中标、落地性差作专业分析,虽然这种合作的落地性问题依然困难重重,但开启了西线工作室熟悉与理解了欧洲同行工作方式的进程。今年年初我无意中结识了一组研究田野乡土的北欧同行,与一对注重乡村业态与聚落关系的意大利建筑师,我正计划去造访。

在建造周期如此短暂的西部建设中,在立足自身设计体系建立的同时,寻找对我们直面的现实问题有着系统思考的欧洲同行,对西部建筑师在设计方法与观念上的提高与压缩成长期是有帮助的,有利于过滤思维的盲点,在相互参比中,明确我们自己的方向。

有方:最近有没有对建筑设计感到困惑、厌倦,想过改行,改做哪一行?

魏浩波:从没想过改行,做一行爱一行吧,改行了,还真不清楚能做什么。技术分工如此细化的时代,建筑师还能如文艺复兴时期那帮伟大的先贤们万能吗?

43/ 钟文凯

把使用者的体验放在第一位，往往带来不寻常的解决方案

钟文凯，在场建筑合伙人。美国莱斯大学艺术及艺术史学士、建筑学学士，加州大学伯克利分校建筑学硕士，曾在纽约贝·考伯·弗里德建筑师事务所工作，现居北京。建成作品包括：白米仓胡同四合院翻扩建、淘乐思幼儿园改造、美吉姆国际儿童教育中心、艾涂图儿童美术中心、慕田峪瓦厂酒店扩建（与Jim Spear合作）。除从事设计工作以外，曾在《时代建筑》、《世界建筑》、《城市空间设计》、《Domus 国际中文版》、《A+U 建筑与都市》等期刊发表多篇评论文章。

采访时间：2014年8月

有方：最近在做的最有趣的项目是什么？

钟文凯：我们同时在做的项目不多，一般规模也不大，比如幼儿园、室内设计、四合院或北京近郊的一些小房子，都还比较有趣。最近在做一个稍微大点的项目，是重庆的一个商业建筑，在公园边的山坡上。基地本来也是公园的一部分，山顶已被削平，上面有一座新建的仿古塔。由于塔的存在，而且当地的仿古商业街有不少，似乎很难摆脱这种形式的束缚。我们的想法是利用周边地形的高差变化，通过一系列下沉庭院和层层跌落的平台把山谷引入到基地内部，同时也借此削减建筑物的体量，使商业空间与自然景观更好地结合，成为城市街区和公园环境之间的过渡。我们认为，充分利用基地本身的条件比去模仿传统建筑的符号更能体现山城重庆的特色。比较幸运的是，这一方案已得到当地规划部门的初步认可。

有方：最近在做有趣的项目的同时，是否也出于某种原因，做另一些无趣的项目？

钟文凯：项目开始的时候总是有趣的，但也会在设计过程中出现"山穷水尽疑无路"的情况。最近在做一个幼教中心原型店更新的室内设计，类型本身很有意思，甲方的期望也很高，但由于没有具体的场址，预算也相当有限，我们通常熟悉的一些设计手段比如空间、光线、结构、材质等都受到很大的制约，难以有所突破。限制条件应该是使设计变得有趣的原因吧。

有方：最近在自己的业务上你觉得最烦的事是什么？

钟文凯：项目突然停建或长期搁置。

有方：最近在集中琢磨什么问题？

钟文凯：在琢磨做个灯具，想了很久，一直还没动手。

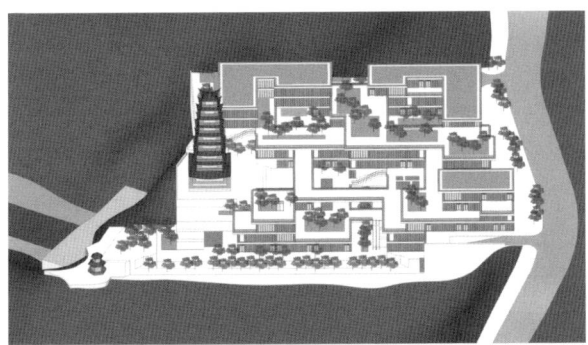

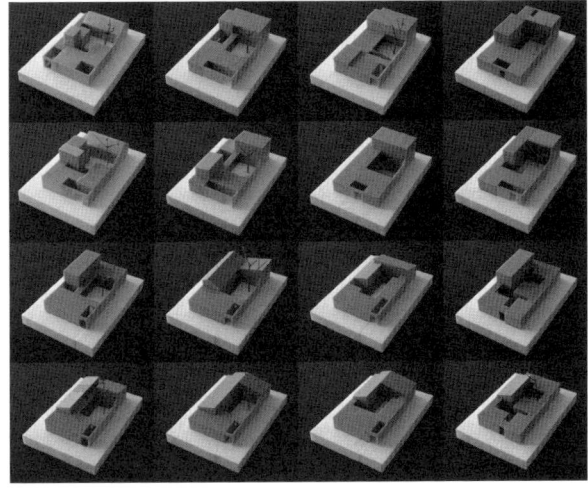

上：重庆某商业项目轴测图
下：国学胡同四合院模型对比图

有方：最近读的最有趣的一本书是什么？

钟文凯：彼得·卒姆托的《思考建筑》（第二版）。这本小书汇集了建筑师多年来的八篇演讲稿，从一个金属门把手开始，以关于光的提问结尾。书里没有深奥的理论阐述，也没有具体的案例分析，而是呈现作者思考建筑的一些片段：对特定场景和影像的回忆，对音乐、文学和视觉艺术的感悟，对物质现实和材质魅力的赞颂。这些片段构成了这位杰出艺匠的建筑宣言，既清晰精确又隐晦开放。他在书中引用了卡尔维诺的发现："隐晦的诗人只能是精准的诗人！"正如书的蓝色布质封面给人的感觉一样。

有方：最近一次旅行去了哪里？

钟文凯：去年和父母、侄儿一起乘游轮游三峡，从武汉启程，到重庆登岸。不管是对小孩还是有了小孩的成年人来说，和父母出去旅行都是人生中的幸事。这次旅行也增进了我们对祖国的地理、历史、经济、文化乃至政治的认识。大坝确实壮观，蓄水后的三峡依然美丽，但在5天1000多公里的行程里，置身于流传着无数历史故事和动人诗篇的大江上下，我们却难得一见古迹的真容。有名的瞿塘峡摩崖石刻已被切割搬迁，只能看到水位线以上翻刻的摹本。一路上导游的讲解也令人印象深刻，有的质疑三峡工程是否明智，有的感叹失去的家园。

有方：最近有没有新发现某位很有趣的建筑师，对你特别有启发？

钟文凯：一位是筱原一男。很想去看那些房子。
另一位是我的朋友，也是甲方和设计合作者，Jim Spear（萨洋）。他来自美国，在中国生活了近30年，没有受过正规的建筑训练，50岁后才开始设计和建造房子。近10年来，他在慕田峪长城附近的村庄里改造了不下30处大大小小的院子，包括一所弃用的小学改成的餐厅和一个琉璃瓦厂改成的酒店，主要是通过长期租赁的方式，把闲置的村舍改成对游客出租的度假屋或城里人的周末住宅。萨洋舍不得拆老房子，总是通过改造来提高它们的安全舒适性。加建的形式因地制宜，都保持合宜的尺度，采用当地材料和工艺，与老房子之间发生各种各样的关系。放在一起来看，这一系列院子对北方乡村民居类型的更新进行了非常有意义的探索，而每个院子又都是独一无二的。很难想象，大部分项目是在只有少量草图的条件下完成的。萨洋长期住在村里，天天和村里的施工队打交道，在建造过程中不断修改设计。他给我的启发还在于，他没有刻意想去创造新奇的形式，而是把使用者的体验放在第一位，可能是早晨的一缕阳光，可能是从淋浴间看出去的视线，这样的考虑往往带来了不寻常的解决方案。

有方： 最近哪个建筑议题最让你关注？
钟文凯： 从碧山计划到太阳公社，这些最近出现的农村实践值得关注，从乡村建设的角度，从环境生态的角度，从建筑设计的角度。

有方： 你觉得最近建成的最糟糕的建筑作品是哪类？
钟文凯： 建好以后空在那里的房子是最糟糕的。

有方： 最近哪个社会议题最让你关注？
钟文凯： 户籍改革。现在真的像"围城"，农村人口想进城，城里人向往农村，户籍成了制度上的壁垒。

有方： 最近除了设计外，花最多精力的活动是什么？
钟文凯： 看着孩子长大，很慢也很快。

有方： 最近有没有对建筑设计感到困惑、厌倦，想过改行，改做哪一行？
钟文凯： 当建筑师不容易，总会有困惑和挫败的时候，并不觉得厌倦或者想改行。倒是希望将来有机会教教学生。

44/ 刘家琨

中国建筑离质量到位总差一口气

刘家琨,家琨建筑设计事务所主持建筑师。主要建筑作品有:艺术家工作室系列、鹿野苑石刻博物馆、四川美术学院雕塑系、四川安仁建川博物馆聚落、四川美术学院新校区设计系、中国当代美术馆群张晓刚馆、再生砖计划、胡慧姗纪念馆、成都当代美术馆等。主持设计的作品被选送参加德中文化年、法中文化年、荷兰NAI中国当代建筑展、俄中文化年及威尼斯建筑双年展等多个国际展览及国内展览。曾获得亚洲建协荣誉奖、2003年中国建筑艺术奖、建筑实录中国奖、远东建筑奖、中国建筑学会建筑创作大奖、奥迪艺术与设计大奖等。

采访时间:2014年8月

西村·贝森大院项目鸟瞰图

有方： 最近在做的最有趣的项目是什么？

刘家琨： "西村·贝森大院"和"苏州御窑金砖遗址公园"。

有方： 最近在做有趣的项目的同时，是否也出于某种原因，做另一些无趣的项目？

刘家琨： 无趣也习惯了。无趣也是职业的一部分。

有方： 最近在自己的业务上你觉得最烦的事是什么？

刘家琨： 一些项目停了，一些项目没了，一些项目要缩水。

有方： 最近在集中琢磨什么问题？

刘家琨： 工作室搬不搬家？

有方： 最近读的最有趣的一本书是什么？

刘家琨：《追寻事实》。

| 建筑师在做什么

上: 揽翠阁平台
下: 水井坊内部实景

家琨建筑设计事务所工作场景

有方： 最近一次旅行去了哪里？
刘家琨： 戛纳。

有方： 最近有没有新发现某位很有趣的建筑师，对你特别有启发？
刘家琨： 屡次夸我的李兴钢、回归初心的张永和、日臻成熟的柳亦春、有套方法的魏浩波。

有方： 最近中国建筑界哪种现象最让你反感？
刘家琨： 时间太紧，拼命赶，离质量到位总差一口气。

有方： 你觉得最近建成的最糟糕的建筑作品是哪一个？（或：你最讨厌的甲方是什么样的？）
刘家琨： 不知道啊。糟糕的还要去关注和排名，不是自虐吗？说"讨厌"言重了，说"不喜欢"吧，不管对以往作品和当下理念有多认同，一些业主总是想要先看了概念设计才谈委托。弄得投入也不是不投入也不是。

有方： 最近哪个社会议题最让你关注？
刘家琨： 两架马航。马航怎么了？

有方： 最近除了设计外，花最多精力的活动是什么？
刘家琨： 看书。

有方： 最近有没有对建筑设计感到困惑、厌倦，想过改行，改做哪一行？
刘家琨： 改不了了，再改就退休了。

 45/ 宋刚

把建筑不能实现的理想放到家具中

宋刚,毕业于清华大学和美国康奈尔大学,任教和客座教授于华南理工大学、南加州大学、清华大学、同济大学。他所创办的竖梁社设计被意大利 *Area* 杂志评选为 2013 年"中国十大先锋事务所"。

采访时间:2014 年 8 月

有方：最近在做的最有趣的项目是什么？

宋刚：最近在做一个家具品牌YOIMO。YOIMO是一个我把建筑中无法实现的理想试图在家具中实现的尝试，这段话来自关于YOIMO的自我价值梳理：YOIMO相信我们生活在一个技术革新的年代，相信机器人和三维打印等新兴生产技术在扩展蔓延到社会生活的各个角落，相信新的技术推动着家具以及相关产业的革命发展，相信由于技术发展引导着的新设计美学。

YOIMO希望延续建筑师的"技术之美"的美学原则，以建筑师全面综合的视觉发掘家具蕴含的结构与意境之美，更为重要的在美中赞美生活，强调家具与人使用的高度融合，让家具成为"诗意栖居"的重要部分。

有方：最近在做有趣的项目的同时，是否也出于某种原因，做另一些无趣的项目？

宋刚：尽量不做无趣的事情，当然有趣的事情也有无趣的部分。

有方：最近在自己的业务上你觉得最烦的事是什么？

宋刚：没有很烦的事情。棘手的事情仍然很多，没有觉得烦，在于最近心态还不错。

有方：最近在集中琢磨什么问题？

宋刚：最近在琢磨如何将建筑、装置和家具一体化进行设计。作为数字化建筑设计实践者，我非常关注建造的问题。而建造在不同尺度展开，就形成了建筑、装置和家具。但是指导思想是数字化和数字技术引导下的设计哲学。

关于建造与数字的结合，这里想剖析三个概念：数控加工、数控建造、数字建构。简单来说，数控加工就是通过使用数控设备对材料进行加工制造，而数字建构则是一个非常学术性的词，是将"数字"与"建构"概念的嫁接，当数字概念在学术界广泛渗透，建筑师与学者们开始重新定义原有的建筑话语。数字建构类似的表述，如袁烽所提出的"参数化建构"。

徐卫国指出数字建构具有如下特点：1. 建筑形体最大程度地体现了自身结构逻

上：佛山艺术村外表皮完成效果

中：山西田森展示中心异形混凝土钢模制造过程

下：建筑之外产品设计

辑及材料建构逻辑；2.以生成形体的内部逻辑系统作为结构及构造的基础逻辑；3.设计与加工依靠软件技术及数控设备。所以数字建构是建立在建筑学自身话语体系和数控设备支持上的，是以"数控加工"作为基础的。相对而言，"数控建造"指向我们研究的"建造"本身，同时也没有过分强调这个过程的建筑学话语，比较适合我们当下实践所描述的"建造"。

我们以数字建构的观念做了一系列的研究和尝试，如在佛山艺术村和山西田森展示中心项目中，我们就不断探讨数字建造的可能性和边界。

有方：最近读的最有趣的一本书是什么？

宋刚：没有读什么书，电影倒是经常看。我最近看的最有趣的一部电影是《后会无期》，我感兴趣的是因为电影中的一些桥段，我知道来自哪里，比如其中的"东极岛歌"，可能是导演看了电影 Borat 受的启发，我当时看完后，也有类似将苏联时代的歌曲配上搞笑现代词的想法。所以这些桥段让我知道了导演的日常生活和精神世界，其实和我们没什么两样。一些哏，也是属于我们这代人的。

有方：最近一次旅行去了哪里？

宋刚：开平算不算？开平经常去，有一些记忆的东西在里面。开平非常迷人的是中国乡村景观与异域情怀的结合，提供了外来文化与本土结合与北方迥异的另外一种样本。

有方：最近有没有新发现某位很有趣的建筑师，对你特别有启发？

宋刚：一般建筑师为了提升品味，就要说一些边缘文化圈的建筑师，比如今年找了智利人做 Serpentine Pavilion。我最近来看家具设计，所以也说个建筑的边缘——家具圈的设计师，Eileen Gray。她是爱尔兰人，和 Le Corbusier 是同时期的设计

竖梁社工作室工作状态

师，当然也做建筑。她的东西就很有意思。Eileen Gray 对于建筑师可能比较陌生，但是她的"米其林"皮椅（Bibendum Chair）大家可能都有印象，1900 年完成设计，但一直到 1972 年才为世界所知，并且开始流行。据说椅子的设计来源于米其林轮胎，椅子非常舒服，也很可爱。作为提倡数字建筑的建筑师，会突然意识到简单的形式和丰富的身体体验远远高于复杂的形式、单调的身体体验。

有方： 最近哪个建筑议题最让你关注？
宋刚： 比较关注冯果川和穆威教小孩子做建筑，觉得很有意思。

有方： 你觉得最近建成的最糟糕的建筑作品是哪一个？
宋刚： 我没有很讨厌的建成作品，毕竟一个建筑能建出来，就是一群人努力的结果，也属于社会生产力的局部微观呈现。当然就好像人一样，不同的建筑有不同的性格，有些张狂，有些低调。我喜欢和我性格一样的建筑。

有方： 最近哪件社会议题最让你关注？
宋刚： USC 学生被杀害。我在 USC 呆过，在 LA 有过离奇的经历，在那里，你感觉到我们现在追求的城市模式已经破产。

有方： 最近除了设计外，花最多精力的活动是什么？
宋刚： 做家具品牌 YOIMO，我自己定义为建筑师的家具品牌。之前也参加了一些和产品有关的活动，比如由冯国安策展的"不自然"装置展，由陈展辉策划的"建筑之外"展览。

有方： 最近有没有对建筑设计感到困惑、厌倦，想过改行，改做哪一行？
宋刚： 以前想过做数学家，后来就做建筑，一根筋到底了。做家具我不觉得算转行，毕竟我是想用建筑的观念去做家具。

46/ 刘克成

我的设计离不开历史这一主题

刘克成,西安建筑科技大学建筑学院教授、院长,长期从事与文化遗产保护相关的研究课题及规划设计。曾主持汉阳陵、秦始皇陵、唐大明宫国家考古遗址公园等规划,主要建筑设计作品包括汉阳陵遗址博物馆、大唐西市博物馆、秦始皇陵百戏俑遗址博物馆、文吏俑遗址博物馆、西安碑林石刻艺术馆、三门峡虢国君王墓地遗址博物馆、南京金陵美术馆、南京中国科举博物馆等。

采访时间:2014年9月

有方：最近在做的最有趣的项目是什么？

刘克成：最近一段时间的主要精力都在南京中国科举博物馆上，从方案中标到现在施工，已有两年时间，8月将部分开放，以迎接南京青奥会，但整体完成要到明年。此外，西安汉长安城直城门遗址博物馆马上开工，唐朱雀大街及安仁坊遗址博物馆方案已上报国家文物局，青海瞿坛寺博物馆已进入方案后期。目前最新的一个项目是在前南斯拉夫中国大使馆旧址上设计的塞尔维亚中国文化中心，这是一个极具挑战性的项目。

有方：最近在做有趣的项目的同时，是否也出于某种原因，做另一些无趣的项目？

刘克成：也许因为在学校，相对自由一些，有较大的选择权，没有趣的事情不会去做。

有方：最近在自己的业务上你觉得最烦的事是什么？

刘克成：如果说有什么烦恼，最大的烦恼就是时间不够用，好像越来越忙。原以为随着年龄增加，可以更从容一些，但似乎不是这样，做的虽然是自己想做的事，但过的不像自己喜欢的生活。

有方：最近在集中琢磨什么问题？

刘克成：还是与历史或文化遗产共处的方式问题，这也许是一个生活在西安的建筑师不得不思考的课题。在我更年轻的时候，历史对于我是一种负担，一个想丢而丢不掉的包袱；再以后，历史成为一个问题，想办法躲避和斗争；而现在，历史对于我更是一个伙伴，我喜欢且享受面对历史，并静静地与之对话。我所做的设计都离不开这一主题。

其实，这是由张锦秋院士开启的课题。她以自己超过40年的持续思考和实践，为西安，也为在西安工作的建筑师，确立了这样一个命题，促使甚至是逼迫在西安的建筑师思考历史，寻找与历史共处的方式。

当然，我们这辈建筑师与前一辈既有继承，又有所不同。对于前辈建筑师来说，我认为有三个关键词：其一是历史，对历史表达出足够的尊重和敬意；其二是学习，选择优秀的建筑文化传统加以继承；其三是重建，再现历史荣光。对我而言也有三个关键词，一是历史，与前辈一致；二是保护，保护所有可能保护的文化遗产；三是对话，在保护并尊重历史遗产的前提下与之对话。

我以为，历史不存在好与坏，只有真与假。我们这个时代，人们太热衷于对历史的选择，而不是对历史的保护，以至于真的文物被拆毁，假的文物满天飞。其实，历史就像家里的老人，你可以不认同他（或她）的生活方式，但你必须尊敬他，照顾他，爱他并与之对话。对话不是迁就，不是对付，而是出自真心的爱。毁灭文物如同虐待自己的长辈，假造文物犹如编造自己的简历，树立先辈的蜡像。

有方：最近读的最有趣的一本书是什么？

刘克成：埃里克·法伊的《长崎》，这是一个非常建筑学的非建筑学故事。小说的主人公是一对本来没有交集的男人和女人。他们唯一的联系是男人的公寓曾经是女人童年时的家，她的记忆和美好都在这里。在男人上班去的某一天，女人偷偷进了房间，回到以前生活的地方，开始只是想故地重游，追忆过去的时光，结果男人突然回来了，于是女人匆忙躲进房间里一个从不开启的隐秘壁橱。男人对此一无所知，与女人在互不知道的情况下共同生活了一年，直到有一天，男人终于发现了异常，报警抓住了女人。

这是一部关于建筑中公开与隐秘、占有与侵入、已知与未知的精彩叙述。公寓中隐秘的壁橱如同一种象征，向我们发问：你真的了解你的居所吗？在你的身边还有多少没有打开的隐秘壁橱？在这个壁橱里还有多少你不知道或假装不知道的秘密？

有方：最近一次旅行去了哪里？

刘克成：前一段时间去了东欧，走了华沙、布达佩斯、布拉格等一系列城市。我

建筑师在做什么

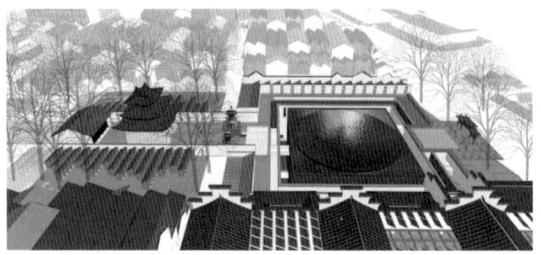

上、下：中国科举制度博物馆效果图

对东欧一直心存敬仰,那里产生了像米兰·昆德拉、卡夫卡、康维斯基、哈维尔、帕维奇等一系列引导人类进入后现代的作家,由于他们的存在,极大地拓展了人类对于自我的认识,打通了东西方思想的篱笆。东欧特殊的自然地理环境,东西方冷战的格局,经济的不景气,不彻底的工业化和城市化……也许是孕育这些思想的最重要的土壤。分裂、模糊、矛盾、不清晰……这些描述后现代特征的词汇,也许就是东欧多数地区的现实。旅行让我有机会近距离亲身体验这一切。

有方: 最近有没有新发现某位很有趣的建筑师,对你特别有启发?

刘克成: 今年花了一些时间学习和研究葛明教授的"体积法"。葛老师的"体积法"在东南大学已持续应用于设计教学很长时间,今年我们请他为我们建筑学三年级学生开班讲授,我也跟班学习。我非常欣赏"体积法"的思维和教学,他将这些年德语区建筑师的设计以一种可学习、可操作的方式呈现,一些设计概念如"像房间一样的空间"、"空间关系"、"空间特征"、"房间群"等,对我极有启发,也顺带把与之相关的一系列建筑理论及作品进行了重新阅读。对我来说,这是以透明性为基本特征,以空间折叠为主要手段,以建立像房间一样的空间为目标的空间修辞学。

有方: 最近哪个建筑议题最让你关注?

刘克成: 谈不上反感,但我不喜欢那些见建筑师谈政治、见政治家谈建筑的建筑师。建筑师应当集中精力努力把自己的活做好,而不是只在说建筑。

有方: 你觉得最近建成的最糟糕的建筑作品是哪一个?

刘克成: 谈不上最糟糕,是遗憾吧。最遗憾的是南京金陵美术馆的室内,去年建成。因为各种原因,没有达到预想品质。主要问题有三个方面,其一,原来老工业建筑的痕迹大多被清除或遮蔽了,失去了历史记忆;其二,空间划分平庸化,没有善用建筑设计所提供的机会;其三,装修材料使用不当,太华丽,美术馆酒店化,显俗了。原来的一系列设想没有实现,非常遗憾。

南京金陵美术馆实景

有方： 最近哪件社会议题最让你关注？

刘克成： 好像没有特别关注什么社会议题，我不是很关心政治的人。

有方： 最近除了设计外，花最多精力的活动是什么？

刘克成： 应当是教学。近两年在集中研究建筑学本科教育，带领16名年轻教师在做实验教学。我认为现在是中国建筑教育可以也应该发生一些实质改变的时候了。我们的实验教学基于相信"自在具足"（佛家用语）的理念，坚持"启智"而非"灌输"的方法，围绕生活与想象、空间与形态、材料与建构、场所与文脉四条主线，寻求与境相应、与情相应、与行相应、与理相应、与机相应、与果相应、与心相应七种境界，试图将东西方教育理念和建筑理念融会贯通。实验已经开展了两年，马上要到三年级了。这个实验很花时间，但也很有意思，也帮助自己理清了一些建筑基本问题。

刘克成工作场景

有方： 最近有没有对建筑设计感到困惑、厌倦，想过改行，改做哪一行？

刘克成： 困惑常有，主要是苦于如何实现自我突破，每个项目都有，每段时间都有。至于改行，也常想，但也就是想想而已。不过我希望自己到某个年龄后，不再做建筑设计，可以写写小说、画些画什么的。总之，如果没有创造力了，就不要再染指设计。

47/ 于雷

建筑界"圈子"现象明显，圈子间又缺少交流

于雷，清华大学建筑学院博士生、哈佛大学设计研究生院建筑学硕士March II、北京Archi-solution Workshop（ASW）主持人，ASW工作车间关心用建筑设计的逻辑解决普遍跟设计有关的问题。

采访时间：2014年8月

有方：最近在做的最有趣的项目是什么？

于雷：我工作室的涉猎很广泛,每个项目都争取能有点意思。我们做建筑设计、室内设计、景观设计,还有研发三维打印设备,同时还在清华大学和同济大学的建筑学院教授关于数字技术的课程。所以说,最有趣的项目对我来说很难判断。如果非要取舍的话,那些工作营也许更有趣些,因为能够很快地见到成果。比如说 7 月份在同济做的关于机器臂的工作营。而建筑设计整个过程要经过几年的时间,中间充满各种斗智斗勇的片段,其实也挺有意思,但不纯粹,有大量痛并快乐着的情节。

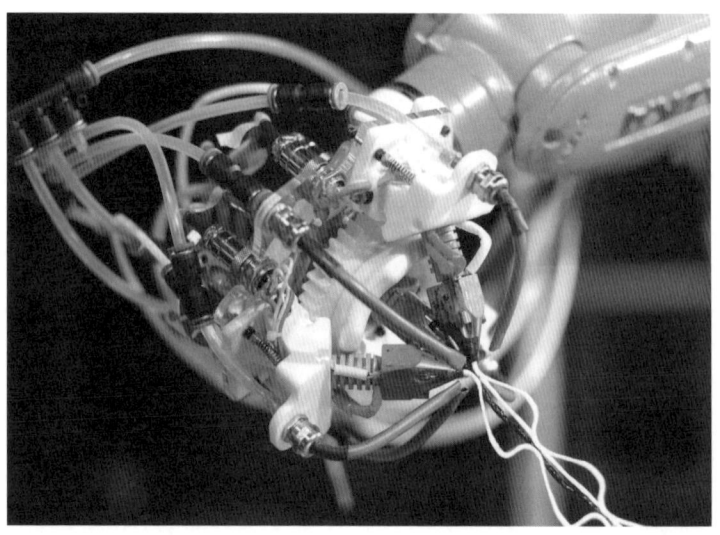

机器人仿生 6D 打印装置

有方：最近在做有趣的项目的同时,是否也出于某种原因,做另一些无趣的项目？

于雷：做建筑项目永远是二元论之冰火整合过程。好多项目刚开始有趣,由于客观原因做着做着就丧失寻求乐趣的动机了,但是也得忍着完成合同。可也总是希望在后续解决问题的过程中寻求点乐子罢了。

有方：最近在自己的业务上你觉得最烦的事是什么？

于雷：收设计费呗，把人家伺候高兴了就好收点；伺候不舒坦就只能给点儿是点儿。不过还是在项目进行过程中交了好多朋友。

有方：最近在集中琢磨什么问题？

于雷：博士论文的内容，有些繁杂，希望尽快能捋出个头绪。

有方：最近读的最有趣的一本书是什么？

于雷：其实有两本！一本是梅洛·庞蒂的 *Phenomenology of Perception*；一本是《Arduino C++ 编程实践》。建筑学的书籍原来偏形而上，所以现在看技术的书很过瘾。

有方：最近一次旅行去了哪里？

于雷：就去年跑了一趟美国。现在的专业旅游团贵啊，我们这些个体户承受不了。

有方：最近有没有新发现某位很有趣的建筑师，对你特别有启发？

于雷：最近真没有。

有方：最近中国建筑界哪种现象最让你反感？

于雷：感觉现在建筑界"圈子"现象明显，圈子之间缺少交流，处于冷暴力状态。

有方：你最讨厌的甲方是什么样的？

于雷：甲方把牛吹得一塌糊涂，充满高大上的氛围，但是一落实到具体的方案就露馅了；另一种甲方是拿你练手的，表示充分地给你自由空间，但是你搞着搞着他们就消失了。

有方：最近哪件社会议题最让你关注？

于雷：基本上全时工作状态，偶尔用各种社会新闻放松一下。

宁东物流港入口设计

有方：最近除了设计外,花最多精力的活动是什么?

于雷：出差坐飞机,各种延误,大部分时间都耗费在路上了。现在已经养成了在机场补觉、上飞机补文章的习惯。

有方：最近有没有对建筑设计感到困惑、厌倦,想过改行,改做哪一行?

于雷：一直都没有改行的想法。同学里有干开发很成功的,算是挺刺激的现象。后来看看自己一穷二白的现状,决定还是这么干下去吧。身体其实是运营的本钱,哪天垮掉了,就全都垮掉了。我经常有搞项目很厌倦的时候,但是现在做得比较多元,所以干点别的,比如说研发一下三维打印机,做个电子小装置,状态就调节过来了。

48/ 阮昊

期待设计行业改变
对初出茅庐的年轻人的态度

阮昊,零壹城市建筑事务所创始人,美国普林斯顿大学建筑学硕士,清华大学建筑学硕士、学士;曾任哈佛大学设计学院访问学者;曾作为王澍教授的助手任教于哈佛大学设计学院,现任教于中国美术学院。其作品有将跑道搬到空中的天台第二小学、家具设计"猫桌"(CATable)等。

采访时间:2014 年 9 月

有方: 最近在做的最有趣的项目是什么?

阮昊: 在做的有趣项目挺多的,其实我们选择项目的重要标准之一就是希望它是一个有趣而富有挑战的命题,我们很愿意以一种归零的心态去重新审视城市、建筑与空间中很多让我们习以为常的现象与问题,这种心态与角度会让设计变得有趣起来。除了日常的项目以外,最近有一部分精力是在推行猫桌的量产与上线方面,总是希望我们有趣的设计可以感染并且影响到更多人的生活。

零壹城市建筑事务所设计作品:猫桌

有方: 最近在做有趣的项目的同时,是否也出于某种原因,做另一些无趣的项目?

阮昊: 我想,做无趣的项目无非是两种原因:一种是迫于生存,而另一种是开始觉得挺有趣的,越做越无趣。前者需要的是 say no 的勇气与魄力,后者需要的是对一个设计项目的预判与把控。好在我们不太会出现上述这样的情况。有趣其实是这个项目反馈给设计师的一种情感,这种情感的初级阶段是设计师对于这个设计自恋般的喜爱,这种情感是专一的;它的高级阶段是设计给使用者带来的情感，比如快乐、悲伤，这种情感更有生命力。无论是哪一种情感阶段，当它不再存在时，一切就变得乏味而没有太多的意义了。

有方： 最近在自己的业务上你觉得最烦的事是什么？

阮昊： 我在尝试着多给自己一些空间，可以去思考更具有革新性的设计、产品、模式或是其它，因为时间真的很有限，年轻也真的很有限。

有方： 最近在集中琢磨什么问题？

阮昊： 最近或许受到了我们那个环形屋顶跑道的天台小学和猫桌的影响，让我思考什么样的设计才能够真正引起更多人的共鸣。其实这也是我和零壹城市一直在思索的问题：如何通过创意的设计让城市中的建筑更有趣一些，让城市生活变得更快乐一些。我所生活过的很多城市，大部分时间是平淡无味的，缺少那种转角遇到爱的邂逅所带来的快感与情绪上的调动，偶尔让人有些惊喜的发现就显得弥足珍贵。快乐是一种情感，我们想让人更快乐一些，所以我们越来越多的关注一种情感设计而非传统建筑语境下的空间设计，情感设计的目的是去满足使用者的情感期望：孩子们想要能有一个尽情奔跑尽情欢乐的跑道，猫奴们想要有一个和猫共享的有趣空间，而猫或许想要一个满足它好奇心与探索欲的游乐场。设计其实无法创造某种不存在在你身心中的情感，它永远是在解决并放大一些最基本的生理与心理的渴望，一种使用者固有的情感。

有方： 最近读的最有趣的一本书是什么？

阮昊： 有两本书我来来回回读了挺久，都是和IDEO相关的，一本叫做《IDEO，设计改变一切》，另一本是《创新的艺术》。对这些书感兴趣的主要原因是它启发了我如何去建立一个创新体系的团队，这也是我目前特别关注的一个问题。我们不想去成为一个自上而下的大师作坊，而希望成为一个自下而上的创新源。我记得某个美国著名的篮球教练曾说过，给我五个四肢健全的人，只要教会了

上：天台第二小学
下：浙江印刷集团总部大楼

他们如何去控制节奏、如何去配合就可能打败世界上任何一支职业强队。这或许过于夸张了，但的确是我们在探索的方向。

有方： 最近一次旅行去了哪里？

阮昊： 最近在双年展开幕的时候去了威尼斯，看了看我们的参展作品——天台第二小学，重遇了一些以前在哈佛和普林斯顿的老师和好朋友。但时间总是不够用，很多展览就是那么匆匆一扫，印象最深刻的是从建筑事务所的角度探讨了这次双年展主题的美国馆。

有方： 最近有没有新发现某位很有趣的建筑师，对你特别有启发？

阮昊： 最近看的比较少了，因为不太刻意去关注建筑师群体，也不太习惯就建筑论建筑。如果要说一位的话，我挺喜欢普林斯顿的师姐胡如珊和她创立的如恩设计的一些作品，有一种时间美学的感觉在里面。空间中你看不到各式各样繁琐的装饰，但也不是冷冰冰的设计师的自我陶醉，它就像是一张画布，将设计交还给这个空间的主人每天点点滴滴的生活来定义，让人的活动与情感成为画布上美丽的笔触。

我喜欢时间美学，因为设计不是空间的主角，它永远不会抢你的风头，而是在日起日落的每天，在你的四周环抱着你，注视着你。这样的空间是可以唤起人对情感的期望的：在每天奔波的繁华都市生活中找到一片属于自己的净土，它不再被看似的奢华笼罩，而是回归人最自然、最放空、最原始的状态。

有方： 最近哪个建筑议题最让你关注？

阮昊： 我最期待改变的是设计行业对于那些初出茅庐的年轻人的态度。在设计行业中因为师徒制、阶级等观念所形成的倒金字塔的设计话语权体系下，不乏这样的现象：拥有无限激情、无穷新想法的年轻人被同化成一个人工智能时代的基本人肉劳动力，于是设计变成了一种老人的经验加年轻人的体力的结合。

这种设计话语权体系在这个信息时代可以尝试着转变为正金字塔的涌现型体系，把设计最初创意与想法的权力交给他们，让设计变成年轻人的异想天开加老人的落地实践的结合。在大规模建设慢慢冷却的今天，或许只有更多的相信这些年轻人（看看互联网行业吧），给予他们最大的空间去发挥他们的创意与才能，才会让这个行业变成一个崭新的朝阳行业。

有方： 最近哪件社会议题最让你关注？
阮昊： 我一直最关注的就是各行各业创业者的新技术与新模式，如何以外来者的身份去革新甚至颠覆现有的传统行业，以及在这种大背景下一个行业如何从一味的"守界"转变为"跨界"并由此达到"无界"的过程。

有方： 最近除了设计外，花最多精力的活动是什么？
阮昊： 聊天。我有很多各行各业年轻的创业者朋友，尤其是移动互联网领域，和他们聊天所产生的碰撞让我对设计、对情感、对用户的认识多了一些维度。

有方： 最近有没有对建筑设计感到困惑、厌倦，想过改行，改做哪一行？
阮昊： 一直以来我对设计的兴趣要都比对建筑的多一些。建筑师所面临的历史与当下语境让我觉得有些厚重，而我一直认为建筑、室内空间、家具等各种设计应该是轻盈而愉悦的。就好比举重和打网球这两种运动，前者的行为是上台，抹粉（有时会吐一些唾沫），大喊一声，然后用近乎与全世界对着干的力量与表情去征服那个沉重的杠铃，每一次上台的动作过程一成不变；后者的感觉是在反复不停地移动和应变、应对来球的各种情况，找到回球的甜蜜点（sweet point）。甜蜜点是球拍当中的某个不固定的位置，当你击中这个位置的时候，球回得很清脆、很有力、很轻松又能一击致命。在这个城市更新的年代，"换血"将开始代替"造血"成为城市的新主题，我们的设计一直在这种错综复杂的城市环境与生活中进行着应变，寻找一个又一个带给它快乐的甜蜜点。

48 阮昊

零壹城市办公空间

49/ 汤桦

后房地产时代是建筑师的好日子

汤桦,重庆大学建筑城规学院教授,研究生导师,国家一级注册建筑师。2002年创立深圳汤桦建筑设计事务所有限公司,任职总建筑师。重要作品包括宁波东钱湖建筑群——会议中心/五星酒店/博物馆、重庆市璧山绿岛新区公共服务中心建筑群、深圳博伦职业学校、重庆市群众艺术馆新馆、宁波高新区文体中心、重庆璧山规划展览馆、重庆威斯汀大酒店、江油大剧院、重庆云阳市民活动中心、青城山王广义私人美术馆、四川美术学院虎溪校区图书馆、重庆大学虎溪校区图书馆、南京中国国际建筑艺术实践14号小住宅、深圳汉京大厦、重庆协信中心、重庆市江北城(CBD)招商楼、重庆大学艺术楼、重庆申基索菲特大酒店、深圳电视中心、东莞松山湖生产力促进基地学术交流中心、沈阳建筑大学新校区、深圳南油文化广场等。

采访时间:2014年9月

有方：最近在做的最有趣的项目是什么?

汤桦：最近碰到一个甲方,提出不损坏基地上的一草一木进行设计。这算是较为极端和有趣的事。不过,有趣的事物成活率往往偏低,但因为稀有而珍贵。

有方：最近在做有趣的项目的同时,是否也出于某种原因,做另一些无趣的项目?

汤桦：设计是分内的事情,职业工作,无趣的项目也存在着有趣的设计。虽然有趣的部分常被现实冲击,但不断尝试也是一件趣事。

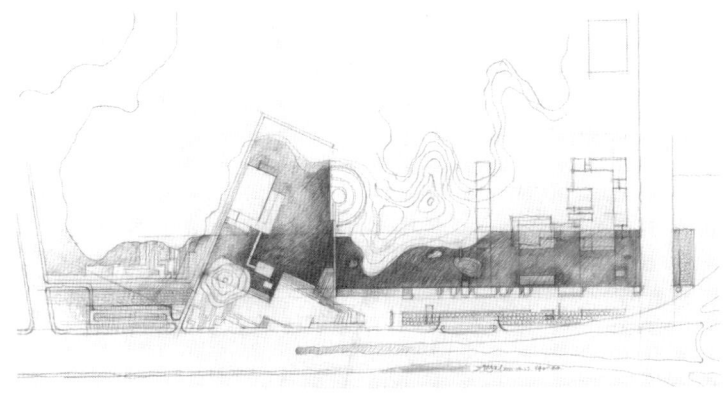

汤桦设计草图

有方：最近在自己的业务上你觉得最烦的事是什么?

汤桦：时间。不太可能自己支配自己的时间,不过也算是正常的事情。

有方：最近在集中琢磨什么问题?

汤桦：后房地产时代进行时,可能是建筑师的好日子。

有方：最近读的最有趣的一本书是什么?

汤桦：《落脚城市》。

有方: 最近一次旅行去了哪里?
汤桦: 环地中海邮轮旅行。

有方: 最近有没有新发现某位很有趣的建筑师,对你特别有启发?
汤桦: 建筑师都比较有趣,对我的启发不少。

有方: 最近哪个建筑议题最让你关注?
汤桦: 长期的关注——现代建造与传统的关系。

有方: 最近哪件社会议题最让你关注?
汤桦: 反腐败和建筑师的终身责任。

有方: 最近除了设计外,花最多精力的活动是什么?
汤桦: 骑自行车或者坐公交车上下班。

上：云阳市民活动中心外景
中：四川美术学院虎溪校区图书馆外景
下：重庆璧山规划展览馆局部

 50/ 王永刚

阐释"书法建筑"

王永刚,建筑师、当代艺术家;毕业于鲁迅美术学院;任中国国家画院公共艺术中心主任、中国国家画院建筑艺术研究院院长、主题建筑工作室主持建筑师。其设计作品包括云南昆明野鸭湖播摩岭休闲度假区整体设计、北京亦庄枢密院系列整体设计、中国国家画院美术馆改造设计、西安曲江美术馆整体设计、西安月城博物馆整体设计、北京 D.PARK751 老工业环境再生规划设计、青州书画产业小镇总体规划设计等。

采访时间:2014 年 9 月

有方： 最近在做的最有趣的项目是什么？

王永刚： 在四川蓬溪做一组书法建筑，作为艺术交流、展示的空间。这是开始试着与书法艺术家合作，面对同一个地区共同创作一个与书法相关联，关键是与当地生活环境发生关系的建筑。

这次在蓬溪县城郊的芝溪河边上的实践与书法家曾来德先生合作。先由曾来德创作"芝"、"溪"、"河"三个书法作品，因为他是从蓬溪走出来的具有创新精神的书法大家，对于家乡的情感会通过书写自然转移到这个特殊意义的作品中。结合我们的现场考察、策划，开始了建筑的转换。力求将三个字的选址、动态、空间与现场最大化融合，并吸收"芝"、"溪"、"河"里的章法、用笔和气韵的流露。

书法建筑并非是用建筑空间去模拟平面书法的线形，不追求通过建筑能看出是什么字，这也不是建筑所应承担的任务；而是希望以此体会现场的特色人文。

书法的书写过程与音乐和舞蹈相似，流动的时间、节奏、韵律、象形，表达情感和意境。建筑的空间、结构、表皮、楼梯、设备、工艺等各个要素与书法艺术同频、同构。

三个建筑由河边湿地的长廊——"芝"、山脚下的艺术展厅——"溪"、谷底的艺术会馆——"河"，构成一个书法建筑的群落，用三个小建筑来支撑河边湿地公园的空间结构。这三个书法建筑地，分别对应其内在的生态性。跳跃的溪和舒缓的河不时唤起老蓬溪的城市记忆。

有方： 最近在做有趣的项目的同时，是否也出于某种原因，做另一些无趣的项目？

王永刚： 无趣和有趣本质是一样的，区别的是程度问题。工作室几十个项目同时推进不可能所有项目都那么有趣，不过，除了那些事务性的杂事儿之外，落实到具体的设计环节还都是可以把精神头儿提起来，认真地搞一搞。

有方： 最近在自己的业务上你觉得最烦的事是什么？

王永刚： 那些搞不清楚什么主义、专业出身的甲方代表，在老板面前层层把控，往往拿捏到你干和不干无所谓的节点之后，再来催出图进度，结果可想而知。

有方： 最近在集中琢磨什么问题？

王永刚： 由于近期接触到不同的项目，在琢磨一些基本的东西：作为建筑，哪些看得见、感觉得到，哪些看不见但是需要表现对使用者和公众的尊重；建筑什么是重要的；建筑重要，还是建筑学重要；建筑师的工作如何与业主就共同面对的问题进行融合。

有方： 最近读的最有趣的一本书是什么？

王永刚：《杜大恺水墨作品》。对杜老的七十自语"心近平凡"很有感触！其中对山对水乃至空气、五谷、花木、风霜雨雪等等都以平凡的心境体会其伟大。"为睦恒长，故近平凡；为近平凡，故知进退；为知进退，故有得失；为有得失，故有喜忧；为有喜忧，而享人生之苦乐；因享人生之苦乐，而悟人生之若何，嗟乎，年复一年，以至七十。"

有方： 最近一次旅行去了哪里？

王永刚： 如果不算国内东一趟西一趟的出差，真的可以称为旅行的还算是随有方的日本现代建筑之旅，对日本建筑和日本有了些更具体的客观的认识。

有方： 最近有没有新发现某位很有趣的建筑师，对你特别有启发？

王永刚： 每个阶段都会有一些。建筑师不期而遇，在不同方面会有一些或多或少的启发。至于"特别"，我倒是觉得好的建筑都是最普通的最正常的，就应该是那个样子，只是我们一时半会还做不到。看到好的建筑通常是一种感动，而不是惊奇。这种感动每个阶段都会有，到时候准能碰到：刚开始是吴朝晖、

上:书法建筑——"芝"
中:书法建筑——"溪"
下:书法建筑——"河"

曲雷，后来是张永和、崔恺；再后来是马岩松、王澍；谷口吉生把基于传统的模数和禅宗放到了一起；大西麻贵盖的房子干脆不分传统不传统。

有方： 最近哪个建筑议题最让你关注？
王永刚： 今年第十四届威尼斯建筑双年展的主题"基本法则"很有意思。系统地重新回归到建筑基础本质的研究思考，这个立足现代性问题的大会主题来得很及时。

有方： 你觉得最近建成的最糟糕的建筑作品是哪一个？
王永刚： 大部分建筑还是面对具体问题多环节决策的结果，背后都有复杂的问题。如果说"最糟糕"，除非偷工减料塌了，或标新立异把人给震了，除此之外还谈不上最糟糕。真的做到了"最"其实也是很难的。也许平庸和奇特在目前都已经习以为常了，反而正常的东西越来越少。

有方： 最近哪件社会议题最让你关注？
王永刚： 在食品、药品、环保等领域直接威胁人体健康的"造假"，的确是个大问题，这是个达到甚至超越人类道德底线的问题。

有方： 最近除了设计外，花最多精力的活动是什么？
王永刚： 了解点儿宗教和与生命能量有关的问题。期望可以把房子盖得具体一些。

有方： 最近有没有对建筑设计感到困惑、厌倦，想过改行，改做哪一行？
王永刚： 具体问题每天都很多，但大的关系到改行的想法没有。建筑涉及的面很宽广，有无限的可能；同时似乎也很单调乏味，入手容易，做好太难，适合一条道跑到黑的不太聪明的人来做，太"有本事的"适合干IT或时尚。建筑一个项目下来几年过去了，如果赶上好条件会有些感悟有些进步，有时候一个不行就再来一个。这个时代，建筑是个不错的行业，总有机会一点点来。

主题建筑工作室工作场景

 51/ 孔锐

当水泥、骨料和水混合凝结成混凝土，才能知道水灰比的真正意义

孔锐，亘建筑事务所创始合伙人、主持建筑师。西安建筑科技大学建筑学学士，南京大学建筑研究所建筑学硕士。生于重庆，现居上海。曾任职于德国 gmp 建筑事务所。

采访时间：2014 年 9 月

有方：最近在做的最有趣的项目是什么？

孔锐：最近刚完成了一个室内设计,一间花店,在上海的巨鹿路,规模不大,40平方米。单论面积,算是我们做过最小的项目了。但对我们而言,它的趣味比它的规模要大得多。业主的花店品牌叫做 Absolute,她想要一间足够纯粹而且与众不同的店面,所以我们希望在这间花店里制造一种体验,一种来自不寻常的光线、材料、陈设方式和由它们所形成的氛围的独特体验。为此我们用了整个夏天去寻找合适的材料和施工方式,制作样板,跟材料厂家讨论材料效果和加工工艺。前两天刚开业,业主传来微信说,每天都很多人去拍照,据她观察,一半是她的同行,一半是我的同行,因为一半人只看花,另一半人只看墙。

Absolute 花店

有方：最近在做有趣的项目的同时,是否也出于某种原因,做另一些无趣的项目？

孔锐：我们的兴趣很大一部分是在于项目的真实建造过程。所以只要是实施项目,对我们而言基本都能算是有趣的项目。这也是我们这个阶段选择项目的一个重要原则：只要是业主决定要建造的,无论是体育馆办公楼,还是停车棚门房间,我们都有兴趣去尝试。而功能类型和规模并不是我们选择项目的首要条件。

因为我们认为实践建筑师的成长经验有很多都来自现场,就像当水、骨料和水泥混合凝结成坚硬的混凝土,你才能知道水灰比的真正意义。只有当不同材料发生了交接,空间尺度和身体有了关联,场地和功能有了具体的表达,房子被建造起来高出地表并被大气所包裹填充,实践建筑师需要关心的很多问题才会随之浮现出来。

这是一种与真实有关的趣味,有趣与否在于能否从中获得切实的技能提升并为此感到愉悦。

为找到适合的青砖寻访烧制粘土砖的砖窑

有方:最近在自己的业务上你觉得最烦的事是什么?

孔锐:没有。应该是没业务或者业务多到无法抉择才会觉得烦吧。

有方:最近在集中琢磨什么问题?

孔锐:"起点",这也是我们近一两年来持续思考的一个问题。我们意识到这个行业正在制造越来越多以匿名方式存在的建筑,无论是宏大的还是微小的,无论是公共的还是私人的,他们都没有任何土地具体化的证据,也没有使用者的印记。在建筑由于高度发达的工业文明而成为批量生产的产品时,当建筑师的思考已日渐被抽象的结构性和主体性思维所充斥时,我们希望能够找回建筑最初诞生也是最感人的状态:一种包含丰富的个人情感并且与自然关系密切的人类手工技能。经由这个起点,将受产业化建筑生产方式主导的人与建筑物的关系,重新转变为人与自然之间的朴素关系;将建筑师与工匠之间的支配关系,重新转变为个体手工艺人之间的平等关系。

有方: 最近读的最有趣的一本书是什么?
孔锐: 《摩托车修理店的未来工作哲学》。

有方: 最近一次旅行去了哪里?
孔锐: 东京。花了将近两周时间,一直待在东京。坐公交、逛公园,像个老年人一样在东京生活。年轻人的生活状态,大家都很接近了,但是老年人的生活区别很大。

有方: 最近有没有新发现某位很有趣的建筑师,对你特别有启发?
孔锐: 一位是日本建筑师五十岚淳,一直在北海道造房子。他的房子跟当地的环境有很多密不可分的关联,既解决了非常严峻的现实问题——寒冷气候,同时还创造出许多有品质的空间和使用体验。不只是室外白室内也白的标准日系小清新,而是与大地状态有关的"大清新"。
另一位是 Pascal Flammer。似乎是介于筱原一男和 Valerio Olgiati 之间的一位建筑师,他对一些建筑基本问题的阐释让人印象深刻。

有方: 最近哪个建筑议题最让你关注?
孔锐: 国务院出台《关于推进文化创意和设计服务与相关产业融合发展的若干意见》。其中有关于放宽资质准入限制以及改进完善招投标制度的内容。这起码将会从政策层面改善建筑师的生存环境。

有方：你觉得最近建成的最糟糕的建筑作品是哪一个？

孔锐：没有哪个甲方希望造一个糟糕的房子，建筑师也一样，所以没什么房子好拿来吐槽的。重要的是搞清楚它建成那个糟糕样子的原因，然后有则改之，无则加勉。

有方：最近哪件社会议题最让你关注？

孔锐：腾格里沙漠腹地里"发现"了巨型排污池。江河湖海之后连沙漠也没能幸免。这个时代每个人都在努力地改变着地球的状态，建筑师也身在其列。但我们的所做所为或许跟自然和环境的关系更直接，所以我们更应该对自然有所敬畏。要看看现在，也得想想未来。

有方：最近除了设计外，花最多精力的活动是什么？

孔锐：逛网店。电商不仅可以改变生活方式，还能影响建造活动，我们的项目中有些新材料、新工艺，甚至施工技术支持，都是通过电商渠道获得的。如果运用得当，这会是一个很高效的途径，这也是互联网时代带来的前所未有的体验。

有方：最近有没有对建筑设计感到困惑、厌倦，想过改行，改做哪一行？

孔锐：没有。建筑师很容易被欺骗并从中获得幸福感，因此常常自得其乐，这样挺好的。

52/ 冼剑雄

多想少做

冼剑雄,广州瀚华建筑设计有限公司总建筑师,国家一级注册建筑师。重要作品包括中国市长大厦及大都会广场、广东海上丝绸之路博物馆、广东美术馆时代分馆、耀中广场、时代玫瑰园、力迅上筑、中海蓝湾、保利香雪山、万科运河东一号、广晟国际大厦等。

采访时间:2014年10月

| 建筑师在做什么

广州博物馆新馆 2010 年首轮投标方案模型照片

有方: 最近在做的最有趣的项目是什么?

冼剑雄: 正在进行广州市博物馆新馆建筑方案国际竞赛。

广州有非常鲜明的地域和历史文化特色。密布的珠三角水网、岭南建筑、粤曲、街头巷尾盛开的紫荆和木棉——人们印象中的广州带有各种不同的标签。但到底什么才最能够代表广州?这里的趣味性即在:它必须符合广州自身的城市气质,是一个"属于广州的"现代建筑。

广州市博物馆新馆曾在2010年进行过一轮建筑方案招投标,后因项目迁址,现重新举办建筑方案国际竞赛。

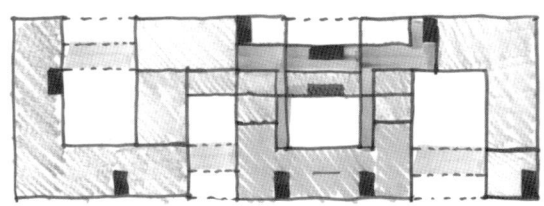

广州博物馆新馆2010年首轮投标方案草图

有方: 最近在做有趣的项目的同时,是否也出于某种原因,做另一些无趣的项目?

冼剑雄: 相信大多数建筑师都难免曾出于各种原因,做一些无趣的项目。但是在现阶段,我的心态是尽量避免。

有方: 最近在自己的业务上你觉得最烦的事是什么?

冼剑雄: 做非自己所愿之事。

有方：最近在集中琢磨什么问题？
冼剑雄：互联网技术的发展对行业、产业的影响。

有方：最近读的最有趣的一本书是什么？
冼剑雄：最近的读书时间基本上都在研习书法字帖。

有方：最近一次旅行去了哪里？
冼剑雄：美国。带领工作室进行了为期十天的东岸城市建筑考察。

有方：最近有没有新发现某位很有趣的建筑师，对你特别有启发？
冼剑雄：瑞士建筑师 Christian Kerez，我们在今年夏天的一次关于广州市四大馆设计国际竞赛的交流活动中结识。在他回到自己位于苏黎世的事务所之后，寄来了一本相当不错的作品集。Kerez 先生具实验精神，而在其作品中，感性与理性的成分又结合得恰到好处。

有方：最近中国建筑界哪种现象最让你反感？
冼剑雄：吹嘘和浮躁的心态。

有方：你最讨厌的甲方是什么样的？
冼剑雄：不尊重建筑设计的土豪。

有方：最近除了设计外，花最多精力的活动是什么？
冼剑雄：习字。

有方：最近有没有对建筑设计感到困惑、厌倦，想过改行，改做哪一行？
冼剑雄：有困惑。近期希望自己多想、少做。

53/ 王硕

设计是一种思维和经验的建构

王硕,META-工作室(META-Project)的创始合伙人,曾在纽约、鹿特丹、北京多家国际知名的设计事务所担任重要职位。于2007年创立META-工作室,近年完成的代表作品包括葫芦岛海滨展示中心、万科水塔展廊等。

采访时间:2014年10月

有方：最近在做的最有趣的项目是什么？

王硕：你们所提的"有趣"是一个很主观的感受，我觉得每天碰到的奇奇怪怪的人和事更好说哪个最有趣。而对于项目来说，就不像在生活中要靠碰运气了，我更会去关注它是否达成一种有延续性的意义（consistency），并且这种延续性是否回应了一个有意思的问题。问题越有意思，持续的思考越充足，也就越有"趣"吧。这么说来，我们工作室近期最"有趣"的事是长期以来持续做的一些当代城市文化研究，开始和我们的设计实践之间有了很好的衔接关系。

META-工作室从成立之初，我们就确定了一个"50%+50%"的模式，即只把一半的时间精力集中在实际项目上，另一半时间精力用来做关于当代城市文化的非营利性研究。并且跨越于城市研究与设计实践之间，我们希望重新建立两者之间的关系。

如"超胡同"是我们自2012年发起的一个国际性跨学科研究与合作项目，在Graham Foundation、北京设计周以及大栅栏更新平台等合作者的支持下，由在四年期间内展开的一系列讲座、工作坊、圆桌论坛和公众展览组成。与通过持续的讨论过程生产"知识"平行，我们同时也在进行一些城市更新改造的项目，目前在设计国子监西侧一个军械库的改造，还有前不久建成的一个在西海边的院子，以及更早些在沈阳做的水塔展廊改造，都是在原有城市构筑物中植入新的有活力的program。

还有就是我们一直进行的关注都市年轻人的未来居住模式研究——"重启宅"，以之为契机为万科北京设计了"新青年"住宅体系在亦庄的第一个项目。并且近期开始与万科成都、华夏、首创几个地产商合作进行实质性的样板实验，共同探讨如何落地推广。

有方：最近在做有趣的项目的同时，是否也出于某种原因，做另一些无趣的项目？

王硕：设计这件事本身就是不同人自我意识（ego）的对峙，不同价值观的对话，以及在各种欲望边界上的推与拉之上产生的，就像太极推手一样。所以每个项

上：META-工作室胡同改造项目：西海边的院子
下：META-工作室改造项目：水塔展廊

且如果你能找到那个不同价值观之间"推手"的那种"劲儿",这种交手的过程一定不会是无趣的。我能想象的最无趣的项目是在周围什么都没有的沙漠中间建一个没有限制的甲方不加任何干涉的房子。

有方: 最近在自己的业务上你觉得最烦的事是什么?

王硕: 中国目前没有文化机构能够资助自主的城市研究,即使有也都提前预订给有资历的前辈们了。这迫使我们这些年轻建筑师只能去寻求国外的资金赞助或合作。

有方: 最近在集中琢磨什么问题?

王硕: 在重新联系研究与实践的基础上,我和我的合伙人(他并没有设计背景)一直在琢磨如何突破传统对建筑师身份的定义,即一个"乙方-甲方"的关系。我们觉得面对当代复杂的城市文化,在不远的将来,等着一个"合适"的甲方,把资金、政策各种问题解决,给你一个明确的任务书来做设计的方式将少之又少。更可能的是,在一些资源或意愿的牵引下,由一个 Think Tank 来共同讨论一个项目在各个层面涉及的问题:它的经济模式是怎样的,社会-文化机制是怎样的……然后设计作为一个协调者,能在这些不同的层面里找到怎样有意义的新的联接,并在这种合作的平台上推进项目。

现实是复杂而多变的,我们一方面要享受这种有趣的多样性,另一方面又要能够穿行在复杂性中建立起行之有效的介入方式。这也是为什么我们坚持设计应具有研究驱动的导向,自主的研究相当于把现实留给我们的"家庭作业"给提前做了,然后我们才能去说有什么样的"社会-文化"program 能在人造物的框架(如城市、胡同、住宅……)中产生,而不是什么新奇的建筑形式。相比于新的形式,我们的城市需要的更是承载新的混杂衍生的当代内容。

就像我几年前在一个万圣节聚会上提到的,建筑师总习惯于把自己想象成"Batman",想用自己的社会责任感以一种居高临下的姿态拯救这个"衰落"

META- 工作室建筑项目：葫芦岛海滨展示中心

的城市，但实际上街面上究竟有什么新的文化在产生都不知道；倒不如学学"Joker"，从街边的流浪中了亲身接触复杂的现实，找到系统的漏洞，并成功地利用这种漏洞制造了一次又一次概念上的困境，让蝙蝠侠进退两难。如果能够让建筑设计真正"有用"，我宁愿放弃蝙蝠侠的身份。

有方： 最近读的最有趣的一本书是什么？

王硕：《汤因比论汤因比》，还有 Calvino 的 *The Complete Cosmicomics*。这两本书在我的床头呆了很久了，总是想再翻翻。两本分别是关于人类历史和宇宙历史的：一个是历史学家讲如何理解人性中某种共同的规则性的因素，有点类似于阿西莫夫提出的"心理史学"；一个是作家调侃自宇宙创始的物质性具有的人性的情节，特有想象力。

有方：最近一次旅行去了哪里？

王硕：意大利，主要是去布置我们参加今年威尼斯双年展的"超胡同"和水塔展廊两个项目。因为今年是库哈斯总策展，所以感觉威尼斯一下变成了鹿特丹——随处遇到以前在 OMA 工作的同事。另外就是在佛罗伦萨、维罗纳、锡耶纳的街头溜达，实在太有意思了。

有方：最近有没有新发现某位很有趣的建筑师，对你特别有启发？

王硕：Constantinos Doxiadis（Greek，1913-1975），应该算是第一个提出通过科学的城市研究，来改进全球人类聚落发展的建筑 - 规划师了。Doxiadis 建立了一整套包含了人类聚落诸多层面的科学，涉及调研、数据分析、介入模拟等，在其跨学科合作基础上展开的行动（不仅仅是设计）则以实现居住者与他们所处的物理与社会 - 文化环境之间的和谐平衡为目标。

Doxiadis 在上世纪 60 年代提出的城市发展理论和实践，主要针对的问题是西方城市的快速生长，这其实恰恰是当代中国城市所面对的问题！他的科学研究模型，是比一般意义上的规划更加科学的方法论。回顾他提出的介入城市发展的模型在今天有很大的启发作用。

有方：最近哪个建筑议题最让你关注？

王硕：城市更新和再利用。如果对关于旧城／古村镇改造的种种讨论进行收集，你会发现，一方面公众舆论导向乌托邦式的遗产保护，保守主义者总在呼吁古建筑的历史价值。而另一方面激进的开发商却在极力倡导反乌托邦式的"推倒重来"，并且认为这是吐旧纳新的必要手段。对城市更新讨论的语境悬置于非保护即拆除的两极之间，却没有找到其他有效的理解和解决方法。我们需要一种替代性的城市再生模型，它将从此时此地的观察出发，关注当下现实。关注的不是风貌是否协调，建筑空间够不够好，而是城市空洞的发展怎么样才能填充上更好的生发于当代生活内部的内容。

有方： 你最讨厌的甲方是什么样的？

王硕： 我觉得建筑师只有谈不来的甲方，没有必要去讨厌的甲方，就像心理医生没法说哪个病人讨厌一样。人生短暂，只跟谈得来的甲方谈吧。

有方： 最近哪件社会议题最让你关注？

王硕： 正在各个行业兴起的"去中心化"的讨论。

建筑文化应该多关注其他行业的新思维，以及理解站在这些思维背后的哲学思想，而不光是创新技术，那个只是结果。今天 IT 业的兴盛，其实源于上世纪 60 年代末的"反文化运动"，摇滚乐、嬉皮士和他们带来的多元文化对主流文化的挑战。并随之诞生了一批推动硅谷科技发展的思考者和实业家，如 Stewart Brand、Kevin Kelly、Steve Jobs 等。

建筑的去中心化，或者说如果当建筑成为介于自上而下（top-down）和自下而上（bottom-up）之间的一种中间层级的联接 / 凝聚状态会是什么样的？

有方： 最近除了设计外，花最多精力的活动是什么？

王硕： 如果有时间，我希望能花更多的时间陪我的小女儿，看着她的成长除了欣喜还会让我想到自己在成长过程中没有意识到的一些事。

有方： 最近有没有对建筑设计感到困惑、厌倦，想过改行，改做哪一行？

王硕： 对我来说设计是一种思维和经验的建构，短期集中的设计就像一种思维挑战，长线的思考就像构思一部小说。我这个人就是什么都不做，也会去想很多事的，而且不一定会跟设计有关，所以并不会感到厌倦。

如果真的能不做建筑，我想我可能会去教书，享受一下帮助学生构建一个想法，发展一个逻辑，那是很快乐的。

54/ 赵扬

"不做奇奇怪怪的建筑",然后呢?

赵扬,清华大学建筑学硕士,哈佛大学建筑学硕士。2007年创立赵扬建筑工作室。2010年获WA中国建筑奖优胜奖。2012年,获选"劳力士艺术导师计划",在日本建筑师妹岛和世的指导下,完成了日本气仙沼市"共有之家"。

采访时间:2014年10月

有方： 最近在做的最有趣的项目是什么？

赵扬： 主要的项目在云南。大理的多一些，普洱、版纳、香格里拉的也有。项目类型以私人住宅和中小型精品酒店为主。这两类项目都直接和生活方式相关，比较吸引我。这些项目处在不同的阶段，有的刚开始做方案，有的已经进入施工后期。

从去年开始，每年也会做两三个外省的项目，比如最近开始在苏州太湖边做一个酒店。

有方： 在拿到一个项目的设计委托时，最先会做什么？

赵扬： 现场是一定要先看的。然后是跟甲方沟通。总的来讲，做酒店更多是从场地的状态出发；做住宅更多是从业主的状态出发。

有方： 当项目进入施工阶段时，会经常去现场吗？如去，通常会遇到什么问题，又是如何解决的？

赵扬： 本地的项目会经常去现场，尤其是需要确定材料状态的时候。比如混凝土的颜色和质感；比如砌石头墙，肌理、尺度的判断甚至和场地的空间感有关系，也必须去现场；又比如瓦屋面，如果设计了一个非传统形式的坡屋顶，就需要在现场把不同位置的铺瓦方式跟瓦匠摆一遍；另外，景观的处理也需要做很多现场决定。

在工作室解决的基本上是需要图纸深化的问题。

有方： 最近在业务上最烦的事是什么？

赵扬： 个别项目进展太慢。

有方： 最近在集中琢磨什么问题？

赵扬： 如何让工作室每一个成员各得其所地成长。

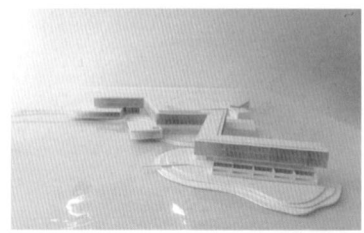

上：江苏省园博会钱绍武园艺术酒店（苏州）项目模型
中：共有之家（气仙沼）项目实景
下：双子旅舍（大理）项目外景

赵扬建筑工作室工作场景

有方： 最近读的最有趣的一本书是什么？
赵扬： 《世说新语》，魏晋风度。每天睡前都读几段。

有方： 最近一次旅行去了哪里？
赵扬： 斯里兰卡。

有方： 最近有没有新发现某位特别有启发的建筑师？
赵扬： 6月底去马来西亚开会的时候，碰见了几位吉隆坡的建筑师。David Chan 和 Mun Inn Chan 精于做私人住宅，跟我透露了一些内行的门道。Kevin Low 的公司就他一个人，还能毫不妥协地保持高产，很受鼓舞。

有方： 最喜欢的、对自己影响最大的建筑师是谁？
赵扬： 巴瓦和妹岛。巴瓦的建筑和生活不隔；妹岛在方法上对我影响挺大。

有方： 最近哪个建筑议题最让你关注？
赵扬： "不做奇奇怪怪的建筑"，然后呢？

有方： 上学时，哪门课让你最有兴趣，为什么？
赵扬： GSD 的素描课。对象大多是人体，画得也很快。没有时间想，无意之间一根碳条建立起自己和现象世界的全然联系。

有方： 最讨厌的甲方是什么样的？
赵扬： 谈不上吧。要真是受不了，最开始就不会合作了。

有方： 最近哪件社会议题最让你关注？
赵扬： 最近几部电影《黄金时代》、《亲爱的》……都是正常的好电影。于是乐观了一下，感觉文化上这个国家会逐渐好起来。"奇奇怪怪"的东西就没那么理直气壮了。

有方： 最近除了设计外，花最多精力的活动是什么？

赵扬： 最近精力差不多都在设计上，别的活动好像都是蓄精力的。

有方： 最近有没有对建筑设计感到困惑、厌倦，想过改行，改做哪一行？

赵扬： 觉得越来越对了。

55/ 凌克戈

评论不是吹捧

凌克戈,国家一级注册建筑师,上海都设建筑设计有限公司执行董事、总建筑师。其以总设计师身份参与过鲅鱼圈保利大剧院及图书馆、南京白云亭文化艺术中心、武汉光谷希尔顿度假村、三亚四季悬崖酒店、成都协信希尔顿酒店、重庆温德姆至尊豪廷酒店、合肥太平洋森活城等项目,并以主创建筑师身份设计了上海世博中心、国家商务部扩建工程和厦门海悦山庄等。

采访时间:2014 年 10 月

有方： 最近在做的项目有哪些？

凌克戈： 最近在做扬州虹桥坊的前区广场、两个度假酒店以及一个游艇会所，还有一个很有意义的项目——南京北京西路72号院，基地里有杨廷宝先生的一个旧作需要改造，另外新建一部分美术馆和创意商业。

刚竣工的是南京白云亭文化艺术中心，还没来得及请摄影师拍照片，这是一个副食品商场改造成的含有图书馆、美术馆、城市规划馆的市民活动中心，原来的运货的剪刀式汽车坡道改成了一个坡道图书馆，目前已经对外试运行了。

有方： 在拿到一个项目的设计委托时，最先会做什么？

凌克戈： 先用两天时间泡泡茶、散散步、翻翻书，等对项目的第一个想当然的想法过滤掉之后再开始设计。这两天会安排助理收集很多的相关资料，第三天会集中地看看，之后开始设计。

有方： 当项目进入施工阶段时，会经常去现场吗？如去，通常会遇到什么问题，又是如何解决的？

凌克戈： 分情况，建筑、室内、景观一体化设计的项目就需要跑得勤一点，比如南京白云亭文化艺术中心，每周五要去一趟，鲅鱼圈保利大剧院一个月也得去一两次；房产开发商的项目一般只做建筑设计，施工操作也比较规范，图画得比较细的话一般5次就差不多了。

有方： 最近在业务上最烦的事是什么？

凌克戈： 好像甲方都没有按照合同付款的意识，总需要花精力去催款，这事挺烦人的，浪费好多精力。

有方： 最近在集中琢磨什么问题？

凌克戈： 这段时间一直在想一体化设计与建筑改造的事，由于我们公司基本都

建筑师在做什么

上：南京白云亭文化艺术中心立面局部
下：鲅鱼圈保利大剧院外景

是建筑师，原来室内景观都不做的，在有了一些过得去的建成项目后，我在思索如何能把资源整合得更好，光靠我们自己是比较困难的，所以要多找到一些靠谱的配合的设计公司。做了几个项目之后自己也想找栋小楼改造一下，上面做都设的办公室，有个花园，下面开个精品酒店，小小的，再弄个茶坊面馆在里面。酒店经营不好做就给都设的实习生和新员工当宿舍。不过上海这样的房子不太好找，最近一直在寻找。

有方： 最近读的最有趣的一本书是什么？

凌克戈：《育儿百科》，松田道雄写的，每天看看就发现自己能安全地长大好不容易，得知足。

有方： 最近一次旅行去了哪里？

凌克戈： 美国西海岸，和公司的一群同事从洛杉矶到旧金山一路开过去，深深地体会了我们目前的生态环境有多差。

有方： 最近有没有新发现某位特别有启发的建筑师？

凌克戈： 崔恺。记起好多年前的一篇文章里他介绍他的设计都依据施工水平作一些有限的创作，我当时一直觉得他的设计不够时尚，但最近觉得他的方法挺对的。目前国内的施工水平和道德比起10年前是退步的，与其怨天尤人不如多花点心思考虑到这些影响因素做相应的对策。对于建筑师来说建成作品才最有分量。

有方： 最喜欢的、对自己影响最大的建筑师是谁？

凌克戈： 贝聿铭，上大学读的第一本书就是建工出版社那个大师系列《贝聿铭》，每个他的作品有机会都会去看，东方人的严谨和机械美学结合得非常棒，对于没有啥天分的我来说，挺受鼓舞的，至少说明通过后天努力还能做好建筑。

有方： 最近中国建筑界哪种现象最让你反感？

凌克戈： 1. 很多建筑是照片建筑，也不知道从什么时候开始建筑摄影变成了美容，我经常在杂志上看到一些国内建筑的照片感到超级好，结果到现场一看根本不是那么回事。你会发现我们的建筑傍晚的照片特别多。最近请一位英国摄影师拍了一个小酒店，他给我的片子我开始不太喜欢觉得太素，后来他说建筑摄影要表达的是建筑，我后来上国外网站上去认真看了看，确实夜景很少。

2. 圈子文化愈演愈烈，我觉得建筑评论也好、建筑交流也好，还是应该建立在不要互相吹捧的基础上，不要论人，要论房子。首先成熟开发商不关心这个圈子，靠这个拿点项目真不太容易；其次真正关心这个的都是年轻人，别给年轻人一个坏榜样，炒作也好宣传也好，最好都有点像样的真正自己做得不错的项目。一些学生不明就里跟着就去了，以为大师是这么炼成的，这不是毁下一代么？设计师是下苦功夫的，不是靠成天聚在一起吹牛就行的，况且中国建筑设计的水平跟中国足球差不多，我们这代人机会不少，踏踏实实干点对社会有益、对城市有帮助、对子孙有交待的事吧。

有方： 上学时，哪门课让你最有兴趣，为什么？

凌克戈： 建筑设计和美术，因为大家都只关注这两门课的成绩。这可能也是重建工的一个传统，我现在觉得应该当时把英语学好。

有方： 最讨厌的甲方是什么样的？

凌克戈： 如果站在甲方的角度去多想想，只有专业与否的甲方，没有特别想把自己的事做坏的甲方。甲乙双方没有不可调和的矛盾，除非这个甲方从根本上不想与这个乙方合作但又不得不合作，这种事在政府项目的决策面与操作面不一致的情况下有可能发生。我遇到过的唯一讨厌过的甲方应该是两个完全不懂得尊重和礼貌的，XX中心项目的具体办事人员。不过想想他们成天琢磨的事也就能理解了，大家都不在一个道德层面上没法交流。

凌克戈工作照

有方： 最近哪件社会议题最让你关注？

凌克戈： 最让我关注的估计是敏感词了，其实大家都差不多这样，越是限制就越好奇。除此之外我比较关注马拉松，好像变成了一个时尚，其实这样宣传挺不好。马拉松是对人体最不好的运动之一，没听说哪个马拉松运动员活得久的，凡事都是不要过量，跑步也是。

有方： 最近除了设计外，花最多精力的活动是什么？

凌克戈： 种菜和泡茶。在露台上种了辣椒、西红柿，还有四季豆和葡萄。虽然产量很凄惨，不过把果实摘下来的时候感觉特别好。我现在已经可以熟练操作三件杯泡茶而不被烫到手了。

有方： 最近有没有对建筑设计感到困惑、厌倦，想过改行，改做哪一行？

凌克戈： 想改行倒没有，因为不干这个我好像也不会干别的，在设计中也还能找到乐趣；不过困惑是有的，也希望整个行业能规范一些，让我把精力多花在设计上。

56/ 孙一民

学好建筑史
是做好设计的最佳途径

孙一民，一级注册建筑师，华南理工大学建筑设计研究院孙一民工作室主持人，教育部长江学者特聘教授，华南理工大学建筑学院常务副院长。1981年就读于哈尔滨建筑工程学院，获得从学士到博士的学位。1995-1997年在美国麻省理工学院学习。主持设计两所奥运会场馆、三所亚运会场馆以及多项城市设计项目。曾获全球华人青年建筑师奖、四项国际体育建筑奖。

采访时间：2014年10月

有方：最近在做的最有趣的项目是什么？

孙一民：主持设计江门体育中心、武汉大学体育馆、常州工学院、广州美术馆（国际合作设计）。江门体育中心是一个有意思的项目，我们从可行性研究、国际竞赛中标、到工程设计，完成了一次难得的全过程设计。而这个项目的业主也不是惯常的政府机构，而是房地产作为代设计、代建造、代运营单位，使项目管理决策达到前所未有精细管理。对设计单位的要求也非同以往。

有方：在拿到一个项目的设计委托时，最先会做什么？

孙一民：看看任务要求是否够完善和严谨，看看有没有重大缺陷以及是否可能参与调整修改，在调整过程中注意寻找有利于形成建筑设计亮点的契机。

有方：当项目进入施工阶段时，会经常去现场吗？如去，通常会遇到什么问题，又是如何解决的？

孙一民：前些年去得多，随着工作室的扩大和运行不断进行有序地调整，我常去工地的时候不多了。事实上，建筑总负责人如果天天往工地跑，那么往往是项目的组织管理出现了问题。工地问题里面，有技术含量的问题就是工种协调不周造成的矛盾，加上施工队的问题，除了少量的技术内容外，更多是协调、妥协、讨价还价，还要辨别是否别有用心。

有方：最近在业务上最烦的事是什么？

孙一民：想做又能做的，却无法摆脱羁绊！好在还有能做的可以加紧去做。

有方：最近在集中琢磨什么问题？

孙一民：怎样使设备专业参与建筑深化设计而不是简单地配合设计。

有方：最近读的最有趣的一本书是什么？

孙一民：*Integrated Buildings*，应该叫《整体的建筑》吧，分析整理了一批实例，

上：奥运羽毛球馆外景图
下：东莞长安体育馆外景

讲建筑设计的内容不多，更多总结和描述设计过程中，各专业为达致建筑效果而整合的设计过程。一般建筑杂志里不可能有的技术细节和背景故事。

有方：最近一次旅行去了哪里？

孙一民：荷兰代尔夫特，在这个建于17世纪的小城里居住了一个月，一边在代尔夫特理工大学里体会活跃、繁忙、严谨的建筑学院，又在水网密布的小城中，阅读理解城市空间的辗转围合。

有方：最近有没有新发现某位特别有启发的建筑师？

孙一民：最近两年结识了德国慕尼黑工业大学托马斯·赫尔佐格先生和日本东京工业大学坂本一成先生，两位理性主义大师都曾经主持各自的建筑学院，为奠定学院的国际学术地位贡献卓著。按照德日的法律规定，他们都在60多岁退出了核心位置，专注于自己事务所的设计工作，他们的做人和作品都非常有启发和教育意义。非常有幸，我和我的工作室在两个不同尺度的项目上与两位严谨、善良、细致的老教授分别合作，受益匪浅，如果有机会，我会与大家分享感受。

有方：最喜欢的、对自己影响最大的建筑师是谁？

孙一民：Michael Dennis，美国麻省理工学院建筑学与城市设计学院教授，都市主义建筑学组的核心。美国建筑界曾经的"德州游骑兵"学派的最年轻成员，师从Colin Rowe先生。都市涵构主义建筑的坚定践行者，近年获评麻省理工建筑学院最有魅力的教授。1995年到1997年我随他学习。代表作：卡耐基米伦大学1990年代校园城市设计及其重要建筑实施。当然，在久远的学生阶段，对我最有影响的是梅季魁先生，他带我走进体育建筑的殿堂，跟随梅先生的6年多决定了我今天的许多。

有方：最近中国建筑界哪种现象最让你反感？

孙一民：我最讨厌虚伪装扮的现象，有的建筑师缺乏独立思考，盲目崇拜，热

孙一民与梅季魁先生

衷于讲些无病呻吟的故事换取评委的信任与业主的欢心。有成绩，好大喜功；偶有问题，脏水又泼向业主。

有方： 上学时，哪门课让你最有兴趣，为什么？
孙一民： 建筑历史课。大学时候我还是中外建筑史的课代表，侯幼彬、陶友松老师的历史课令人如痴如醉。建筑历史课带来的建筑及其故事，比现实中精彩，特别是多年以后的建筑现场感受，会让你发现建筑历史课的真真假假。个人觉得，建筑历史，是学习建筑设计的最佳捷径。

有方： 最讨厌的甲方是什么样的？
孙一民： 非常幸运，我的甲方都不错，实事求是的人居多，因此竣工后大都还是朋友。最厌恶甲方以自己的工作效果为标准，为了在上级面前邀宠而无视建筑师的工作，瞎指挥、乱要求。

有方： 最近哪件社会议题最让你关注？
孙一民： 法治中国。

有方： 最近除了设计外，花最多精力的活动是什么？
孙一民： 除了学院管理工作，尤其是国际化外，我主持设立了一个试图与国际接轨的城市设计专门化的 program，面向本科生四、五年级，两年时间，希望能够培养出有自己特色、有城市理念的建筑学毕业生。

有方： 最近有没有对建筑设计感到困惑、厌倦，想过改行，改做哪一行？
孙一民： 不会改变的，我从不轻易说服别人学习建筑，但再让我选择，我还是会选择建筑。

57/ 陶磊

政府项目常忽略建筑师的作用

陶磊，2011年正式成立陶磊（北京）建筑设计有限公司，同时任教于中央美院建筑学院。2010年先后有一系列作品建成，并获得WA中国建筑奖、亚太区室内设计金奖、中国建筑传媒奖最佳建筑奖提名等奖项和荣誉，2012年出版《当代建筑在中国70：里应外合》一书。代表作品包括悦-美术馆、凹舍、全城热恋钻石商场等。

采访时间：2014年10月

有方:最近在做的项目有哪些?

陶磊:一个温泉酒店,还有一个文艺中心——这是一个包含有一个美术馆的小型文艺中心,另一个就是我自己住宅的改建。

酒店的设计占用了我目前最多的精力,准确说是两个温泉酒店,因为是同一个客户,所以我总是当成一个项目了。这是一个比较有意思的项目,其中一个酒店的结构施工还在进行中。这是一个需要充分考虑人跟自然之间关系的设计,度假酒店其实就是考虑人如何自由自在地生活的事,它帮助我们避开生活的琐事,想的都是建筑如何给身心带来愉悦,甚至如何可以生活得有诗意。另一个说起来比较特别,之前是一个结构刚封顶的独立的温泉中心,建筑师是日本的龙光夫,因为市场的原因,客户调整了经营结构,决定将此建筑改为温泉酒店。于是就成为了一个改建项目了,所以是一个很具挑战性的设计,原因是之前的建筑的基本理念都不为酒店服务。

那个小型文艺中心正在施工,客户是地方政府,虽然设计进行得比较顺利,但是实施中困难重重,问题不在技术难度上,而是项目的运作机制上,现在还不能判断未来的完成度会是多少,我的坚持让对方并不算开心,呵呵。对了,目前还有一个公益项目也正在实施,是个巴塘中学校舍,问题也很类似。

我再说说最令我开心的项目,我自己的住宅改建,是个我一个人说了算的项目,一个没有人会怀疑建筑师动机的项目,也不用考验建筑师良知的项目,不需要考虑设计周期和施工周期的项目,它很小,也不奇奇怪怪。

有方:在拿到一个项目的设计委托时,最先会做什么?

陶磊:交流,了解客户心目中对项目的期待是什么,了解项目背景,包括用地。先找到主要问题在哪?如果问题可以触碰到自己的建筑欲望,那是最幸运的。接下来就好办多了,但不是每次都有好的运气。

有方:当项目进入施工阶段时,会经常去现场吗?如去,通常会遇到什么问题,又是如何解决的?

陶磊:会去,但不是所有的项目都会有这样的机会。主要是政府项目很多实施

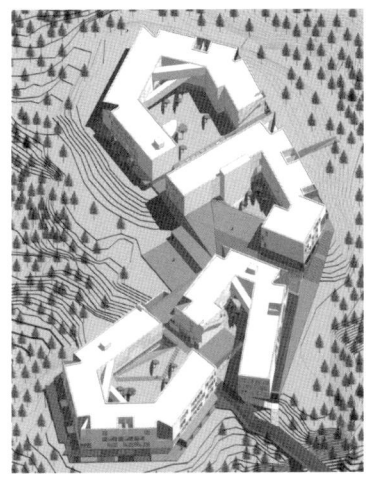

上：温泉酒店项目鸟瞰渲染图
下：温泉酒店项目局部透视渲染图

环节会忽略建筑师的作用，这是我遇到的最大的问题。反倒是小项目去得多。因为是私人项目，他们希望所有的事情都需要你去把关。工地上最多的问题是各工种配合的问题，彼此都有误差，导致无法按照原图交圈。我的办法就只能将错就错，让问题转化。因为大多的情况不可能拆掉重来的。对于很多合作者来说，我的努力和坚持算是一种麻烦，但是我别无选择。

有方：最近在业务上最烦的事是什么？
陶磊：最烦的是项目被盖起来了，你却没有机会参与其中，缺失的环节就像断了线的风筝。

有方：最近在集中琢磨什么问题？
陶磊：最近在琢磨如何将自己的公司运营模式正规化，虽然人数不多。但是我还是希望有个更合理的运作机制以保持持续的设计活力和创造力。

有方：最近读的最有趣的一本书是什么？
陶磊：*Le Corbusier Le Grand*。

有方：最近一次旅行去了哪里？
陶磊：利用十一的假期，开车带儿子走了趟318线，来回6000多公里，目的地是四川甘孜巴塘。因为有个公益项目刚好结构封顶，正准备下一个环节的施工。走了十来天，对身心都是一种磨练，一直都是在路上，一路高原风光无限，为了公益项目也为了我自己，感觉上是完成了一项自我的修行。

有方：最近有没有新发现某位特别有启发的建筑师？
陶磊：没有。媒体上每天都有新建筑出现，但是能记得住的真不多。而且我看建筑从来不关心是什么人做的。

57　陶磊

陶磊工作场景

有方： 最喜欢的、对自己影响最大的建筑师是谁？

陶磊： 谈不上最喜欢，大多大家都知道的建筑师我都会喜欢一点但不是全部。上学的时候倒是有过比较明确的，但后来失去热情。

有方： 最近哪个建筑议题最让你关注？

陶磊： 传统与未来。我们生活在当下，离传统和未来很遥远。但我们现在却需要它们，我觉得重要的是如何在当下的城市和建筑中发掘传统和未来的价值。

有方： 上学时，哪门课让你最有兴趣，为什么？

陶磊： 最喜欢下乡写生，从央美附中到央美每年都有下乡写生，我们叫下乡。因为可以玩，有兴趣才画一点。全班同学一起出去玩和自己玩是不一样的，这大概是普通高中和大学体会不到的吧。

有方： 最讨厌的甲方是什么样的？

陶磊： 当然是不肯付钱的甲方，因为钱的背后隐含着很多道理。现在的社会，钱可以衡量很多事情。尤其不喜欢让你"先做一个简单的方案看看"的甲方。我的设计没法一上来就可以简单做做，这些甲方往往只给承诺不签合同，让我不要怀疑其企业的实力和为人。相信大家也遇到不少，我现在会躲开这样的甲方。

有方： 最近哪件社会议题最让你关注？

陶磊： "奇奇怪怪的建筑"的说法，让我很感兴趣。因为政治的诉求对文化艺术的影响是深远的，建筑也不例外。何为奇奇怪怪，太难理解。央视大楼被媒体列为首个例子不得不让我担忧我们的城市未来。业界和媒体对央视的批判完全是两回事，媒体对建筑还没有能力去区别其中的差别。未来会不会向左还不好说。

有方： 最近除了设计外，花最多精力的活动是什么？

陶磊： 接触各种靠谱或不靠谱的项目，见各种靠谱和不靠谱的人。接触一段后，不靠谱的是大多数，很费精力。

有方：最近有没有对建筑设计感到困惑、厌倦,想过改行,改做哪一行?

陶磊：有困惑。哪可能没有,但真的没想过改行,因为智商不够。我是那种不敢有野心的人,改行也讨不到巧,再说我对建筑还是有兴趣的,而且建筑设计还可以赖以生存。

58/ 王方戟

设计让别人理解自己，
教学让自己理解别人

王方戟，同济大学建筑与城市规划学院教授，上海博风建筑设计咨询有限公司主持建筑师。2007年与伍敬一同创立上海博风建筑设计咨询有限公司，从事设计实践，实践成果多次在国内刊物发表，并多次参加展览。

采访时间：2014年10月

有方：最近在做的最有趣的项目是什么？

王方戟：最近刚做了一个市郊的居住办公混合用房，想通过这个设计寻找到一种既高度紧凑及挤压，又有很大使用及建造自由感的空间模式。不过这个项目任务和场地都要调整，还不是最后的面目。

有方：最近在做有趣的项目的同时，是否也出于某种原因，做另一些无趣的项目？

王方戟：以前做项目的时候可能会这么分。最近一直没这种感觉，没有觉得哪个项目会很无趣。不同的项目有不同的挑战，只要花精力做了，一般都能给我们带来不同的乐趣。当然，那些业主自用、自己经营的项目，我们能更真切地理解项目的未来，也能做得更贴切；那些商业性比较强或开发目的不明的项目，业主与我们都要猜建筑的未来，要假设很多以后也许并不存在的东西。这可能会让设计走向不恰当的方向。

有方：最近在自己的业务上你觉得最烦的事是什么？

王方戟：项目与教学上时间冲突的时候，比较抓狂。因为项目的时间要让位于教学，有时候项目会被耽误，或者要加班。不过最近项目都不是很赶，也就不太有这种情况了。

有方：最近在集中琢磨什么问题？

王方戟：最近在想地域及时代对个体建筑师做建筑设计时的态度的影响。每个人都离不开当下的束缚，但从历史上看，有些个体建筑师能意识到这一点，也因此做出了不同的实践。我觉得这个现象需要想一想。

有方：最近读的最有趣的一本书是什么？

王方戟：最近读了上海古籍出版社 2009 年版的《新校参天台五台山记》。上一阵子给 WA 写了一段感想，拷点过来：

这是一本由宋神宗时来中国的日本高僧成寻所记的流水账式的日记。书中成寻展现了他从从日本出发前往中国到日记由弟子带回日本的一年多时间里发生的各种事情。他日复一日不厌其烦地将诸多日常生活细节一一记录。每日重复地吃饭，念经，付钱，行路要记下；每次得到文书要一字不落地誊写下来；每次看到旅舍墙壁上的诗也要抄录下来。这种记录没有宏大的构思，也不需要高超的写作技法，其中充满缺乏情节的琐事，其故事发展是否精彩更是开始动笔时难以预料的。成寻的修行给了他将这种在当时看来毫无意义及趣味的事情一丝不苟地完成的毅力，给了他水滴石穿般的延绵耐性。内容虽然琐碎，但比起那些让人耳熟能详的宏伟历史故事或辉煌史诗，这本朴素的记录却更容易让人把握到历史中某个时刻的脉搏。书中的那些描述不时把读者拉入真实的历史场景。所谓的"传统"、"民族"、"历史"这些词的概念，通过成寻那点点滴滴的记录和描述变得真切而容易理解了。书中记录的国人近千年来已变及未变的处事和思维方式都同样令人惊讶，也让人体会到"我们"之所以成为今天之"我们"的偶然和必然之处。

有方： 最近一次旅行去了哪里？

王方戟： 最近跟着有方去葡萄牙看了 Alvaro Siza 的一些早期中期的房子。最大的收获与其说是将杂志上的照片及图纸与实物进行了比照，倒不如说是目睹及经验了他所在的场所，理解了他是在什么样的特定处境下设计出了这些建筑。看下来感觉到 Siza 常常在他熟悉的具有严苛条件的环境中，通过职业技巧将各种困难化解后得到了这些房子。他在不熟悉的环境中，在没有太大约束条件下做出来的设计中，可能很难看到挣扎的痕迹，也就会缺少一些细节吧。

这次在 Porto 看到 Siza 刚出道时设计的几座建筑。他 20 多岁 30 出头时就能设计出像 Quinta da Conceição 游泳池那么好的房子，太让人吃惊了。除了天赋外，可以解释的只能是他接受了很恰当的建筑设计教育。他所经历的建筑教育值得我们好好挖掘一下。

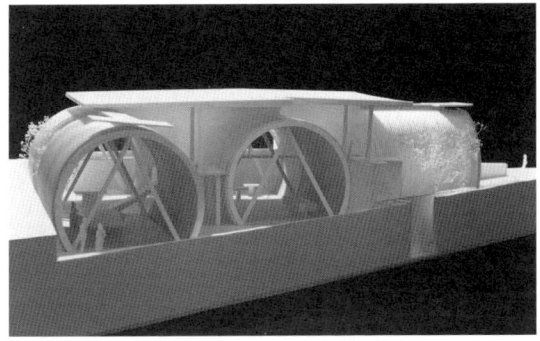

上：林中小屋（模型，从树林方向看）
下：林中小屋（模型，俯瞰）

有方： 最近有没有新发现某位很有趣的建筑师，对你特别有启发？

王方戟： 这次旅行中买了一本 Fernando Távora 的书。在这本书里我们能看到 Távora 完成的很多项目，也可以体会到他如何在一生中以不同的专业实践方式呼应了社会的巨大变迁；体会到他如何看待自己的地理人文环境，并以这个角度看待外面的世界和来自外部的专业参考；体会到他通过实践为下一代积累了哪些专业的传承。读下来觉得很有启发。

比如，他的设计给人一种很杂的感觉，有大规模的城市规划、城市公园设计，有城市中心区环境整治规划，有周围缺乏参考的新城中的大房子设计，也有非常重要历史遗存的更新及加建，有大型公建及住宅区设计，也有小住宅以及非常细小的老住宅内部更新改造项目，有自己所在城市中的项目，也有国外的项目，等等。细想下来，这些项目的差异正是 Távora 所处社会环境变化所引起的，从中我们看到他积极地以专业力量适应这种变化的努力。

比如书里 Távora 写了1960年4月他如何艰苦地前去赖特塔里埃森参观，并被当时已经停用的建筑现场以及与建筑相关的事情感动得泪流满面的故事。这个故事给了我们很多当时葡萄牙建筑师努力学习外界优秀建筑及建筑师的联想。

他的经历与今天中国建筑师的状况有些相似。尤其是葡萄牙当时经济并不发达，建筑设计中也有很多局限。他在这种条件下进行的建筑实践以及这种实践与我们可能的关联是我得到的主要启发。

有方： 最近哪个建筑议题最让你关注？

王方戟： 比较关注建筑设计中的抽象性思考这个话题。

有方： 你觉得最近建成的最糟糕的建筑作品是哪一个？

王方戟： 糟糕的设计很多却也不足为奇。不过这次在葡萄牙看到，那里的很多普通建筑的形式细节都挺讲究，哪怕是很多农宅也干干净净，漂漂亮亮，舒展的红色陶瓦屋顶，高高瘦瘦的窗，宜人的廊下空间。一对比觉得有点不平衡。

王方戟工作场景

我们的环境中很难看得到空间的比例关系把握得好的建筑，哪怕是很多经过建筑师设计的建筑。农村的民宅就更不用说了。人家也不是那么富的地方，悬殊这么大真不知道是什么原因。当然，很多国家状况跟我们差不多，能做到最普通建筑都还有点腔调的地方也许也不多吧。

有方： 最近哪件社会议题最让你关注？
王方戟： 必是那个"奇奇怪怪的建筑"的议题吧。

有方： 最近除了设计外，花最多精力的活动是什么？
王方戟： 教学咯。设计和教学这两个事情在时间上有冲突，在兴趣上却可以很好地互补。设计中要做的核心工作是让别人理解自己，教学中则是如何理解别人。正反搭配，工作不累。

有方： 最近有没有对建筑设计感到困惑、厌倦，想过改行，改做哪一行？
王方戟： 没有吧，感觉才刚刚开始，还没轮到困。

59 / 杨小荻

手法或形式会过时，思考方式不会

杨小荻，普集建筑 projective architecture office（原贝尔拉格建筑工作室 BAO）联合创始人，80后建筑师。重庆大学建筑学学士和荷兰贝尔拉格建筑学院硕士。主要代表作品为深圳湾生态科技城、深圳湾活力中心、布宜洛斯艾利斯当代艺术馆等。他曾在荷兰贝尔拉格学院、重庆大学与美国宾西法利亚大学参与评图与讲座。曾获2013年北京国际设计周青年建筑师奖提名。作品入选2012年在德国举办的建筑中国100展。他的建筑评论曾发表于 HUNCH、《城市建筑》、Volume 等杂志。

采访时间：2014年10月

有方：最近在做的项目有哪些？

杨小荻：目前正在进行的是深圳湾科技生态园的后期施工配合工作，此项目是我们事务所在深圳赢得的第一个国际竞赛。这是一个超高密度的高新科技园，得益于前期深圳市城市设计促进中心和深圳市建筑科学研究院对项目本身的定位与研究，此案在设计条件相对于传统项目来说有不少基于公共空间和城市层面上的突破，我们在此基础上也下了很多工夫，对超高密度下的城市空间的舒适性和公共性上做了不少的新的研究与尝试，目前此项目已经进入了施工配合时期，很欣慰能看到前期大部分的思考能在实施阶段得到实现，希望最后的完成体能够达到预先设想的对城市友好并有多层次公共空间的介入。

如果说生态城从一个大尺度上尝试着探寻城市与建筑的关系的话，我们同时也尝试着从另外一个方向——超小尺度上去研究这个问题。在去年的深港城市／建筑双城双年展上我们就展示了这样的一个研究课题，用较小、容易实现的轻设计植入到城市中的问题区域，影响并改善此区域的公共环境。而最近我们更是有幸参与

深圳湾科技生态园第二标段透视渲染图

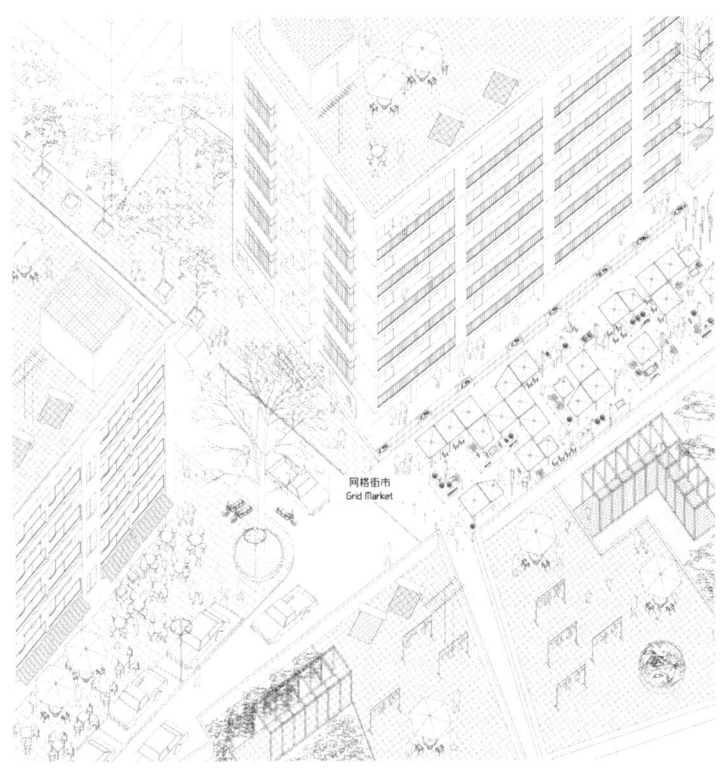

普集建筑在深港城市\建筑双城双年展上展出的研究：植入城市

到了盐田趣城的研究实施项目中，也是从这一尺度出发，让城市公共空间能更友好的接近大众，改善生活环境，在现实层面上将这一个研究课题转换成实际的建造。

有方：在拿到一个项目的设计委托时，最先会做什么？

杨小荻：先去了解项目所处的大环境，包括其社会需求、环境需求、业主需求等等。接着尝试去了解甲方的背景和他们对项目的定位，以及各利益方之间的立场。

有方：当项目进入施工阶段时，会经常去现场吗？如去，通常会遇到什么问题，又是如何解决的？

杨小荻：近的案子经常去，远的案子一般看进度安排到场。我们每周会花不少时间在现场，对现场保持一种虔诚与紧张的态度是一个建筑师应该有的职业素养。建筑师在施工阶段的主要角色是作为一个协调者去推进和调整项目。现场的问题无外乎是各配合方之间的矛盾和误解。看上去千差万别，但其实类型都差不多，有些打一个电话就解决了，有些则要准备好几轮汇报。一般会在问题到来的时候确认一个底线和备选的方向。

有方：最近在业务上最烦的事是什么？

杨小荻：一直都在烦恼时间安排的问题，感觉整个行业其实都缺乏一个按计划行事的习惯，设计行业作为产业链中的一环，永远都会被突发事件打乱进程，很难做到像国外事务所那样有精准的安排计划。

有方：最近在集中琢磨什么问题？

杨小荻：Transcendence（超越），来自最近一部科幻电影，电影语言虽然算不上一流，但是故事的逻辑却让我很有兴趣。当下的价值观和人性是建立在一种人类视角下的固化模式，而当我们换一个角度或者换一个立场来看，或许就会显得荒谬。比如机器人，如果我们创造了机器人，其思维天生就和人类不一样，基于这个条件下所进化产生的人性（机器性）和道德观也许和我们默认的情况千差万别，有可能骇人听闻，更会产生冲突，正确与否取决于你站的角度，这种转换如果能够往前更进一步也就产生了所谓的超越。最近一系列科幻片其实都开始展示这样的价值观，比如安德的游戏（Ender's Game），她（Her）与超体（Lucy）。当我们开始转换为其他角度来思考同一问题的时候，也许会看到一个和过往思维完全不一样的场景。

有方: 最近读的最有趣的一本书是什么?

杨小荻: 1967 年,蹩脚的导演 Guy Debord(居伊·德波)完成了他诗史般的宣言 Society of the Spectacle,中文名字是《景观社会》("景观"这个词翻译得非常不好,但是我也想不到一个合适的词汇去替代,spectacle 与传统意义上的景观没有丝毫的关系,而是一种被刻意展示出来的景象),也是他一生最重要的巨著。和其影响力相比,这一本书的厚度显得十分的薄,只有短短两百多个短句构成(有趣的是,英文版比中文版更加容易解读)。德波在这本小册子定义了一种基于资本主义下的景观社会的价值体系,他声称用景观、空间和日常生活等概念取代生产方式、生产力、生产关系和经济政治生活,将空间本身投射到政治上去,扩展了空间的定义,影响了后马克思时代的左派思想,被称为新时代的"资本论"。此后大卫哈维更发展出基于地理学的社会学解读,形成一个比较庞大的思想体系。德波领导的国际情景主义运动也积极地参与到建筑学理论研究中去,由此产生了建筑视窗和超级工作室等一系列先锋建筑小组,而他们对当时正在求学的库哈斯产生了非常直接的影响,形成了库哈斯早期建筑思考的起点。值得一提的是,居伊声称自己一辈子都在寻求摆脱景观社会的方法,但是最后却发现这是不可能完成的任务,于是选择了自我终结,也给这一本书带来一抹传奇性的色彩。

有方: 最近一次旅行去了哪里?

杨小荻: 和有方去了葡萄牙。进行了一次完整的西扎之旅,收获比意料中的多得多,对西扎的整个实践过程在历史上有了一个比较清晰的直观认识。作为 Team10 的继承人之一,西扎作品事实上扎根了葡萄牙建筑吸收现代性的这一过程中,在这之前都没从这个角度观察过他的作品和思想。

有方: 最近有没有新发现某位特别有启发的建筑师?

杨小荻: 一直都在关注意大利的建筑师皮埃尔·维多里奥·阿鲁里(Pier Vittorio Aureli),继承自伊利亚·曾格里斯(Elia Zenghelis)——意大利左翼建筑师团体的这一支脉络，最近在理论界非常活跃，和他的交流会让你常常有一种"哦，原来还可以这样看问题"的感叹，不少建筑师不远万里跑到他那儿去接受他的批判并引以为荣。他擅长从政治和历史的纷纷扰扰中去梳理并理解城市发展背后的逻辑，并归纳成一种建筑学的语言与再现，试图从政治空间中产生并放大出一种都市建筑的类型（Typology）。其对建筑与城市的思考方式最近也从欧洲传递到美洲，并拥有一大批追随者，可以看成是库哈斯的极左翼版本。虽然他到目前为止还没有获得实际项目的机会，但是绝对有潜力成为下一个改变建筑界现状的人物。

有方：最喜欢的、对自己影响最大的建筑师是谁？

杨小荻：在不同的时期都存在着影响自己的建筑师，很难讲清最喜欢或者影响最大的那一位。从思想方面影响最大的一个算库哈斯了。库哈斯的实践和研究让我开始有从传统建筑学的窠臼中跳出来的欲望。手法、方式或者形式可能会过时，但是思考方式永远不会。他的建筑跳出了地域与时代的限制。或许他并不是一个善于雕梁画栋的建筑师，但是他知道如何从建筑之外去理解这一门古老的职业。他将建筑引入到城市，引入到普通人的生活，而非个人或者小团体私藏的宝物。在现代主义失败后的大环境下，库哈斯再一次激起了业界关于"建筑师能做到什么"的讨论。

从建筑实践方面来说影响自己比较大的是我的导师，奥地利人 Peter Trummer，尽管他并非一个著名的建筑师。在告别了 UNstudio 的实践工作后，他花费了 6 年时间，通过多次一年的研究 Studio，思考并建立起了一套独特的设计研究手法——关联性设计。将各种环境因素建立起关联，强调非均值的复杂性与投射社会的完整性，是关联性设计的核心思想。这一项最早脱胎于参数化的，最后以一种反参数化的形式作为总结的设计理论经受了长时间的攻击与误解，Peter 狂热吸收了反对者的辩论，不断进行深入与调整。他的这一理论从一个尚不成熟，且屡被攻击的状态，到最后进入虽然仍然富有争论，但是从

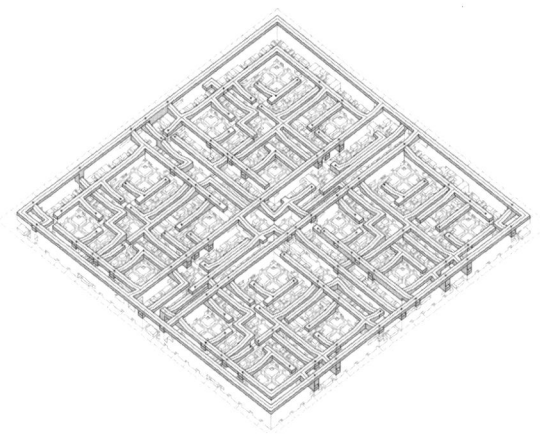

关联性设计

逻辑上讲已经成型的阶段，我非常幸运地参与并总结了他的最终过程，不只直接影响了我的建筑实践方式，同时也影响了我现在做研究的思考与态度。

有方： 最近哪个建筑议题最让你关注？

杨小荻： 最近关注的建筑话题就是"奇奇怪怪的建筑"。政治对于建筑的印记往往非常直接，从建筑学诞生的那一天，就已经开始反映权力者的精神世界。在当代，也有很多国家的政治人物就或多或少通过干预建筑来达到建立符合自己审美标准城市的心愿，英国的查尔斯王子就对国内的现代建筑有着非常苛刻的评论。崇尚完美的政治家总是希望能找出一个经典范式生活来规范人的生活，规避掉所有的丑恶，建立统一的价值观。一定时期城市的发展会与当时政治家的价值导向产生直接的联系这样强势指导下的城市形态让我充满好奇与期待。但是，从历史上来说，每个城市的标志性建筑对于当时的人们来说都是奇奇怪怪的，因此，怎么从历史这个尺度去定义"奇奇怪怪"目前还尚不清晰，值得我们进一步探讨。当然，从另外一个方面来说，当一个城市完全消灭奇奇怪怪建筑的时候，城市自身可能走向另外一个极致的奇奇怪怪了。路德维希·赫伯赛摩（Ludwig Hilberseimer）所作的非具象城市（The non-figurative city）或许可以作为一个很好的例子。

有方：上学时，哪门课让你最有兴趣，为什么？

杨小荻：在贝尔拉格学习的时候，曾经有门一理论课叫"Reality Demands A Theory"（现实需要理论）。课程本身的内容暂且不提，让我产生兴趣的是授课老师儒墨·凡·托（Roemer van Toorn）的讲述方式。作为研究现代性的权威，他面向我们的阐述很少使用那些模棱两可的大名词，而是一些浅显易懂的语句。我从他身上更加明白了，好的老师用简单的语言解释复杂的问题，不好的或没那么好的老师则是用复杂的语言解释简单的问题。

有方：最讨厌的甲方是什么样的？

杨小荻：对于我来说，没有讨厌的"甲方"，只有讨厌的"人"。设计界总爱渲染一种甲乙对立的情绪，但其实排除掉双方需要维护的核心价值，很难说有什么个人恩怨。当建筑师尝试着去了解甲方的立场，而不是一味抱着"不给糖就捣蛋"的思维去看这个事情的时候，很多紧张关系都会化解。

有方：最近除了设计外，花最多精力的活动是什么？

杨小荻：尝试着去了解当下科技界对时代的影响，以及随之而来的新方向，比如最近可控核聚变技术的进展也许会从物理上改变整个世界的未来走向。

有方：最近有没有对建筑设计感到困惑、厌倦，想过改行，改做哪一行？

杨小荻：设计是一门漫长、重复、持续的修行，困惑或厌倦的感觉倒是没有，但是最近时常感到建筑这一学科有时候过于狭隘，如何才能跳出来往回看。相对应的，自然也在尝试反过来用设计思维去思考其他行当，比如最近正在策划一个能激活社区的甜品品牌，会在年底的时候正式上线，希望能寻找出一条不同的道路。

60/ 韩涛

提出真正有价值的问题最重要

韩涛,建筑师、教师与城市研究者,1974年出生于陕西。上海同济大学建筑学学士,中央美术学院文学硕士及博士候选人,2012-2013年纽约哥伦比亚大学访问学者,2006年至今任教于中央美院建筑学院。2003年在北京成立 ThanLab 工作室,以多重身份展开建筑实践、教育、城市研究工作。2011年,与中国美术馆设计总监、策展人周子书共同在北京成立 STA'nD 设计事务所。

采访时间:2014年11月

有方： 最近在做的项目有哪些？

韩涛： 实践方面，继续完成中国油画院项目，一个已经持续十年的城乡结合地改造实践。自2005年起，我长期以近距离的方式（项目分很多期，时间的长度可以使我记录已经完成的部分在真实社会空间中是如何运作的），观察着一个特定群体（中国写实画派）与城市变迁之间的矛盾性与复杂性关系。矛盾性在于这个群体艺术语言本身的非当代性与介入中国真实乡村空间过程的当代性；复杂性体现于

中国油画院教学楼顶楼，一个抬升至五环高度的乡村肌理，18个教学工作坊形成了一个新的集体空间。封闭的意象是对真实乡村环境的反映：今天，开放与封闭的问题变得比以往复杂很多，封闭的实体空间一样可以有开放的社会内容（program），而开放的实体空间也可以被控制成为私人的领地。封闭是孕育事物起点的机会，而开放是事物成熟阶段的自然产物。

混合性与不确定性：高碑店村的城乡结合地美学——对真实社会空间的意象记录。集体土地而非城市土地的制度前提使得油画院在高碑店的建造一直是一种未注册的建造。未注册的建造未必不合建筑法规的诸多规范，只是社会生产方式在特定条件的现实回应，是先于文本注册的实践。未注册的建造往往发生在城乡结合地及未来的城镇化进程中，一个社会空间的模糊地带，充满着社会条件的不确定性，或者说，未注册的建造本身就是不确定性美学。

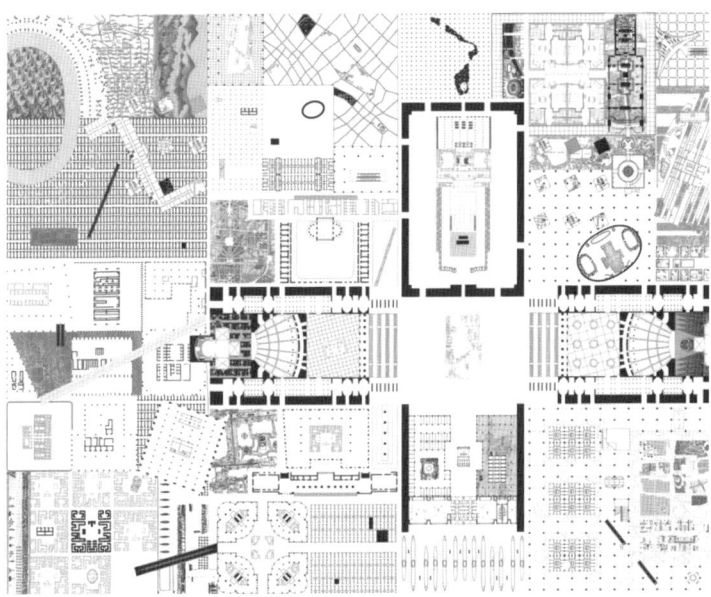

2013深港城市/建筑双城双年展研究课题：城市边缘。城市边缘对内极度收缩/对外极度扩张——互联网将微观权力散播至多极化差异的大众，重组社会空间。

这是不同主体、国家政策、民间资本、自下而上与自上而下等多种因素相结合的产物,并真实改变了高碑店村(古大运河终点站,同时也是离北京天安门最近的一个乡村)的城镇化进程:从农业景观、半工业乡村景观,到后工业乡村景观——这是中国城市化进程的多样性路径的一种图景。

有方: 在拿到一个项目的设计委托时,最先会做什么?

韩涛: 以前会首先去看现场,或者 Google map 一下,再决定做不做。现在往往先思考为什么要做这个设计:这个项目需要我做什么,借助于这个项目我能做什么? 本质上就是为什么要做这个项目的问题。在这种前提下现场质量的高低并不是最重要的,能否提出一个真正有价值的问题才是最重要的,许多关于设计立场的问题是不需要看现场的。曾经的经历告诉我,看现场时往往头脑中映射出一个形式,以为是某种类似场所精神的东西,其实只是太多图像阅读后的无意识再现。

有方: 当项目进入施工阶段时,会经常去现场吗?如去,通常会遇到什么问题,又是如何解决的?

韩涛: 会经常去工地,工地是验证与反思设计的最好场地:工地总是呈现过程中的问题,而设计总是对最终完成状态的投射,两者之间总是充满无法匹配的矛盾。在施工阶段,技术问题总是可以被解决,然而方向问题总是摇摆,难的不是解决问题,而是依据什么解决问题。

有方: 最近在业务上最烦的事是什么?

韩涛: 实践方面,最烦的是曾经觉得有意义的方案,现在看没有那么大意义了。这使我意识到曾经的许多实践是在"只拉车,不看路"的情况下进行的。现在开始关注理论方面的思考,然而发现这更不容易。最难以确认的是:现在认为是重要的问题,十年后再看是否还觉得重要。自己认为重要的事情,社会是否认为是重要的事情。

有方： 最近在集中琢磨什么问题？

韩涛： 最近在写《消费空间的 Program 与当代城市关系》的论文。消费空间的 program 如何改变当代城市？或者说，城市如何将被消费空间的 program 改变？消费空间 program 的产生有三个来源：城市、主体与技术。消费空间的 program 产生于传统城市（或他者城市）之中，将传统城市（或他者城市）变为当代城市的投射性程序（projective program），最终掏空了传统城市（或他者城市）的原本内涵并将控制当代城市的未来；消费空间的 program 产生于多重主体的斗争与合谋之中，将某种主体的城市意象变为对其他主体的投射性程序，最终曾经主导主体的声音将被吸收到其他主体之中，而新混合后的大众将决定当代城市的未来；消费空间的 program 也产生于技术的不断进化之中，将技术变为当代城市的投射性程序，最终掏空了技术的服务性内涵并反向被技术控制，鲍德里亚关于拟像四阶段的分析，可以作为程序思想发展阶段的类比。现在，当代信息技术已经生产了一种人机杂交的新人类，这种新人类从根本上改变了传统建筑学中人的含义。这种新人类将决定我们城市化的未来。简而言之，消费空间的程序一旦与城市、主体与技术结合，就会具有政治学的潜力并成为一种社会变革的力量。

从消费空间的 program 这个线索回溯建筑史，会发现库哈斯城市研究（政治经济分析＋大众文化研究）一直与消费空间存在着密切的内在联系，如果说柯布主要靠居住空间来讨论现代建筑，那么库哈斯是靠消费空间来讨论当代大都会建筑；如果按照社会学家对消费空间的定义（包括购物中心、主题公园、大型事件、美术馆、奇观建筑等），那么《出逃，或建筑的自然自囚》里九个格子的 program 基本都属于消费空间；《癫狂的纽约》是从分析科尼岛的大众狂欢开始的；《囚禁地球的城市》是库哈斯个人阅读过的建筑学文本的互文性主题公园；下城俱乐部本身就是一个消费空间；大都会拥挤文化就是大都会的消费文化；S，M，L，XL 本身就是消费社会的代码；"大"的理论是消费社会奇观化在尺度上的反映；《哈佛购物指南》是集中的对购物与当代城市的研究；通俗城市是大众文化的城市反映；垃圾空间可以认为是对当代城市消费空间的整体描述及批判；简而言之，就是从消费空间 program 的视角，重新阅读库哈斯 40 年来的理论与实践。

有方： 最近读的最有趣的一本书是什么？

韩涛： 最近在读《从卡夫卡到昆德拉：20 世纪的小说和小说家》，不是因为我对文学感兴趣，而是对如何讨论文学感兴趣。长久以来，文学对我来说都是只看名称不看内容的书籍，然而这本书却唤起了我阅读文学原著的兴趣。作者吴晓东在书中选择了九个小说家进行了批判性的分析，九个人九本书，重点关注九个问题：预言，卡夫卡与《城堡》；回忆，普鲁斯特与《追忆似水年华》；迷宫，博尔赫斯与《交叉小径的花园》；物化，罗伯格里耶与《嫉妒》……吴晓东的解读在我看来已经不仅仅是对文学本身的解读，而是对到 20 世纪问题的解读，正是这些问题引起了我的极大兴趣。此外，这九个小说家也构成了 20 世纪几个重要节点的片断史，有一些时刻显得非常特殊，如作者在序言中指出的："卡夫卡的《城堡》写于 1922 年，乔伊斯的《尤利西斯》1922 年出版，普鲁斯特的《追忆似水年华》第二卷 1922 年出版……同时现代主义诗歌也在 1922 年形成了高峰，如 T.S. 艾略特的《荒原》（正是艾略特的文学批评方式影响了文丘里《建筑的复杂与矛盾性》的写作方式）……1922 年是现代主义的神奇之年"。我们知道柯布的《明日之城市》这本书也是发表于 1922 年，青年柯布对现代城市的第一个规划方案"300 万人口的城市"也出现在这一年。一年后，《走向新建筑》（或者按当时的名称应该翻译成《走向一种建筑》）随即出版。将这些线索对比在一起，我们能更加立体地看待现代建筑运动背后的时代问题。

对于吴晓东而言，"阅读不再是一种消遣与享受，阅读已成为严肃的甚至痛苦的仪式"。然而对我而言，书中口语式的方式却貌似不费力地把我引向了他真正要讨论的思想与观点，没有被艰涩的文字绊住，阅读体验类似于董豫赣的《现当代建筑十五讲》，书中火花不断，值得推荐。

ThanLab 工作室工作状态

有方：最近一次旅行去了哪里？

韩涛：跟随有方的建筑考察去了日本，重新理解了一遍安藤与妹岛对基地的不同态度与方式，同时发现安藤对于直岛乡村保护与更新层面的意义，远比他的单体价值大。震惊于伊东的多摩美术大学图书馆（远比他在东京的几个实践现场感好）。这次的意外收获是发现了谷口吉生（现场绝对有一种贵族气质，这种品质感只在密斯的建筑中感受过），完成度相当高。

有方：最近有没有新发现某位特别有启发的建筑师？

韩涛：意大利建筑师 Pier Vittorio Aureli，他的理论思考方式与行文逻辑太有力量，读起来绝对让人心惊肉跳。在 *The Possibility of an Absolute Architecture*（《绝对建筑的可能性》）这本书中，Aureli 对建筑形式与政治的关系做了创造性的分析，特别是对城市建筑历史中四个决定性瞬间（阿甘本所说的"例子作为典型"）做了精彩解读，由此重新书写了建筑学知识自主性问题（The Project of Autonomy）。对于 Aureli 而言，"绝对建筑"既是"形式的"也是"政治的"。

有方：最喜欢的、对自己影响最大的建筑师是谁？

韩涛：实践方面的是康，理论方面近两年是上世纪六七十年代的库哈斯，现在是 Pier Vittorio Aureli。康的现场感太让人感动，是理解永恒性、在地性同时又映射传统的经典。库哈斯的青年时代成为我解读那个时代的缩影。特别是库哈斯对理论项目（conceptual-metaphorical projects）、理想化项目（idealized projects）与现实项目（realistic projects）三者的区别。现在，中国的城市化进程在进行了 30 年后，最需要参照分析的是欧洲上世纪 60 年代至 70 年代这一段时期。19 世纪的欧洲当然也是一个参照（参见《希望的空间》中哈维所指出的马克思在《共产党宣言》中对全球化的解读），但上世纪六七十年代对接下来的深度城市化进程更为有效（同样面对的是二战后 20 年快速城市化之后所面临的问题）。而 Pier Vittorio Aureli，则重启了建筑学的自主性问题。

有方：最近哪个建筑议题最让你关注？

韩涛：大数据与参数化技术如何与社会学 program 结合，而不是仅仅成为一种光滑的差异形式。2000 年之后台湾的在地性实践与香港的基建都市主义（参见 *City Without Ground* 这本书中对香港式"新拱廊街"的思考），都提供了关于社会学参数下 program 的讨论视角。

有方：上学时，哪门课让你最有兴趣，为什么？

韩涛：当然还是设计课本身，虽然当时并不知道自己究竟在设计什么，只知道一味地反复绘图。

有方：最讨厌的甲方是什么样的？

韩涛：游移不定，真实的意图在开始阶段总是被掩藏，等我真正理解清楚后又被商业合同绑架了。

有方：最近哪件社会议题最让你关注？

韩涛：周子书的地下室改造项目接下来会怎样？

策展人周子书对建筑界产生了两个重要影响的改变：2009 年的"渡：国际灾后应急建筑设计展"，与今年的地下室改造项目，都是从真实的社会问题与特定人群出发展开的城市思考。特别对于地下改造项目，在大众媒体方面引起了广泛关注，建筑圈应该对这个真实的社会与城市问题深入讨论了。

有方：最近除了设计外，花最多精力的活动是什么？

韩涛：教学与写作，这两种方式都是实践的特殊形式。

有方：最近有没有对建筑设计感到困惑、厌倦，想过改行，改做哪一行？

韩涛：如果把建筑作为思考当代问题的一种方式，那么改变建筑师，才能改变建筑。目前想减少一些重复性的现实实践，增加一些理论反思与补课的时间。

61 / 沈驰

想建立一种"鄙视平庸"的团队文化

沈驰，中外建深圳公司高级合伙人、总建筑师，高级工商管理硕士。曾获得"第七届中国建筑学会青年建筑师奖"、"深圳市勘察设计行业首届十佳青年建筑师奖"；作品收录于《前进中的中国建筑》在2011年（东京）世界建筑师大会上展出，并入选文化部"建筑中国100"在欧洲曼海姆博物馆展出。设计项目曾获得部、省、市级设计奖项20余项，其中两度获得"全国优秀工程勘察设计公共建筑一等奖"，并有十余篇论文发表在包括《建筑学报》在内的专业期刊。

采访时间：2014年11月

有方：最近在做的项目是哪些？

沈驰：最近做的都是些商业、办公、综合体等。以前我一直想做文化建筑，也做了些与文化沾边的作品，但现在不是很迫切想继续那种项目，因为我越来越发现这里的话语体系与时代有点脱节，而且现实中很多打着文化旗号的建筑远没有商业建筑做得好。最近两年，我想让自己更多面对真实的诉求，哪怕很商业性的东西，在商业时代没有多少东西是完全不带商业属性的。文化很重要，建筑始终都是文化的载体，但未来的文化一定会以多元的状态融入城市，独立的文化建筑即使有，也是少之又少，或者意义不再。现在我带团队的时间多于自己做项目，我觉得以后我再做，会比以前做得更好！

有方：在拿到一个委托时，最先会做什么？

沈驰：在满足客户需求基础上，我们还能赋予它一些什么？我们能为项目各方面带来怎样的价值提升？这个项目最终可能达成什么样的高度？然后会尝试我所能想到的所有可能！

有方：当项目进入施工阶段，会经常去现场吗？如去，通常会遇到什么问题，又是如何解决的？

沈驰：即使是设计企业的管理者，做好项目去现场也是必须的！很多项目我都会一点一滴地去盯，比如深圳信息学院项目（大运会国际区），我去现场可能超过50次。在现场，大部分时间是各种会，跟不同的人沟通、斗争与妥协，实现一点不同的东西很费劲！所以，我看大师的建筑，比如妹岛和世，往往最佩服的都不是设计本身怎么样，而是佩服他们如何去实现那些非常规的设计，这要多么的较劲、多么的坚持，还有多少的沟通策略，远比构思一个东西难得多，只有你做过才会明白。

有方：最近在业务上最烦的事是什么？

建筑师在做什么

上:山东交通学院三号教学楼设计渲染图
下:中盟科技苏州总部项目渲染图

沈驰：以往自己去管项目，可以让每个项目都有较好的设计和实现度，但怎么样让每个项目团队即使在我少参与的情况下都做得好，很难。常常很多成果并没有充分发挥出我们的能力，但又不得不面对这种状态。我想建立一种"鄙视平庸"的团队文化。

有方：最近在集中琢磨什么问题？

沈驰：我今年的工作状态跟过去不一样，跟"有方"一年多成绩斐然不同，我似乎在一个思想变化的时期，一个不稳定的时期，想很多问题，做很多的事，也是在尝试，我在寻找未来怎么做，做什么样的建筑师，做什么样的团队，怎样帮助大家快速成长。

有方：最近读的最有趣的一本书是什么？

沈驰：现在看完整的书不多了，最近看了《王鼎钧回忆录》（四部曲），看到第二部，一个台湾的散文家，讲述自己从上世纪民国初年移居台湾生活的经历，从一个颠沛流离的文人的视角去看中国近代历史，真切、丰富、细腻，很精彩！

有方：最近一次旅行去了哪里？

沈驰：和同事"十一"去了德国，看了不少的创意园区、新的街区和老城，从中看到城市的变迁与对比、成与败、文化与艺术等。

有方：最近有没有新发现某位特别有启发的建筑师？

沈驰：现在对我最有启发、让自己最感兴趣的往往是那些跨界的设计师和艺术家。听说阿玛尼在成都开始设计公寓了，他似乎比建筑师更理解人们需要什么，什么是可以带来全新体验的，什么是轻松的设计，呵呵。

而且，我越来越发现很多人对于建筑的感觉甚于建筑师，相信人们直接的感觉，甚至相信孩子对于建筑与空间的感觉，我怀疑专业人士经过太多的教化之后是否变得很拧巴，失去了真实的感受能力。

有方：最喜欢的、对自己影响最大的建筑师是谁？

沈驰：我想不到一个对自己影响巨大的，但我研究比较深的是雷姆·库哈斯。我认为，不要简单从那些奇奇怪怪的建筑形态去理解和评价库哈斯，他真正的贡献不在此，他能影响全世界的年轻一代建筑师是有原因的。

有方：最近哪个建筑议题最让你关注？

沈驰：我一直困惑的是建筑学的价值认同问题。多年的行业经历，让我有很多不安的认识，比如专业内的共识越来越少，互不认同与阵营分化很严重；建筑师与大众对于建筑的认识上也存在巨大的鸿沟；专业内很多似是而非的讨论，与社会不在一个话语体系中，大众听不懂也没人关心；很多被专业媒体关心的建筑师，他们的探索似乎也只是在边缘和局部地带挣扎，或对不可逆转的未来做出的负隅顽抗；活跃的建筑师也逐渐变成一个孤立的群体，只能在自己的圈子里获得归属感。

今天建筑设计貌似繁荣、机会很多，但真实情况是，十几年来房价翻了十倍，而设计费没有跟着提升，甚至不升反降。我们的设计给社会带来价值了吗？我们的价值真的被认同了吗？有时候我对行业有点悲观，至少我发现，高端地产商对未来的把握和对设计的理解远超绝大多数的建筑师，而建筑师却不自知，建筑师会不会慢慢分化为策划设计师、技术工程师、造型设计师和表皮设计师等等。如果我们的设计不是应对未来的诉求，那么设计学一定会在我们的孤芳自赏中走向末路。

希望有方在这个方面多发发力，多些面向未来的思考！

有方：上学时，哪门课让你最有兴趣，为什么？

沈驰：还是设计课吧！如果老师很有魅力，其他课也可以。

沈驰工作场景

有方：最讨厌的甲方是什么样的？

沈驰：对每一个找到我的客户，我都抱有感激的心态，往往我都能很好地相处。

有方：最近哪件社会议题最让你关注？

沈驰：很多行业都出现了颠覆式创新，比如出现了苹果、特斯拉、阿里巴巴、小米、腾讯等等，为什么很多行业在巨变，而建筑设计行业没啥动静？前面谈了建筑学在今天的价值问题；另一方面，在商业模式上，建筑设计公司也落后于很多行业。我们很像好莱坞的特效公司，虽然很重要，需要智力和创意，但居于价值链中下游的一个点，话语权越来越弱。做不到优秀，生存一定每况愈下，甚至被淘汰，但如果仅仅把作品做到了极致，一不小心又可能像给《少年派的奇幻漂流》做特效的公司一样，因为无止境的付出从而把自己做死而关门。而看看特斯拉、苹果，其实他们是真的让设计的价值发挥到极致，让设计引领产业，用设计改变世界、改变人们的生活。我相信，最终能为建筑学和行业带来改变的，不是从建筑学的内部。

有方：最近除了设计外，花最多精力的活动是什么？

沈驰：除了工作外，时间上最多的是微信，不一定是聊天，而是大量的阅读，远超建筑领域的各种资讯，然后分享给公司的小伙伴！同时，我跟商学院里各行各业、有不同经历的同学接触和交流，其中有很多很好的朋友，互相很欣赏。不同的人、不同的想法，这对我影响很大。

有方：最近有没有对建筑设计感到困惑、厌倦，想过改行，改做哪一行？

沈驰：我本质上是享受设计的人，没有真的想过改行。但我常幻想，如果我是电影导演，也会是个好导演，去写电影剧本也行，我甚至常常在构思一些情节。

62/ 薄宏涛

没有城市层面的思考，
怎能做出好建筑？

薄宏涛，CCTN 筑境设计董事副总建筑师，上海院副院长。1974 年生于天津，天津大学子弟，重庆建筑大学本科，同济大学硕士，德国柏林工业大学城市设计 diploma，目前东南大学在职博士研究生在读，师从程泰宁院士。

采访时间：2014 年 11 月

有方：最近在做的项目有哪些？

薄宏涛：手上项目很多也很杂，规模较大的有南宁、嘉兴、合肥的几个城市综合体，小的也有长沙、武汉的两个售楼处。综合体，意味着包罗万象的盒子，但是打造这样的盒子是建构承载城市生活的诺亚方舟还是掀开反城市的潘多拉盒子却是一个非常严峻的社会问题。综合体盒子做不好就会成为反城市的黑洞，内部吸附太多的活力，却造成城市外部的活力真空。

我觉得作为一个建筑师必须有城市层面的视野和思考：底线保证建筑不作为负能量伤害到城市的活力；全力争取达到都市针灸的工作效果，激发一点盘活一片，带动城市区域的活力聚集。

嘉兴的综合体我们就尝试把文化和城市生活以一种非常开放的状态注入到基地，改造交通性的城市滨河通道和超市混乱的后场区成为立体的城市公园，并剥离了一部分商业服务交通体面向城市营造立体的步行交通系统，把城市周边住区的居民以毛细管的方式注入项目，让项目成为城市肌体的一个积极组成部分、一个活力聚集地。

长沙的售楼处西临岳麓山、东眺湘江，设计提出了"岳麓云"的概念，从下往上看是如江水流动充满未来感的，从山上往下看是屋顶葱郁延伸山麓，以此表达对城市地脉的尊重。虽然全程 BIM 设计，但是因为参数化表皮问题和幕墙施工单位一直纠结，建造速度远远低于预期。数字设计无法匹配数字施工，这是目前经常会碰到的一个非常棘手的问题。

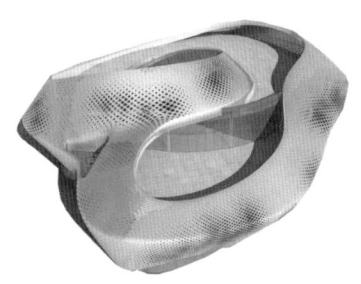

"岳麓云"概念模型

有方：在拿到一个项目的设计委托时，最先会做什么？

薄宏涛：一个项目的开始总是伴随着和业主的反复沟通，通过各种分析测算和头脑风暴确定设置、调整、修订和完善任务书。设计的开始源于一种情感的投入和互动。业主也好，设计师也罢，都需要建立一种对项目的由衷的爱，更需要彼此的信任和理解支持。很多项目进行过程中的磕磕绊绊，往往来自初始阶段的沟通缺乏和理解不对位。

有方：当项目进入施工阶段时，会经常去现场吗？如去，通常会遇到什么问题，又是如何解决的？

薄宏涛：经常去，主要工作是确定材料和监控细节，当然也需要气场强大，hold住各工种间注定会发生的锱铢必较的争吵。每个项目都是设计师的"亲儿子"，鉴于工地现场的监理不是摆设的花瓶就是和施工单位穿一条裤腿，为了避免"亲儿子"被别人随意虐待，虽然是寄养，时常去探望也是必须的。工法、工序、工期、价格要了解，业主和主管部门、业主各部门间、各级供货商间的利益纠葛也必须搞清楚，否则儿子吃了亏，当爹的都不知道去和谁讲道理，逼急了也不知道去向谁抡拳头。

有方：最近在业务上最烦的事是什么？

薄宏涛：和业主就一个共同关心的问题反复协调是必须而有意义的事情，但是有很多时候事情讨论来讨论去难有结论，这种源于选择性障碍的工作状态实在让人觉得是在浪费生命。

有方：最近在集中琢磨什么问题？

薄宏涛：建筑如何才能在城市中创造更多的活力？中国建筑和城市的诗画同构、城园同构等特征让我们必须认真以城市化的态度去对待每一座建筑。建筑只有成为城市肌体中的一个健康的有机组成，城市的经络才会气血畅通。传承文化，

上：上海华师大科创楼立面
下：上海华师大科创楼柱廊

让建筑能植根所在的土地；发掘价值，让复合业态有生存的土壤；创造交往，让人群有轻松惬意的交往场所，这才可能有城市的活力自下而上生长出来。任何孤芳自赏的标签式设计都注定无法融入城市，更遑论创造活力。

有方： 最近读的最有趣的一本书是什么？
薄宏涛： 龙应台的《目送》，她的文字很有力量，失落和缠绵，不舍和决绝，深沉和恬淡，她用她的笔尖传递人生深邃的思索和泰然的慨叹。这样的文字朴素而简单，却透过纸背直指人心，我们是否也能以最简单的建筑感动人心底最柔软的一块呢？

有方： 最近一次旅行去了哪里？
薄宏涛： 巴厘岛乌布的山区。阿勇河畔的酒店相比金巴南海滩边慵懒的氛围，传递出了更强的力量感，和山林呼应，气势磅礴。Royal Pitamaha 纵贯整个山谷的大手笔设计，让人工化建成物显得如此渺小，这时唯一正确的对策就是顺应自然、呈现自然，而自然也赋予了项目超凡的空间震撼。

有方： 最近有没有新发现某位特别有启发的建筑师？
薄宏涛： 很多建筑师都很有启发，尤其是西泽立卫、石上纯也等几位日本建筑师。相对于我们日常难免流于宏大叙事的工作，他们的关注点更微观，更加直指空间的本质。建筑是需要被使用的视觉艺术，人在其内部的空间感受、使用效率，建筑和自然和城市的微妙关系，更朴实更直接，也更有力。

有方： 最喜欢的、对自己影响最大的建筑师是谁？
薄宏涛： 读书时对自己影响最大的是汤桦和安藤忠雄，工作后觉得从很多建筑师身上都可以汲取养分，但没有当初在学校时对个体的那种迷恋了。
前阵看到有方对汤老师的访谈，我在第一时间转发朋友圈，题记就是"那些年，我们一起追的汤老师"。上世纪八九十年代重建工毕业的学生,很少有谁会说没受到过汤老师的影响。连建院另一位著名校友,家琨师兄也是受到这位同窗的刺激才放弃文青的道路回归建筑的。记得那时每次汤老师从深圳飞回重庆来给研究生讲课,都事先不通知具体上课时间和地点,唯恐旁听学生太多挤烂教室大门。我现在手上还有厚厚一大本汤老师草图的影印件,都是在系馆文印室一张张收集起来的。

再一位就是安藤忠雄,大学的时候是他创作的鼎盛期,各种杂志充满了他的作品介绍。我最喜欢晚上一个人坐在阅览室的角落慢慢琢磨他的空间构成,他对于光和空间的组织对我影响很大。当然,这些年大师的作品有些变味,不是我喜欢的那个安藤了。

有方:最近哪个建筑议题最让你关注?

薄宏涛:"奇奇怪怪的建筑",希望习大大提出的这个概念不会带来建筑规划界的矫枉过正,过犹不及。

有方:上学时,哪门课让你最有兴趣,为什么?

薄宏涛:中学的语文课,神游万仞心骛八极,没有历史的通感,作为建筑师的我们就失去了穿越时空去感知的能力。百年间,我们的物质文化遗产在一轮又一轮的浩劫中近乎消耗殆尽。文字,是中国人最好也是唯一感知历史的工具性线索。

有方:最讨厌的甲方是什么样的?

薄宏涛:没哪个甲方会蠢到不希望自己的项目好,他们会更把项目当作自己的心肝宝贝。在这个层面上看,建筑师对于项目的爱和业主对于项目的爱是对等的。对于一个同样对项目充满感情的业主,建筑师是没理由说讨厌的。分歧往往会有,那是基于评价标准的差异,道不同不相与谋。对于不懂装懂、夸夸其

CCTN 筑境设计工作室工作场景

谈或是颐指气使的甲方,建筑师的态度也可以很简单,最多项目不做就是了。

有方:最近哪件社会议题最让你关注?

薄宏涛:APEC蓝。我们的国家可以通过政令手段做到把为人民服"雾"的帝都天空一瞬间变成清湛的APEC蓝,改天换地,这真是震铄古今的壮举。可是,在我淡淡的乡愁中,华北的秋日,天空本就是这样湛蓝,现在以河北省域范围全面排污企业停产和北京市区内大面积单双号限行换来的APEC蓝原本就应该顺理成章地出现在天空。天人合一,这句磨烂耳茧的老话无非是强调中华民族对于自然最基本的一个态度,尊重、顺应、和谐,这何尝不应该是我们做工作的基本评价准绳呢?希望APEC蓝能保持下去,也希望这样的蓝能以我们尊重自然、尊重城市的设计态度存留在心间。

有方:最近除了设计外,花最多精力的活动是什么?

薄宏涛:除了工作之外,我几乎全部精力都用来陪孩子。经常出差的我只要有时间在家,会把所有的时间用来和孩子呆在一起:一起看连环画,一起做手工,一起玩游戏,陪伴她一同成长。孩子的心最单纯却也最敏利,和她在一起的时光让我可以放下工作的负累重拾儿时的欢乐,也会给予自己一种最真实的视角去审视周遭的世界。

有方:最近有没有对建筑设计感到困惑、厌倦,想过改行,改做哪一行?

薄宏涛:当年高考报志愿的时候我一门心思想选一个不再和数理化打交道的学科,于是,建筑学成为了几乎唯一的选择。20年过去了,我至今非常庆幸自己当初选对了专业。每每同学聚会时我也会是不少同学羡慕的对象。是啊,能把兴趣和工作合二为一,确实是一种莫大的幸福。现在的我和20年前走进校门时一样,对这个专业充满了好奇和喜爱,这种热爱从未有过一丝衰减。

63/ 王彦

不沾泥巴的建筑师不是好建筑师

王彦，GOA 大象建筑设计有限公司合伙人、总建筑师，同济大学建筑城规学院客座教授。毕业于同济大学建筑系，瑞士苏黎世联邦工大建筑学硕士。他主张建筑设计应回归基本。建筑作品上海油画雕塑院美术馆曾获 2013 年建筑传媒奖最佳建筑奖提名。而崇武鼎立雕刻馆、新沂华信接待中心等作品也广受关注。他的建筑评论曾发表于《时代建筑》、*DETAILS*、*a+a* 等重要杂志媒体。

采访时间：2014 年 11 月

有方：最近在做的项目是哪些?

王彦：最近刚完成了新沂华信接待中心项目。而在设计的是一个位于福建的小型石雕馆,委托方是雕刻家吴德强。场地上的老工作室承载着雕刻家一路走来的记忆,需要保留下来;而新雕刻馆又寄托着他在艺术道路上的追求和期望。新与旧、历史与未来之间应该呈现出怎样的关系是这个项目里最有趣的问题。

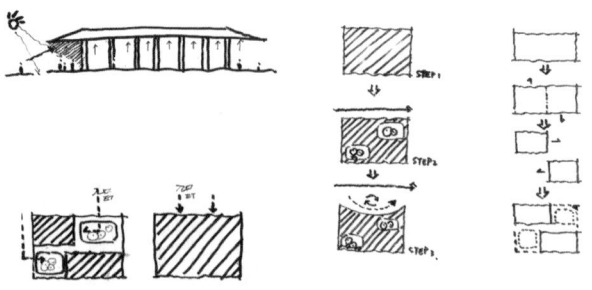

江苏新沂华信接待中心概念草图

有方：在拿到一个委托时,最先会做什么?

王彦：拿到一个委托时通常最先要做的是在场地及周围散散步,仔细观察捉摸一番,感受场所中的各种条件:气候、地形、植被、光照、文脉、建造水平等。当然,还一定得要和业主聊聊天,了解使用者的需求与期望。

有方：当项目进入施工阶段,会经常去现场吗?如去,通常会遇到什么问题,又是如何解决的?

王彦：一定会经常去现场。脚上不沾点泥巴是做不了好建筑师的。在现场什么问题都可能遇到。印象深刻的是有一次,在上海油雕院美术馆施工现场,工人

江苏新沂华信接待中心实景

跟我抱怨不知道如何定位广场上的不锈钢分隔条,他们似乎也不太愿意看图纸,于是我就自己拿起墨斗跟他们一起在地上把墨线弹出来,直至他们能明白所有定位。之后他们对每一条缝都会格外仔细,生怕对错位。当人们了解你有多认真,他们也会认真起来。

有方:最近在业务上最烦的事是什么?
王彦:缺少有影响的公共建筑项目机会。

有方:最近在集中琢磨什么问题?
王彦:最近经常在琢磨,如何从建筑师的角度来理解上海这座城市。这并不是要试图提出某种观点,然后用城市中的现象或论据来证明。而是从具体的感性的视角出发,探寻一种理解城市的方式。

有方：最近读的最有趣的一本书是什么？

王彦：最近读了俞挺老师的新作《地主杂谈》。书中很生动鲜活地描述了中国建筑界，语言犀利幽默，捧腹之后耐人寻味。第三章城市篇堪称宝典，这位上海地主（俞老师网名 Shanghailander）对于沪上各家餐厅名厨如数家珍，如闲暇时能够比照着地主评语亲自去各家餐厅品尝一番，也实在令人神往。

有方：最近一次旅行去了哪里？

王彦：最近去了瑞士 St. Moritz，在小镇上意外地发现了 Norman Foster 事务所的作品。优雅的建筑造型与细节，建筑与小镇道路以及山谷美景的关系都处理得非常和谐，不愠不火。椭圆形断面的实木百页细部在不经意间透露出奢华，工程造价应该不菲。

有方：最近有没有新发现某位特别有启发的建筑师？

王彦：最近常琢磨 Max Dudler 的作品。他所追求的城市建筑的连续性是建立在有相对连续完整肌理的欧洲城市基础之上的。他的作品中表现出了对建筑的城市属性的坚持，和对建筑自身性格的有克制的表达。这样的建筑师正是我们身处的这个城市所缺少的。同时也给出了一个问题：我们身处的中国城市，比如上海，它的城市属性应该是怎样的特点？

有方：最喜欢的、对自己影响最大的建筑师是谁？

王彦：在我接触到的建筑师中，对我影响最大的是 Hans Kollhoff 教授。直至上世纪 90 年代初，他还是一位激进的现代主义者，他的乌托邦式的巨构建筑——阿姆斯特丹集合住宅极具恢宏气势和雕塑感，而 90 年代中期却转向了反映内部结构的按照建构法则划分的立面研究，完成了一系列重要的柏林办公建筑，而之后越发重视建筑的城市属性。在他 25 年的教学中，成就了一大批优秀的建筑师，如 Erika Fries、Lukas Huggenberger、Fawad Kazi、Emanuel Christ、

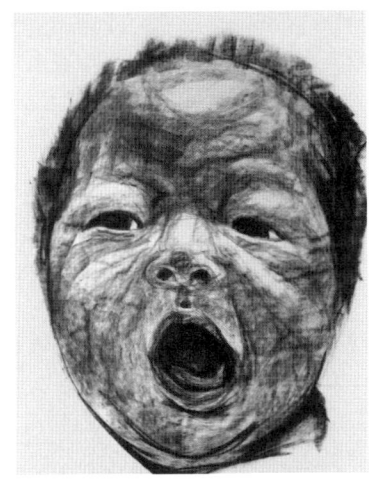

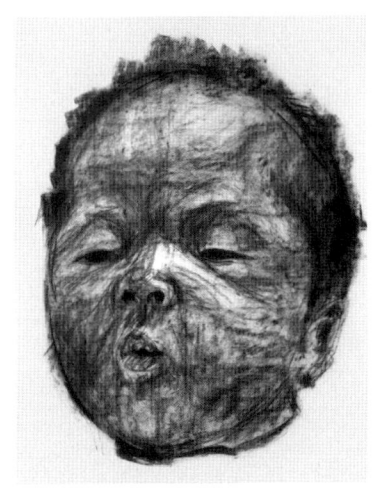

王彦炭笔画作品——新生儿画像

Christoph Gantenbein 等。欧洲城市建筑有着极高的空间品质，并不是因为少数明星建筑师，而恰恰是依靠一大批高素养的优秀职业建筑师。Kollhoff 教授堪称教父级人物。2002 年和 2004 年我都参加了他的设计课程。他将设计过程分解成一系列设计步骤，学生严格按照步骤顺序完成每个具体的任务要求，从中学习到他的设计方法。同时也通过思考，体会到他所坚持的建筑理念的缘由。我依然记得他在毕业晚宴中对大家说的话："建筑师应该要有勇气说不。或许刚开始时如逆水行舟，但不懈的努力终究会让你品尝甘甜。"至今印象深刻。

有方：最近哪个建筑议题最让你关注？

王彦：最近，实践建筑师参与设计教学的现象让我关注。清华、东南、同济等高校纷纷安排了这样的课程，我有幸也成为了同济实验班的一名客座老师。教学期间也与其他各校的同仁交流教学体验，发现大家根据自身实践经验给出了完全不同的教学设想。我相信经过实践锻打的体会都是有说服力的。没有实践，就谈不上理论，更别说有价值观，教育也就没有了方向，无从谈起。

有方：上学时，哪门课让你最有兴趣，为什么？

王彦：上学时，最有兴趣的课是绘画。我至今仍保持着炭笔画创作，最近还参加了一系列展览。绘画对我来说是除了建筑之外，探知和表达自我精神世界的另一种途径。

有方：最讨厌的甲方是什么样的？

王彦：我一般都很同情甲方，觉得他们承受的压力比建筑师大，不容易。最讨厌的应该是那种只讲关系人情，不认设计好坏的甲方。

有方：最近除了设计外，花最多精力的活动是什么？

王彦：设计之外最花精力的是同济实验班的建筑设计教学工作。我与另外两位同济老师王凯、王红军一起，试图将 Kollhoff 教授的教学方法与同济二年级学生的实际情况相结合，做一些新的教学尝试。虽然最终效果也还不错，但是我们也意识到，Kollhoff 的教学理想以及方法深深地根植于欧洲城市现实与理论基础之上，而上海这座城市完全不同于柏林或者苏黎世，其复杂性和多样性远胜后者。如果在上海外滩风貌保护区里还勉强能谈城市的连续性，而在上海很多其他地区，城市风貌直接呈现出碎片化，那么在这样的区域里还有谈城市连续性问题的现实意义吗？此类地区的建筑城市性特点在哪里？伴随着实践的思考，与伴随着思考的教学一样，都是最花精力的事，同时也是乐趣。

有方：最近有没有对建筑设计感到困惑、厌倦，想过改行，改做哪一行？
王彦：没想过改行。如果失业了，就在家画画吧。

64/ 冯国安

期待每个建筑都能独一无二

冯国安,1976年出生于香港,2001年香港中文大学建筑学硕士毕业,2002—2006年在北京非常建筑事务所与瑞士赫尔佐格和德梅隆事务所工作,2007年成立间外工作室Elsedesign。重要建筑作品包括重庆黄桷坪当代美术馆、深圳国际彩印公司总部和潮州东山湖温泉酒店和会所等。

采访时间:2014年11月

有方：最近在做的项目是哪些？

冯国安：最近在做的包括清远工厂改造、安吉精品酒店，西安一个小区的公共空间设计和潮州东山湖温泉酒店和会所。在这些之前，在重庆和深圳完成过两个改造项目，潮州温泉酒店是第一个建筑设计项目，耗时近四年的时间，最近刚去了现场，除了会所还在施工，其他空间已经在使用。设计中体现建筑在自然中是一个配角。建筑师很多时候把建筑无限放大它的重要性（包括体量），把自然变成第二重要（或更低）的角色；在潮州的项目中，我们试图颠倒这种关系，进来这里最先看到的是植物、石头、流水和鸟鸣，最后才是建筑。

有方：在拿到一个委托时，最先会做什么？

冯国安：这几年非常幸运，业主一般很相信我的工作，只是在每一个项目中，都会有两个业主：投资的业主和我自己。如果一个项目只有付钱的业主满意是不够的，建筑师同时也要实现自己的设计理念，这才是优秀的建筑。在每项目开始前会和业主沟通，看他们以前的项目和现场考察。现场考察不只是拍基地照片，也会了解当地可用的材料或技术。在设计前期，草图和模型是我设计的工具，这种真实和手感的操作使我更接近建筑的本质。

有方：当项目进入施工阶段，会经常去现场吗？如去，通常会遇到什么问题，又是如何解决的？

冯国安：在我看来，施工是设计过程中验证结果的时候。很多时候我们需要现场应变或调整设计。如果不把施工当成建筑师的责任，那我们还停留在学生阶段。在新项目开始施工的时候，我会解释给施工队设计的重点和想表达如何的效果，也许某些点是难以实现的，那只能通过沟通讨论，让大家找一个方案。施工队是项目完成度的关键人物，我们和他们该是一个团队，而不是上下的关系。

有方：最近在业务上最烦的事是什么？

冯国安：如何寻找志同道合、品味相符和诚信的业主？业主在一个项目中的影

上：潮州东山湖温泉酒店外景
中：潮州东山湖温泉酒店天井
下：潮州东山湖温泉酒店外景

响力远比建筑师重要（也许著名建筑师除外），所以一方面业主在寻找建筑师；我们也在选择自己的业主。简单来说，这是可遇不可求的事情，也许只有当你有足够好的作品，才会吸引到优秀的业主。

有方：最近在集中琢磨什么问题？

冯国安：一直在思考自己的建筑观是什么？作品反映了建筑师价值观和取向，那到底自己的建筑观是啥呢？ 我期待自己每一个建筑作品都是独一无二的，在每个作品中体现对材料、人的尺度和使用的新探索。

有方：最近读的最有趣的一本书是什么？

冯国安：《永恒的建筑诗人——王大闳》，作者：徐明松。一直关注这位非常低调朴素的台湾建筑师，这本书是为王老先生的回顾展而出版。通过这本书，可以看到王大闳作为现代知识分子的历史抱负，他拒绝了直接移植的西式建筑或盲目的中式复古手法。作者收录了重新绘制的图纸和模型，外形看起来可能平平无奇的建筑，却在平面图上花了不少心思，包括对气候的回应和结构的设计。推荐给每一个在读的学生或工作中的建筑师看。

有方：最近一次旅行去了哪里？

冯国安：已经差不多7年没有去过欧洲，由于建筑之外的作品参加了威尼斯建筑双年展的外围展，今年夏天去了威尼斯。意大利本身就是一本活生生的建筑历史教材，这是我们该反思的地方，我们可以拿多少房子去和下一代讨论过去的历史呢？

有方：最近有没有新发现某位特别有启发的建筑师？

冯国安：之前在瑞士工作的时候，已经有关注 Christian Kerez 这个建筑师，从他的自宅和一墙之宅开始。他一直把空间和结构的设计顺序颠倒，一般建筑师是先想空间后想结构如何配合,他却先用结构设计把空间分割,过后利用结构的变化去满足使用的需要。

有方:最喜欢的、对自己影响最大的建筑师是谁?

冯国安:西班牙的 RCR Aranda Pigem Vilalta 建筑师,工作室在偏远的火山区城市 Olot。在他们作品上可以看到建筑师对材料细节的把握和控制,尤其是对材料的再设计。例如他们在 Les Cols 餐厅中扭曲的金属条把原来坚硬的材料变成轻盈的使用。这鼓励我们给每一个习以为常的设计重新思考的机会。我对他们低调的、以作品说话的态度更是敬佩非常。

有方:最近哪个建筑议题最让你关注?

冯国安:当然是"奇奇怪怪的建筑"这话题。一方面觉得终于有人把建筑变成重视的题目;但另一方面,放在政府层面去讨论这个问题适当不适当呢?我们出现那么多的奇异建筑,是因为现在是一个视觉经济的社会。如果我们去了解建筑的本质,少一些欲望,多一些用心,相信建筑和城市会变得更美好。

有方:上学时,哪门课让你最有兴趣,为什么?

冯国安:建筑教育的课程我觉得可以简单分成两大类:设计和技术(历史、理论、结构、材料等),也即是知识和常识的教育。我相信设计是不可以被教的,只能通过做出来才可以体会当中的道理。老师的角色更是一个旁观者而不是一个主导者。同时我也对理论课不太感兴趣,建筑就是建筑,理论就是理论,建筑是做出来的,而不是说出来的,如果我要通过长篇大论才可以说清楚一个房子,我觉得是不成功的。

基于这个原因,我最喜欢的就是建筑历史课。当中我学习到前辈们的思考和他们遇到过的问题,了解到建筑的演变是和时代并行的。如果我们想寻找未来的出路,必须对现在和历史有所认识。

间外工作室工作场景

有方：最讨厌的甲方是什么样的？

冯国安：有两种甲方是比较讨厌的：自作主张和没有主张的甲方。自作主张的甲方没有把建筑师放眼里，也许当设计师是画图工具？没有主张的甲方也许短视，没有看到好设计带来的好处在哪里？和这两类甲方合作，建筑师要付出加倍的勇气和耐心。

有方：最近哪件社会议题最让你关注？

冯国安：香港人移民去台湾有增多的趋势。这里（曾经）作为东方之珠，从上世纪90年代开始迷失方向，无论从文化上或经济上慢慢失去领导地位。移民是逃避的方法还是寻找另一个桃花源的途径？也许现在的台湾体现了目前华人社会最理想的一种生活模式。一直有朋友提议我去台南地区买个地盖个自宅退休用。

有方：最近除了设计外，花最多精力的活动是什么？

冯国安：按不正式统计，平均一周会买1本书，一个月看约10场电影，喝约100杯咖啡。所以除了在工作室，我就会在书店、电影院、咖啡厅、游泳池和香港中文大学出现。

有方：最近有没有对建筑设计感到困惑、厌倦，想过改行，改做哪一行？

冯国安：我今年才有正式的建筑作品面世，未来一切对我来说全是挑战。建筑师绝对是一个晚熟的职业，不可能一夜成名或年少得志（对不起，学生们）。我很期待看到自己未来作品的变化，所以会计划工作到90岁。

最后在这里感谢刘宇扬、张雷、张应鹏、朱竞翔和柯卫等朋友们，他们在不同的阶段给过我很大的鼓励和帮助，也启发了我对建筑更深的思考。

65/ 刘阳

主要"卖艺",偶尔"卖身"

刘阳,1982年生于北京,毕业于北京建筑工程学院建筑系,曾先后于非常建筑和齐欣建筑工作多年。2012年与徐丹创建大料建筑。2014年与程艳春组成C+大料建筑设计联盟。大料建筑最关心的是情感和记忆,希望以率性的方式做出"煽情"的设计。

采访时间:2014年11月

有方：最近在做的项目是哪些？

刘阳：自打我认准了独立建筑师这条路，就知道一生下来注定是食物链里比较靠下的那几种，本来是出去找食儿吃，而结果，往往是被吃。

幸好，我们在以招蜂引蝶的姿态跟踪了两年猎物后，最近终于开始有真正的猎手——甲方，反来跟踪我们了。

目前一个厂房改造成联合办公的项目快盖完了，这个项目基本上是以我自个儿的需求开始的，我一直希望能够把有着共同理想的人凑一块干活，跟大伙有更多的接触，这会带来更多的激情和刺激。我想来这的人大都也是这个思路，肯定不单单是只图个便宜，"在一起"才是重要的。所以我们把它做得像个被绿树环绕的大梯田，大伙儿在不同的高度上，一抬眼相互就都能看到，被动式地增加了沟通。在这地儿，你不想外向也会逼着你外向，就是来交流分享的嘛。

还有个小学正在深化。做学校的过程很享受。我其实经常会回大学走走，一进门就放松下来，心跳都会减速。有时经过幼儿园或小学，听着里面的童声，也会有这种感觉。我觉得学校是个散发着善意的地方，它是城市中的佛塔，正能量会由此传播开来。在我小学的记忆里，高年级的同学更像我的偶像和老师。小孩儿跟着"大"孩儿跑，这种相互的模仿和传染，其实比老师的"口遁"（编者注：日本漫画《火影忍者》技能，通过嘴巴发出声音伤害敌人五感）重要的多，所以我们试着把它做得透明——不是空气那种透明，而是像星空密林那样神秘、深邃、会产生向往和吸引感的透明空间，学校和社会、孩子和孩子，都处在相互吸引的氛围中。为此我们把不同功能一列列排开，或室内或室外，孩子们的活动都向城市和彼此展开，形成一层层叠加在一起的画面，就像躺在树下满是枝繁叶茂，我们向往的却是缝隙间的蓝色。

此外还有一个农家院出了概念，一个陶艺村刚开始琢磨。思路也都差不多，希望跟人的情感有关。

有方：在拿到一个委托时，最先会做什么？

刘阳：看看场地，和甲方聊聊天，翻腾些背景资料，试着发现并解决些问题，这都肯定是需要的。但在例行公事中，我最在乎的是个人经历跟这事的重叠部分，有什么点可以刺激到我，让我笑出声掉眼泪。较之向外无限扩展视野试图找到出路，我更喜欢朝反方向走，往里挖掘自己的感受。如果挖得够深，所刨出的东西一定是设计方、甲方、使用方甚至施工方所共有的，比较原始的那种冲动。毕竟大家都是一个鼻子俩眼睛，做的梦都差不多。之后，我会试着把这种刺激或情怀放大再放大，使它足以支撑起整个设计概念，以至于攒出一个"梦"，把自己和客户都塞进去，那些共同的真实情感就是瓶子盖，使我们不至于掉出来。

有方：当项目进入施工阶段，会经常去现场吗？如去，通常会遇到什么问题，又是如何解决的？

刘阳：前一段倒是经常会去现场，但很多时候不是去了就管用。去现场偶尔是看东西，更多是看人。其实遇到对的人，比天天跑现场管用得多。一旦人和事情对上了，去现场就是去看东西，简单高效。

可惜往往在施工之前，因为没有共同利益和共同理想，建筑师、甲方和施工方的关系就已经出了问题，只不过在施工时集中爆发而已。我的性格又不爱跟人掰持儿，去现场相当于去看悲剧、闹剧、恐怖片，确实影响革命热情。

不过也有例外，就像我们的"一摸黑"——为我两岁儿子做的生日礼物。它是一个2米见方的黑色海绵大山洞；一个可以闭上眼只用身体去感受和改变的空间；一个设计、业主、施工，我们一家子就给包圆了的项目。它充分印证了一个永恒的真理：任人唯亲。

有方：最近在业务上最烦的事是什么？

刘阳：我在自己单干之初，定了三个质量监督标准：

1. 赚的钱够不够养老婆孩子？
2. 自己是不是越来越喜欢做设计？
3. 有没有房子盖出来？

建筑师在做什么

上：郑州小学项目模型
下：河北农家院项目模型

现在看来：

1. 钱够花，主要卖艺，偶尔卖身；

2. 越来越知道自己喜欢和擅长做什么了；

3. 有，但是不够彻底，很多都没法实现。

这事也不能说是烦，就是有点无奈和可惜吧。我往往会自我安慰，就像旧梦不要重温一样，有些房子不盖反而更好，省得梦碎一地。就像我们之前做的月亮舞台，缘起就是场梦：在河北一个山村里，老师想帮孩子们开场露天音乐会。我们来到那里，被老师和孩子们的干净善良打动，希望营造出一个同样纯净的地方，梦想着孩子们可以在月亮上唱歌跳舞。虽然美梦至今没有成真，但我们还是可以一直睡在这场梦里。别醒。挺好。

有方：最近在集中琢磨什么问题？

刘阳：把设计和施工一起给干了。就跟高级定制的服装设计师似的，最后交付业主的是"成衣"，而不是"图纸"。毕竟我向往的建筑设计还是个"高级定制"的活儿，一个作品只能卖给一个人。

为此，我们准备先从北京的室内项目干起。目前已经搭建了从销售到设计，再到施工的一个草台班子。名字已经注册：大象——大料它哥。

另外，我一直想让建筑变得更有趣，更吸引人，甚至更加时尚化、娱乐化。就跟衣服似的，会有很多人追求和爱好这个；建筑也可以拉近和专业外人士的距离，让建筑成为一个兴趣，一个业余爱好，让建筑师成为跟歌手一样的明星偶像，看得见也摸得着。这样，整个社会对建筑的认识会更好，更能体会建筑真实的魅力。功利些说，未来甲方的品位和要求提高了，房子肯定也会越来越好，群众基础决定上层建筑。

比较简单的方法，是让大家可以通过日常的东西，去参与和玩味建筑所特有的美与智慧，让建筑变得更容易被消费。比如旅游、视频、物件甚至全民参与的设计竞赛。而我自己正准备从手机 APP 入手，名字已经想好：小料——大料它弟。

有方：最近读的最有趣的一本书是什么？

刘阳：《火影忍者》。不说内容怎么样，每周末都能把我定在那半小时，琢磨那几页小画，一看就是15年，已经成了生活习惯，更实践了一种人生理想：和作者一起慢慢变老。也许，作者选择结束比再写15年更难。

有方：最近一次旅行去了哪里？

刘阳：印度，在阿拉哈巴德被上百万人拥着往河里赶的时候，他们满怀希望，我只剩绝望……不过事后回想，他们还留有自己的语言、文化、服饰、信仰、故乡……真是很幸福的事。

有方：最近有没有新发现某位特别有启发的建筑师？

刘阳：曾经有一批建筑师对我很有启发：巴拉干、约翰逊等。他们的共同点是：有钱，自己设计自己盖，玩得真happy！

最近的话，我一时想不起什么人来。八卦越听越多，杂志越看越少。倒是前几天看的电影——《荒野生存》的男主角给我刺激很大：真实干净、自由不羁。希望我的建筑能如此，我亦如此。

有方：最喜欢的、对自己影响最大的建筑师是谁？

刘阳：我可以说姜文吗。对我影响最大的就不太知道了，也许是李安。在他的片子里能看到跟建筑师个人创作有关的几乎所有元素：情怀、结构、技术、光……经得起品，也耐得住嚼。也许，我的设计理想就是，李安的情怀让姜文讲出来。

有方：最近中国建筑界哪种现象最让你反感？

刘阳：中国建筑圈太和谐了，少了些"坏人"——多是大义凛然的儒将，少有缺胳膊短腿的蛮子，更鲜有爱谁谁的痞子。

有方：上学时，哪门课让你最有兴趣，为什么？

刘阳：本科时，孙希磊老师的毛概课。跟听评书似的，把你装到他营造的氛围里，

65 刘阳

大料建筑工作室工作场景

内容已经不重要，情绪起来了，他说什么你都信。那时的我，感觉在历史课的教室里，空气是红色的；真的很遗憾，英语课的空气是灰色的，有霾。现在想想，建筑也应该是这么回事吧，氛围最重要。

有方：最讨厌的甲方是什么样的？
刘阳：我和甲方大都还是"自由恋爱"，无论我在其中是生猛的男方还是娇嗔的女方，我们都有过美好的时光。区别在于或白头偕老，或提上裤子就走人。所以即使离婚，我也说不出来最讨厌他们哪里。关系都是相互的，别一上来就"霸王硬上弓"便好，需要前戏。当然，如果真有人拿钱砸我，我也会倔强地对她说："I do！"

有方：最近哪件社会议题最让你关注？
刘阳：减肥。可能到岁数了，我周围的朋友，男女老少，都在减肥，我也不例外。既然大家都开始对自己有要求了，冒着被活活饿死的危险，玩了命的"设计"自己；那么对建筑，也应该会越来越有要求吧——这事咱也不能凑合。

有方：最近除了设计外，花最多精力的活动是什么？
刘阳：我的设计跟生活早就糊在一块了，很难说把设计拔出去后在干嘛。我很享受这种工作和生活没有分界的日子。
每天花时间比较多的事是在办公室里听歌。"魔岩三杰"在香港红磡开演唱会快20年了。1994年我小学五年级，听郑智化；2004年我大学四年级，听左小诅咒；2014年我儿子都4岁了，偶尔听听阴三儿。

有方：最近有没有对建筑设计感到困惑、厌倦，想过改行，改做哪一行？
刘阳：我跟建筑还处在谈恋爱时的试探期，会琢磨她的一个眼神，猜测她的一个动作。一句"好好的，别太累"，够我掂量一个晚上。困惑、惊喜、感伤、顿悟，都常伴左右，反反复复。我想，厌倦的话，应该发生在出柜以后吧。

66/ 李保峰

有些"绿色建筑"是先悄悄地制造问题,再隆重地予以解决

李保峰,华南工学院学士,华中工学院硕士,清华大学博士,现任华中科技大学建筑与城市规划学院院长,《新建筑》杂志社社长,《建筑师》杂志社编委,中国高等学校建筑学专业评估委员会委员,湖北省建筑学会副理事长,教授,国家一级注册建筑师。

采访时间:2014年12月

有方：最近在做的项目是哪些？

李保峰：最近为雅安地震灾区做两个幼儿园。还有一个虽进展很慢但与甲方沟通很好的云台山世界地质公园博物馆，区区3700平方米，做了整整3年，设计及施工期间与甲方争吵不断，最后我们成了好朋友。

有方：在拿到一个委托时，最先会做什么？

李保峰：通常会和我的研究生去现场，重点研究地形地貌及城市周边关系，分析任务书，挖掘可能的创新点。教师的眼界、经验加上学生因缺乏经验而不受约束的畅想，常常会导致独特的设计起点，可谓教学相长。

有方：当项目进入施工阶段，会经常去现场吗？如去，通常会遇到什么问题，又是如何解决的？

李保峰：我认为去工地是建筑设计不可分割的重要环节。适应复杂地形的局部设计调整、对材料在真实环境中的选择判断、特殊做法的现场试验等，都需要去现场完成。我有过几次"关键时刻不在现场"导致的遗憾：有时是结构专业仅从结构角度作出的"正确"调整，影响了整体关系；有时是施工队为施工便利，改变了设计，监理公司却视而不见。所以，我会在可能的情况下，在我认为关键的时候，常去现场。我的项目不多，每个项目去工地的次数恐怕都不下20次。

有方：最近在业务上最烦的事是什么？

李保峰：主要是时间与精力不够。发展中院系的行政管理耗掉太多时间，而设计对时间的需求也是无止境的——尤其是扁平化小团队的带领者，个人投入的精力很大。我应该卸掉行政工作，专心做建筑师和教师。

有方：最近读的最有趣的一本书是什么？

李保峰：我上大学之前当过农民和工人，始终缺乏严谨的读书态度，欣赏陶渊明：好读书，不求甚解，每有会意便欣然忘食。
最近读了雷泽·梅本的《新兴建构图集》，该书虽名为图集，其实并不是工具性的，相比 Kenneth Frampton 那本《建构文化研究》，它更针对数字化时代的新现象、新问题，读后引出许多超出建构问题的思考，更像一本关于数字时代设计方法论的著作。

有方：最近一次旅行去了哪里？

李保峰：今年暑假去了挪威、芬兰和丹麦，参观了一些大学，结识了一些新朋友，获得许多新的城市及建筑体验。在建筑教育上也颇有启发，尤其是参观丹麦皇家艺术学院，那个早年培养出了老明星 Jorn Utzon 和如今当红明星 Bjarke Ingles 的建筑学院，并没有因为出了几位大师就走向风靡夸张的明星风格，他们的教育仍然冷静地关注着建筑学和设计的基本问题。

有方：最近有没有新发现某位特别有启发的建筑师？

李保峰：华侨大学的尹培如，一个因地缘制约而难觅"高大上"甲方的年轻教师兼建筑师，其作品及文稿充满着真实和鲜活的思考。

有方：最喜欢的、对自己影响最大的建筑师是谁？

李保峰：Peter Zumthor。我 1988 年流浪欧洲时参观过他设计的位于瑞士小城 Chur 的古罗马遗址博物馆：几个盖在古罗马墙基遗址上的简洁木盒子和一座插入其中的"桥"。我前年设计的恐龙蛋遗址博物馆，其概念便受到他的影响。我尤其欣赏他平和的心态，对场所及材料的巧妙挖掘，以及使用自然光的分寸。还有一位德国老前辈，慕尼黑工大的 Schroeder 教授，1988 年夏天我请他给我开个书单，老先生给却我开了一个城市和建筑的列表，建议我不要闭门读书，而应亲身体验城市及建筑。两个月的时间里，我参观了欧洲许多城市和建筑，那些课本中无尺度的照片、抽象的图纸和数字，与真实的感受逐渐建立了联系。至今印象深刻的是汉斯·夏隆的作品，那些貌似混乱的平面图、剖面图，却对应着精心推敲的、极其灵动的空间和秩序；那些平面上貌似随意的开窗和墙体，创造了动人的光影和对人之行为的引导。夏隆的作品使我意识到设计媒介之于真实设计的局限。旅行结束后，我明白了"行万里路"对于设计学习的重要性，此后便养成了旅行的习惯，终生获益。

上：恐龙蛋遗址博物馆外景
中：恐龙蛋遗址博物馆细部
下：恐龙蛋遗址博物馆室内

有方:最近中国建筑界哪种现象最让你反感?

李保峰:关注"绿色"而忘了"建筑"。

建筑学几千年的发展是一个不断完善,而非彻底自我否定的过程,建筑学中有许多具有永恒价值的内核。绿色建筑本是对工业革命后过度消耗资源能源,及破坏环境的建筑设计方法的修正,但有些所谓的"绿色建筑"最终似乎要否定建筑学的本体及核心价值,评价建筑时动辄以"多少套先进技术"作为标准——采用技术越多,评价就越高,以至于足以用造价低廉的被动策略解决的问题,也使用复杂的成套技术,用高射炮打蚊子。有些"绿色建筑"则是先设计了不合理的玻璃盒子,然后再增加各种可调节外遮阳、双层墙体、Low-E玻璃、地源热泵等昂贵的技术,以此显示建筑的"先进"和"绿色"。先"悄悄"地制造问题,再"隆重"地予以解决;这无异于先"偷偷"伤人,再"公开"救助,并宣称具有救死扶伤的高尚情怀。

按照仅仅关注绿色指标的原则,Louis Kahn的建筑会因其体型系数过大而全部枪毙!

我的两位老师——Thomas Herzog教授的"设计与技术整合"(而非堆砌)的设计方法和清华秦佑国教授"要人文地学习建筑技术"的观点,在当下仍然具有启发性。

有方:上学时,哪门课让你最有兴趣,为什么?

李保峰:我1978年2月考上华南工学院时,中国刚改革开放,外语系教师几乎全是俄语背景,以至于第一学期竟开不出英语课,老师们第一学期自己"急用先学",第二学期再对我们"立竿见影"。专业教师很认真,但经过10年浩劫,他们有明显的知识及界限的局限性,有的老师还在使用诸如"苏修的规范"之类的语言,设计课主要关注的是功能合理、方便建造及经济性,外建史课基本是照本宣科。至今还依稀记得看完那些模糊不清的黑白幻灯片之后的茫然。除了刘管平教授的设计课和陆元鼎教授的中建史以外,难有课程引起我们极大兴趣,倒是有些讲座很令人兴奋,如同济大学陈从周先生客串讲中国园林,美国德州大学Burges教授讲城市设计,听后方知,原来讲课也可以精彩。1982年之后学院逐渐引进了很多优秀老师,可惜我们已经毕业。

有方：最不愿打交道的甲方是什么样的?

李保峰：自己没想清楚却瞎指挥,其后又不断变换要求的甲方。有时候换位思考,也理解甲方:作为下级对上级的服从,作为投资者面对效益的压力,他们不可能处处对建筑师言听计从,建筑师大可不必局限在自己的专业圈子里发牢骚。好在作为大学教师,我们可以有选择性地找投缘的甲方做设计。我去年完成的青龙山恐龙蛋遗址博物馆,业主是一难得的好甲方。这个项目仅以概念草图和工作模型便获得了理解,效果图是后来送规划局审批时才补充的。但这样的甲方可遇不可求。

有方：最近哪件社会议题最让你关注?

李保峰：城市中弱势群体的基本需求。目前许多中国城市中的残疾人设施几乎仅是装饰,城市管理部门对改变残疾人设施状况的理由是方便管理——"管理方便"的权重竟高于使用者的需求;还有大量因开发而占据残疾人设施的现象,占据者振振有词,说经过政府批准,仅临时占用而已——资本竟然可以公然占据公共空间,践踏弱势群体。当下中国社会不乏高尚口号,却缺乏最基本的同情心。

有方：最近除了设计外,花最多精力的活动是什么?

李保峰：学院管理、旅行和阅读。

有方：最近有没有对建筑设计感到困惑、厌倦,想过改行,改做哪一行?

李保峰：作为"双肩挑"的角色,教学及管理占用了大部分时间,我实际上没有太多时间做设计。好在个人没有太多对物质渴望,在学校工作也无生产压力,所以我可以选择一些经济效益不高,但具有一定探索性的项目。这类项目往往周期长,需要更多的前期研究和后期现场服务。没有高强度设计的疲劳,也就没有困惑和厌倦。相反,我结合多年设计经验和教训,主讲的一门设计方法课,因不断得到当下设计问题的反馈而得以逐渐深化和充实,我反而乐此不疲。设计是一门实践性学科,设计教学不能脱离当下中国的城市与建筑问题。

67/ 李立

有个项目现场跑过一百多次

李立,同济大学建筑与城市规划学院副教授、博士生导师。1973年出生于河南省开封市。1989年考入东南大学建筑系,2002年毕业于东南大学,获得博士学位。2005年于同济大学建筑与城市规划学院完成博士后研究。执教同济以来,以空间研究为支撑,在设计教学与建筑创作等方面展开实践。曾在设计课教学中发展出以"剖面优先"为特点的系列教案。从2007年开始建筑实践,主持设计洛阳博物馆、费孝通江村纪念馆、阖闾城遗址博物馆、山东省美术馆。曾获得中国建筑学会青年建筑师奖、中国建筑学会建筑创作奖、全国优秀工程设计奖等奖项。

采访时间:2014年12月

有方：最近在做的项目有哪些？

李立：正在做施工图设计的是一战华人劳工纪念馆，在山东威海。第一次世界大战期间，数十万华人劳工从威海远赴欧洲前线，用血汗换来了中国战胜国的地位，为中华民族寻求新的国家认同和参与战后国际秩序的重建做出了巨大贡献。我希望用一个隐入场地的形体来表达那段鲜为人知的历史，并将事件的意义与场地本身的特征集结为一体。

正在施工中的是中华玉文化博物馆，在河南南阳的石佛寺镇，虽然是个偏僻的乡镇，但那里是中国最大的玉雕产业中心，我用方案说服业主放弃了仿古建筑的思路，但在建造过程中还是遇到不少困难。

刚刚赢得竞标的是杭州的中国丝绸博物馆改扩建工程，西湖风景区的管控严格，不知道在将来的实施过程中还要经受多少折磨。

有方：在拿到一个项目的设计委托时，最先会做什么？

李立：我的委托项目很少，绝大多数项目需要通过竞标获得。不论是否委托，工作方法没有明显不同，基地的现场踏勘是最重要的。我重视第一感觉，第一次的现场踏勘我总是比较紧张。记得去威海看场地的时候，学生们看到大海都捡贝壳去了，我像个猎人一样四处查看，浑身的毛孔都张开着。

有方：当项目进入施工阶段时，会经常去现场吗？如去，通常会遇到什么问题，又是如何解决的？

李立：必须经常去。做洛阳博物馆和山东美术馆的时候，我到工地的次数都超过50次，工期都是只有一年多一点，基本每周一次的频率。费孝通江村纪念馆虽然小，也去了几十次。阖闾城遗址博物馆的工期长，我去了一百次以上，无锡离上海近，几乎随叫随到。图纸不可能解决所有问题，现场施工的各种情况不可预知，尤其是工期短的工程，一些失误会引发连锁反应，建筑师必须保证对全局的掌控。此外，我希望形成对业主的威慑力，使他们不敢乱改我的设计，听起来可笑吧。

有方：最近在业务上最烦的事是什么？

李立：如何保持建筑实践与教学的平衡。我已经很久没有真正介入教学了，现在的我只能算是个本分的教师吧，而我理解的真正的教学状态必须要有进取心、教学法以及执行力：进取心是对未知的探索，教学法要自成系统，执行力则是坚持但因势而动，这三者缺一不可。以前我有过专注教学的时期，那时我的学生被称作"李家军"，其实就是我教的学生看起来都傻傻的，你能认出来。当年包豪斯的教学还做体操呢，这个叫不疯魔不成活。目前建筑实践牵扯了我太多的精力，一时还无法破这个局。

有方：最近在集中琢磨什么问题？

李立：如何建立一个团队。我从2007年开始建筑实践，7年盖了4个房子，但是始终没有形成一支能够正常运转的团队，这里面主要原因还是在上海高昂的生活成本压力下，我没有信心去经营一支团队，或者说，如果组建了团队，在面临可以预期的项目选择上，我还没有信心做到一心二用。我就这样畏首畏尾拖延了时间，现在我终于意识到自己过去的那种工作方法再也不可持续了，变革必须开始。

有方：最近读的最有趣的一本书是什么？

李立：《花花朵朵，坛坛罐罐》，这是沈从文先生转行之后在文物考古研究方面的一些文章合集。我和考古打交道比较多，沈先生能取得这样的成就我想应该和他作为文学家的思维结构有关，拥有超越的视界方能在史海钩沉中纵横自如。沈先生转行的经历也让我想起童寯先生在新中国成立以后的境遇，虽然中止了建筑设计，但同样在新的领域取得非凡的成就。还有冯纪忠先生说的："你不要以为你抓着钱我就没办法了"（指何陋轩），这都是知识分子的傲骨啊。

有方：最近一次旅行去了哪里？

李立：暑假去了比利时和法国度假。

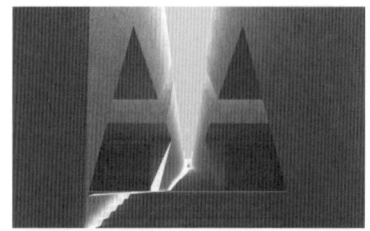
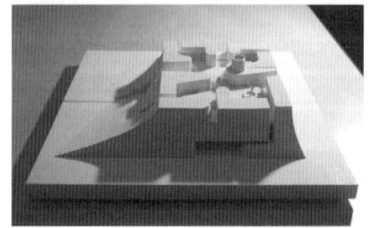

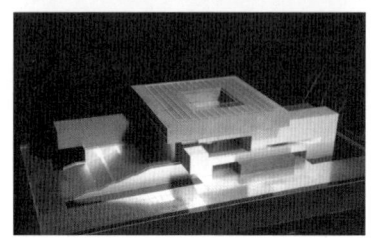

上： 一战华人劳工纪念馆渲染图
中上：中华玉文化博物馆模型
中下：中国丝绸博物馆改扩建工程渲染图
下： 河南省旅游服务中心模型

有方：最近有没有新发现某位特别有启发的建筑师？

李立：基本上，前后左右的建筑师我都还比较关注。比如，我在威海看过华黎的几个房子，点点滴滴的细节都有所考虑，让我感慨不已。庄慎、傅筱等建筑师的作品也对我有启发，还有一个特别的人是黄印武，我喜欢叫他"黄道长"，他在云南乡下已经隐居了10年，更广泛地深入参与到乡村建设之中，这种精神感人至深，我们这代人无论如何不应该奢谈享受，我们的使命仍然是付出。

有方：最喜欢的、对自己影响最大的建筑师是谁？

李立：最喜欢斯卡帕，我在他的建筑里感受到自己的内心在颤抖。对我影响最大的是我的导师齐康先生，他融汇的思想、本真的观念以及因势而动的工作方法给予我莫大的影响，老师8年多的言传身教于我是巨大的财富。此外，卢济威老师的城市设计思想为我指引了一条理解城市的路径。尽管我们这个时代获取知识的渠道很多，但我依然相信师徒相授是建筑学传承的重要而且有效的方式。

有方：最近中国建筑界哪种现象最让你反感？

李立：不想回答，让时间和思想去检验一切吧。

有方：上学时，哪门课让你最有兴趣，为什么？

李立：中国建筑史，我喜欢陈薇老师和朱光亚老师的师者风范，喜欢东大古籍书库的书香味儿。研一的暑假有幸跟随两位老师去山西、河北等四省考察古建筑，一路聆听二师对木构典例的讲解剖析获益匪浅，特别是路上夜宿佛光寺，那是难忘的人生经历。

有方：最讨厌的甲方是什么样的？

李立：建筑师和甲方要讲缘分，气息不对或者说"臭味不投"做不出好房子。我很幸运遇到的业主都很支持我的工作，像我这样没有什么资历的建筑师能主持设计那些大工程，除了感谢还能说什么呢？有的甲方或许曾经对我苛刻，但

阊阖城遗址博物馆实景

我从内心感谢他们。只有那么一次,在被一个甲方忽悠多次、忍无可忍之后,我借酒壮胆历数了甲方的种种不是,结果呢?从此失去了联系。

有方:最近哪件社会议题最让你关注?

李立:依法治国,特别是法治的观念何时才能够真正影响到具体决策的地方官员?4年前,我在郑州设计了河南省旅游服务中心,那是河南省的重点工程,完全合法。工程顺利建设封顶之后,新的市委书记到任,却以修路为由要将大楼拆除!这可是2个亿的投资啊!业主河南省旅游局为此事抗争了2年多,到现在仍没有结果。我也在这一事件中体会到世间的人情冷暖,利字当头,人心巨变。现在中央推进依法治国,我又看到了希望。作为一个河南人,我深爱着家乡这片土地,我将密切关注这一事件的进展。

有方:最近除了设计外,花最多精力的活动是什么?

李立:尽可能多地陪伴女儿,她成长得很快。我的观点是不能把孩子的教育都推给妻子或长辈,父亲在孩子尤其是女儿的成长过程中扮演着至关重要的角色。

有方:最近有没有对建筑设计感到困惑、厌倦,想过改行,改做哪一行?

李立:厌倦还没有,我的实践进行了7年,自己的建筑师道路应该还是在起步阶段,有点儿累倒是真的。记得幼年的时候,看电影《人到中年》,妈妈掉眼泪了,我体会不到。现在明白了,人生不易,我已人到中年。

68/ 柳亦春

结构为何

柳亦春，大舍建筑设计事务所主持建筑师、创始合伙人，同济大学建筑与城市规划学院及东南大学建筑学院客座教授。出生于1969年，毕业于同济大学建筑系，建筑学硕士学位。他和合伙人陈屹峰所主持的大舍的作品，长期以来一直受到专业领域的持续关注，曾受邀参加法国蓬皮杜中心"当代中国建筑与艺术展"、威尼斯双年展"中国新锐建筑创作展"、深港城市\建筑双城双年展、米兰三年展等重要的国际性建筑展览，曾获"远东建筑奖"、由美国《建筑实录》杂志评选的2011年度全球十佳"设计先锋"（Design Vanguard 2011）以及由英国《建筑评论》杂志评选的 AR Awards for Emerging Architecture 等奖项。

采访时间：2014年12月

有方：最近在做的项目是哪些？

柳亦春：最近在设计一座步行桥，其实已经设计两年多了，和结构师大野博史以及张准合作，国内配合单位是上海城建设计院。发现设计桥和建筑，无论是结构概念还是构造节点，侧重点都很不一样。奈何每一次和配合设计院的结构师之间的交锋，都像是一场惨败。再败再战。

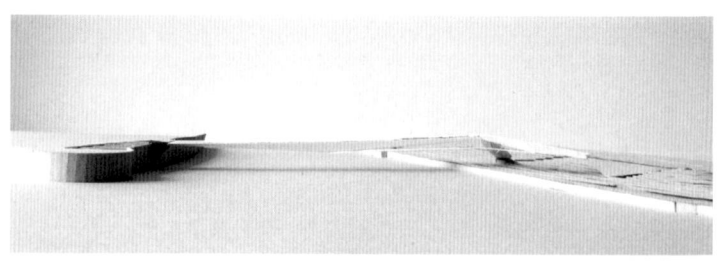

日晖港步行桥概念图纸及工作模型

最近和事务所同仁花了 6 个半月时间，从设计到施工完成了一个 1 万平方米规模的厂房改造艺术中心的项目，因为设计时间和工期都非常短，设计内容包括拆除、改造、新建，直至装修投入使用，所以设计策略必须精准有效，需要在极端要求的设计与施工时间内保证足够好的空间质量，也是非常刺激的挑战。设计的结果和我们以往的大部分设计相比，似乎缺少了些"深刻"的设计概念，但最终完成的空间自己觉得却是非常的轻松愉悦，同样带来了不少有益的思考。最近还参加了那个著名的赫尔辛基古根海姆美术馆国际竞赛，本来打算花 2 周时间，结果时间搞错了，只做了 4 天，但构思了一个新的结构、设备与空间整合

上：古根海姆竞赛方案室内渲染图
下：西岸艺术中心内景

的组织类型。等着实现的另一天。

有方：在拿到一个项目的设计委托时,最先会做什么?
柳亦春：去基地。

有方：当项目进入施工阶段时,会经常去现场吗?如去,通常会遇到什么问题,又是如何解决的?
柳亦春：当然要去现场,关键的时候甚至要天天去,多的时候一天去过三次。各种问题,各种解决方式。

有方：最近在业务上最烦的事是什么?
柳亦春：媒体联络、业界活动有点多。

有方：最近在集中琢磨什么问题?
柳亦春：结构为何?
类比（analogy）/ 陌生化（defamiliarization）, 内在性（interiority）/ 先在性（anteriority）, 源隐喻（root metaphor）。

有方：最近读的最有趣的一本书是什么?
柳亦春：最近阅读各种散落的文章比较多。最近周渐佳发给我一份罗西写于1980年的《一部科学的自传》英文电子版,着急先读了城市笔记人在2010年翻译的节选,真是优美。比如这段：

这里,我在建筑、人、器物中所体验到的那种悬念品质,会唤起我心中升华出来的冷静形态;这里,同样,我也想超越那铁窗,去在最后的晚餐的桌布上布置我自己的一个物体,以便逃脱我只是生命过客这么一种状态。在我的所有项

大舍建筑设计事务所工作场景

目和绘图中，我以为，总是存在着这种意思超越了建筑本身的这样或那样瑕疵的那种自然主义。当我在纽约看到了 Edward Hopper 的完整画展之后，我意识到，他的画就是关于我的建筑：像《Chair Car》、《4 车道的路》这样的作品，就把我带回了那些无时间性神奇的静止之中去了，让我想起它们就是为永恒准备的桌面，是永远不会被喝光的饮料，是只是"自在"的事物。

有方：最近一次旅行去了哪里？

柳亦春：本来最近一次的旅行是去了香港和武夷山。去香港是在香港大学参加一个和混凝土建造有关的会议，还做了一次《结构的意义》（What Could A Structure Mean to Architecture）的讲座，劳烦朱涛老师给做的英文翻译，累得他中场都走神了。武夷山是参观华黎设计的竹筏厂新建筑，一个看似简单但充满思考的设计。

问答写完后赵磊竟然一直没来催稿，结果找不到了又重写，于是最近的一次旅行就变成了伦敦。去伦敦随意看了几个建筑。印象深刻的有三个，索恩（John Soane）住宅、西敏寺（Westminster Abbey）和劳埃德大厦，结果从索恩住宅和劳埃德大厦身上我竟然都读到了西敏寺。随着时间的流逝，罗杰斯的劳埃德给我更为深刻的感受不是高技，反而是它身上流露出的古典精神，这真是一件让我觉得非常愉快的事情。而索恩住宅则是一个微缩了的西敏寺的混杂。于是西敏寺去了两次。

有方：最近有没有新发现某位特别有启发的建筑师？

柳亦春：罗西。突然有种离得很近的感觉。

有方：最喜欢的、对自己影响最大的建筑师是谁？

柳亦春：很难说"最喜欢"或者"影响最大"，但是最近一段时间以来，我比较喜欢筱原一男的一些住宅作品。他的作品和我最近琢磨的不少问题都相关。

有方：最近哪个建筑议题最让你关注？

柳亦春：本来也没什么特别的话题，"奇奇怪怪的建筑"也有段时间了，但还是挺担心官方怎么给它下定义。还有就是关于一级注册建筑师制度的调整，是否会对独立建筑师事务所带来影响？传说中一注的《终身责任承诺书》，也不知道会是怎样的结局……

有方：上学时，哪门课让你最有兴趣，为什么？

柳亦春：历史，我是说中学。因为有很多故事。

有方：最讨厌的甲方是什么样的？

柳亦春：甲方怎么能讨厌呢？！能成为我们甲方的都不讨厌。能当甲方的都不是一般人。

有方：最近哪件社会议题最让你关注？

柳亦春：我们的未来。

有方：最近除了设计外，花最多精力的活动是什么？

柳亦春：上半年教学，下半年码字。

有方：最近有没有对建筑设计感到困惑、厌倦，想过改行，改做哪一行？

柳亦春：既不困惑也不厌倦，但改行也是挺有诱惑的。
要是改行，烧饭做菜肯定不如俞挺、张斌他俩，但或许可以搞个"有方"这样的，或者做个小编辑，骚扰那些还在做设计的建筑师们，让他们写写书评，做做讲座，相互对话，相互品鉴，写读后感，写最近都在做什么，转转发，点点赞……
当然，这是玩笑。
其实最想改的那一行，就是什么也不做，四处转转，闲逛。我打算挪个三五年，试试。

69 / 陆轶辰

米兰世博会中国馆教会我很多事

陆轶辰,清华大学副教授,Link-Arc 建筑师事务所主持建筑师。本科毕业于清华大学,先后工作于建设部建筑设计院、非常建筑。于耶鲁大学获得建筑学硕士学位。曾获得日本文部省平山郁夫奖一等奖、耶鲁大学罗伯特·艾伦·瓦德优秀设计奖、耶鲁大学弗兰克·盖里工作室弗莱德曼设计奖提名。2006年,获日本"新建筑国际住宅设计竞技大奖"一等奖第一名。2013年,代表清华大学所设计的"2015年意大利米兰世博会中国馆"获国际竞赛第一名,主持了其中的建筑设计部分。

采访时间:2014 年 12 月

有方： 最近在做的项目是哪些？

陆轶辰： 最近主要做的项目是2015年米兰世博会中国馆建筑部分的工作。项目的方案深化、施工图都已做完，拿到了施工许可，现在忙着落实二次施工图、材料定案、施工工艺，以及意大利现场各专业工种间繁杂的协调工作。同时在做的项目包括深圳一个55万平方米的规划（二期施工中）、一个集团档案馆，以及一个影剧院设计；在谈的项目包括纽约曼哈顿中城42街的一个改造项目；在法国里昂，妹岛设计的卢浮宫在做一个加建的竞赛，我们和我前努维尔的同事一起组成的联合体（美、法）也入围了首轮的前5名。

有方： 在拿到一个项目的设计委托时，会做什么？

陆轶辰： 1. 可行性研究：价值观、目标取向不一致的项目，尽量不接；2. 简化、优化任务书：项目做不好，往往一开始的任务书就是错的；3. 定义主要问题：结合任务书，从各方面入手，把最客观的问题暴露出来；4. 切入解决问题的核心，不计其余；5. 忘掉问题，让建筑自己说话；6. 最后，享受设计和解决问题的快乐。

有方： 当项目进入施工阶段时，会经常去现场吗？如去，通常会遇到什么问题，又是如何解决的？

陆轶辰： 一定是希望经常去。但由于我们事务所设在纽约，如果是中国的项目，会很难保证去现场的频率，所以我们对图纸深度、和LDI配合的要求会很高。同时，在施工阶段，我们一般会要求总包拿出很明确的施工进度表，我们卡着施工节点去现场解决问题。在现场什么样的问题都会遇到，涉及设计的问题其实只是很少的一部分，很多是职业性和整个建造体系不规范所带来的。很多场合很狗血，最近一次是我本人抡着铁锤砸施工方做错了的墙，一群工人和包工头围观……在中国，解决问题的方式很江湖，先喝酒，再吵架，再合作。现在我们在意大利做项目，发现情况也是一样。

| 建筑师在做什么

上：米兰世博会中国馆渲染图
下：米兰世博会中国馆模型局部（摄影：洪喆恒）

有方：最近在业务上最难的事是什么？

陆轶辰：事情头绪太多，真正留给设计的时间太少。我们一直在讲，做项目是"如履薄冰"——项目中每件看似极小的事件，如果不落实好，最后没准就会颠覆整个设计，让团队全年的努力付之东流。尤其在中国，房子要盖得好，1/3是设计，其余都是图纸之外的事情：与业主沟通、与营造商沟通、与工人沟通——最难的就是这块儿。坐在办公室，出不了好建筑，然后需要额外"挤"出时间来推进设计。

有方：最近在集中琢磨什么问题？

陆轶辰：精力有限，无暇旁顾。我们思考的问题总是和正在做的项目联系在一起。比如这次米兰世博会中国馆：它的建筑设计在北京和纽约实现；结构顾问在纽约和威尼斯；参数化顾问在洛杉矶；幕墙顾问在上海；MEP顾问在意大利和北京；整个建筑的钢、木结构、屋面节点的深化、预制则分布在意大利北部的各个不同城市——所有的设计沟通都是跨地域的。为了切实把设计落地，我们的实践深深地介入了具体的施工流程和加工工艺，我们考察了每一家潜在的营造商，落实每块材料、每个节点，甚至每个螺丝的位置。从中体会到在不同建造体系下协同工作所带来的文化和知识上的冲击。

有一次，我们从木材营造商的工厂（意北部，靠近德国和瑞士）参观完，精疲力尽地开车回米兰。一路山路崎岖，视野开阔间看到山里散落着零星的牧场和山民自盖的房子，不高，至多2-3层，个个依山而建，背衬蓝天、绿地，散发着由真实建造带来的优雅。突然想到，我们努力要盖的房子，不就是想要像这些村落般从自然中朴实地生长么？我们受了那么多建筑教育，绕了一圈，花了很多时间去纠正一些错误，比如避免虚饰、浮夸，而我们一直追求的，其实就是努力盖一些"正确"的房子——价值观正确、建造逻辑正确、材料认同正确、使用的方式正确。可别人早就那么盖了，而且是自发的。反过来，看我们国内被拆掉的那些古城、古村里的民居，不就是这样的一些房子么？滑稽的是我们受了那么多建筑教育后,学会的是拆掉那些正确的房子,盖那些所谓的"现代建筑"。

有方: 最近读的最有趣的一本书是什么?

陆轶辰: 看书比较杂,最近记忆比较深刻的有 Susan Gray 写的一本《Architects on Architects》,由一些已经成功的建筑师,谈他们成长过程中的一个对他们影响最大的建筑师。因为当年在耶鲁研究生院,我听了很多有关保罗·鲁道夫的传奇事迹,这本书里福斯特、斯特恩、斯考特、汉斯·布索都谈了当时师从鲁道夫时候的一些故事,让我尤其感兴趣(罗杰斯也是他的学生,但在书里谈的是皮埃尔·夏劳的玻璃屋)。这些"大佬"在回忆时,还间或吐下槽或者发下感慨,让人觉得无比真实——这些家伙也曾经像没头苍蝇一样盲目崇拜过榜样,也被老师、老板折磨得遍体鳞伤,至今心有余悸。这些建筑大师在书里都是些活生生的人,讲另一些活生生的建筑师的故事。

有方: 最近一次旅行去了哪里?

陆轶辰: 真正意义上的旅行今年没有。就是在纽约、北京、上海、深圳、香港、米兰这些城市连轴转,教书、做设计、作汇报……期待明年吧。

有方: 有没有新发现某位特别有启发的建筑师?

陆轶辰: Nobuki Ogasahara,他是我在留学期间的一个普通的日本留学生同学。矮个、关西人、其貌不扬、语言不佳、才华平平,但他努力、敬业,日出而作,日落不息——在耶鲁的 3 年里,他和保罗·鲁道夫造的那栋系馆简直是"长"在一起;为了磨练自己的意志,他特意搬到离系馆很远的地方住,从不坐校车,即使冬天齐膝大雪,他也一步步走回去;他没有假期,到一个地方就疯狂考察建筑、做笔记、画草图。一个小个子的日本人,但骨子里有着对建筑学的一种近乎献身的执着。Nobuki 未必以后会如何著名,但我从他身上学到最多。

之所以聊到他,是因为我最近一直在想一件事情,就是建筑师这个职业的专业性和职业性。对于那些名声在外的日本建筑师,大家如何看待他们在建筑学的地位是见仁见智的事。但每一个普通的日本建筑师的职业程度和敬业精神,他们对工艺传统的尊重,对"物"的崇拜和痴迷,让在中国实践的我很沮丧。我在清华的第一节课就对学生讲 Nobuki 的故事。我告诉他们,在这样的大环境下,大家能做的只是在个体上再努力一些,从画你们学习设计后的第一根线开始,不要放弃,对未来要有担当。

有方:最喜欢的、对自己影响最大的建筑师是谁?

陆轶辰:喜欢的很多,但对自己影响最大的应该还是我在耶鲁的老师弗兰克·盖里。我们俩很有缘,我上他的工作室课程才 4 周,他就当着其他学生的面,提出要我为他工作;到了洛杉矶,也因为我作为他的学生和他一起做设计、走得太近,让我在盖里事务所很难混(笑)。

从盖里身上学到最多的还不仅是建筑设计。2008 年经济危机期间,他面临着突如其来的压力,比如:大型项目无限期中止、被迫裁员、女儿去世,甚至一个 76 层的高层盖了一半就差点被迫封顶……同事们都小心翼翼,怕接二连三的打击让老头承受不了。但看他还是大大咧咧,没心没肺地开心,孩子似的喜欢出风头。80 岁生日那天,他一屁股跳上黑人明星 Samuel Jackson 的摩托车,吵着要出去兜风。

我一直佩服他强悍的神经,一般人扛不过去的很多事情在他那里根本不是事儿。认识他,才知道"疯狂、前卫"是天生的,不是可以装出来的——一般人可以装 10 年、15 年,能装一辈子么?我在他之前和之后也给很多很棒的建筑大师工作过,但盖里教我学会如何强大地面对人生困境——比起生活的命题,设计其实是很次要的事情。

有方： 最近中国建筑界哪种现象最让你反感？

陆轶辰： 没关注，不反感。存在必有其原因，从不同的立场、角度去看都是合理的。

有方： 上学时，哪门课让你最有兴趣，为什么？

陆轶辰： 彼得·艾森曼的两门课"Visual Study"和"Diagram Analysis"。我当年读研究生院之前，已经在国内工作了5年，出国读书相当于包子没蒸好回笼。但由于已经盖过房子，对一些太幼稚或者完全脱离实践的课程已经不太感冒，不能随便任老师"捏"了。但艾森曼的这两门课挠中我的痒处，阅读量大、课程紧凑，老师知识广博。

"Visual Study"这门课是在大量阅读的基础上，从意大利古典建筑开始，到后现代主义，每节课谈一个主题或一个建筑师，然后艾森曼挑出两个房子让学生细读，需要在西方的语境下看出微妙的不同之处，然后用图解表达出来。第二年的"Diagram Analysis"课程，基于"Visual Study"的基础之上，艾森曼每周会挑出一对关键词，学生需要自己寻找建筑范例，画出图解，来阐述自己如何通过这两个建筑的微妙的差异，来反证对关键词的自我认识。最后学生们玩high了，所挑选的范例也不仅限于建筑，还涉及了艺术、服装、雕塑，甚至美食。信息量巨大，需要很大的知识面和敏锐发现问题的能力，最后在建筑学的语境下互相"批"，很带劲。

有方： 最讨厌的甲方是什么样的？

陆轶辰： 事实上，我还蛮喜欢我的甲方们。不是撇清，我一直在和我的同事这样说，没有"不好的甲方"，只有"不够好的建筑师"。没错，在中国整个建设体系就是这样，不够完善、不够规范，但遇到问题，我们建筑师要先从自己身上找原因。当你真正从心底为项目好，用心做建筑的时候，相信甲方也会被感染。记得小时候画油画，老师教导：只要用心，你的每幅画都是最好的。对于我们，压力不在于甲方，其实

陆轶辰工作场景

是自己给的紧迫感，我和我的同事们希望自己盖的房子一个比一个好。

有方： *最近除了设计外，花最多精力的活动是什么？*

陆轶辰： 教学。每个学生都是一个独特的项目。你看着学生鲜活地走进校门，看到他们慢慢地被体制、社会侵蚀而不自知，混迹时间、自以为是、走进社会、泯然众人。学校像一个无情的机器，能否教出来，关键是看学生自己要不要学。铁打营盘流水兵，慢慢看穿了，看淡了，发现自己也老了。教书是一件很残忍的事，对学生残忍，对有愿望的老师尤其残忍。

反过来想，做建筑也一样。一辈子就盖这么几个房子，还不一定按着建筑师所要求的轨迹发展。房子老了、旧了，没人用，被改、被拆，完成历史使命，建筑师只能看着徒唤奈何。

有方： *最近有没有对建筑设计感到困惑、厌倦，想过改行，改做哪一行？*

陆轶辰： 没有，坚持吐槽，但对建筑学矢志不渝。

70/ 陈浩如

只做方案的人不能被称为"建筑师"

陈浩如,山上建筑事务所主持设计师,中国美术学院建筑学院副教授,曾在美国罗得岛设计学院等担任设计导师。

采访时间:2014年12月

有方： 最近在做的项目是哪些？

陈浩如： 我们的项目一般会持续比较长的时间，正常情况下会从项目策划一直做到施工完成，有些还有改建。即使到了使用阶段，项目往往也并没有结束，反而是一个新的开始。去年开始设计的临安农场项目，最近又有新内容需要设计，另外还有一个乡村社区的规划设计。由于工作室人员结构调整，今年还在做我们工作室的室内改建。

长亭项目实景图

有方： 在拿到一个项目的设计委托时，最先会做什么？

陈浩如： 先进入一种有趣而自我折磨的状态。教学经历使我对项目的设计方法呈现比较学院化的方式。但这种"学院方式"也是贴近社会和建造的，是我通过十年的教学实验摸索而成的。和学校一样，我们会做各种调研和头脑风暴，基地、场地、programming 分析、案例分析、社会学调研、材料研究、建造实验，这些都很重要。事实上，我们一直保持研究和设计项目并轨进行：研究最终呈现为展览和文字，而设计项目则可以做得非常深入。

在宁波的一个大型项目中，我们对原址所在的村落做了3周调研，记录了每一处瓦片墙、青石板院子、石磨、水缸，以及当地植被。在古建筑和文保专家缺席的情况下，建筑师凭借对城市人文的理解做了现场记录，并向甲方提交了保护建议和方案。但古村落最后还是被拆除了，现场没有留下一块石刻或是一个水缸，在现代化和城市化的无情浪潮中，留下的只有建筑师做的现场调研和测绘资料。建筑主体完成后，我们又按照村落留下的资料，通过景观复原这个村的遗迹，遗迹和新的植被会在新建筑脚下形成历史的痕迹。这些植被要在数年后才能被看到，它们可以帮助新建筑"锚固"与现场的关系，而非呈现一种"飞来的异态"。

项目的设计顺序是没有固定程式的，对时间和空间的考虑可以是多维度的，也可以交叠，甚至倒叙。

有方：当项目进入施工阶段时，会经常去现场吗？如去，通常会遇到什么问题，又是如何解决的？

陈浩如：我自己经常跑现场，团队中没有驻场建筑师一类的角色。比较夸张的例子是宁波一个历时7年的项目，基本上在开工时做到每周到场。这种对项目的承诺很多时候甚至超过对家庭和亲人的持之以恒。

每一个项目都是一种特殊的挑战，是各种形势下的妥协与机遇。有时的妥协是合理的，并且会产生新的机会。工地是风云变幻的一组大戏，既有条不紊的渐进，也有无数的突发状态。建筑师不在工地就是对项目的放任自流。

我认为，施工图的重要程度也许超过方案。施工图和现场施工直接相连，并且应该写入合同。这与当下的中国式思维可能很不同。建筑师很有必要参与到工匠的工作中——不但需要理解此，并且有必要进行指导。只做方案的人不能够被称为"建筑师"。

或许因为场地对于建筑的决定性影响,而每一块场地都是独一无二的,所以建筑师无法像其他设计师一样复制他们的产品。行走在这一片有着独特的气候地理和人文环境的场地中,考虑需要如何设计,是一件既困难又充满诗意的事情。当我在威尼斯墓园中看到斯卡帕对于材料、节点以及尺度的控制时,我才理解他是以家具设计的标准来要求建筑,这就是为什么他可以在极为狭小的场地中做出类似盆景尺度的东西。这是在现代城市的尺度中极为缺乏的东西。我在瓦尔斯温泉中用眼看,用手摸了大约200块卒姆托用来砌墙的条石,竟然没有发现一个小缺口,才开始理解施工对于瑞士工人的精度要求有多高。

很多年前,我曾经在施工现场反思自己最初对建筑的认识。当时现场的工人在用手工黏贴一种我画出来的类似模数化的工业化预制立面效果,而事实上他们只是在笨拙地用手工模拟机器的痕迹。柯布和密斯都曾经在信奉未来主义的年代做过这样的事情,而这件事发生在CAD/BIM的年代简直不可思议。这件事对我的刺激很大。

在乡村进行的建造活动距离现代施工很遥远,现代材料和人工昂贵而难以到达。条件的限制反而给予了一种独特的自由,让我不得从场地的丰富性寻求建造可能性。

有方: 最近在业务上最烦的事是什么?

陈浩如: 最烦的是时间不够,因为值得做的事情特别多。

有方: 最近在集中琢磨什么问题?

陈浩如: RURBAN("Rural"与"Urban"的复合词),一个新的词汇带来一种新的视野,建筑师不再画地为牢地自动待在城市中,乡村由于人和资源的流动也不再成为落后保守的代名词。城市和乡村彼此流动着。新时代越来越明显地进入到了我们的生活中。科技颠覆观念,观念改变社会。巨大的变化正在进行。历史在不断重复中留出位置,让有准备的人进入,重新书写历史。建筑学长期滞后而缺乏生命力,而创新力却日益变得重要,这是一场机遇。

有方：最近读的最有趣的一本书是什么?

陈浩如：最近主要读两类书。一类是汉学艺术史类,包括 James Cahill 的《中国画史论》。另一类是社会学的,例如《乡土中国》。费孝通笔下描述的中国乡村对60年后现代乡村问题仍然很有启发,其中有今天仍然存在的经济问题,也有衍生的新问题,例如人口迁徙。特别是当初他提及的发展乡村工业的观点,已经在最近数十年在乡村大规模展开,甚至到达了无法收拾的局面。这是非常值得反复阅读的经典。

有方：最近一次旅行去了哪里?

陈浩如：最近在乡村的旅行很多。越来越发现这里有不可替代的文化魅力。国外的旅行中所见反而在回国以后恍若隔世,他山之石还是不太带得回来。

有方：最近有没有新发现某位特别有启发的建筑师?

陈浩如：建筑师长期生活在小圈子内,会变成活化石,我觉得这是个死胡同。期待从同行身上获得太多启发很容易陷入不由自主的山寨,就像包豪斯的"系统性"思想启发了令人窒息的国际风格。在建筑以外还有很多东西对我有影响,包括宋代的山水画中建筑和自然的关系,人类学中部落文化的研究,还有从文学、从摄影中取得的影响。

有方：最喜欢的、对自己影响最大的建筑师是谁?

陈浩如：这是两个完全不同的问题。每个阶段欣赏的建筑师可能恰恰是当时自己需要的。但是在欣赏了很多后,发现还真的无法代位思考。每个好作品都是时代、土地和工艺的产物,成功的建筑师掌握了这些要点的密码。在揭破了表面的浮云后,这些建筑师手中都出现了一些魔力,当然这些力量并非永久存在于他们手中,可能有隔代甚至跨时空的传承,但是绝非可以复制。

有方：最近哪个建筑议题最让你关注?

陈浩如：比较关注我自己的世界。

建筑师在做什么

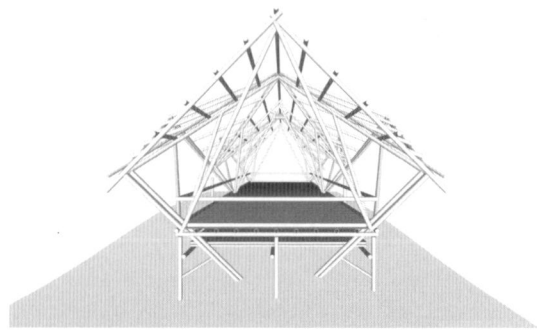

上：鸡舍项目全景
下：鸡舍结构模型

有方： 上学时，哪门课让你最有兴趣，为什么？

陈浩如： 建筑学的课程当然是最喜欢旅行考察课程，特别是意大利的旅行，永远都难以忘记初入万神庙时的空间震撼，锡耶纳 Campo 的城市感，卡普里岛 Malaparte 礁石上的祭坛和诗人，当然还有日本寺院和街坊中的中国古典文明的痕迹。没有一堂课可以比得上有目的性的旅行。这是和其他设计行业最根本的不同，建筑的根本是在地性。

有方： 最讨厌的甲方是什么样的？

陈浩如： 我比较走运。和甲方的沟通一向很顺畅，开展的设计也往往得以落实，也许是因为设身处地的为对方考虑。正常情况下，建筑师所坚持的不会和甲方的需求有冲突，建筑师应该成为甲方最值得信任的伙伴和最值得期待的魔法师。当建筑师能赋予项目意料之外的价值，就具有点石成金的力量。

遇到的最糟糕的情况是甲方换人。当这种情况出现时，对整个项目而言是灾难性的。几年的设计可能因为一个甲方的高升而付之东流，新来的负责人往往会带来完全不同的想法。而项目的进度又没有时间开展重新沟通建立互信。可惜，这些事经常发生在大型公共项目上，并且几乎无法预测。

有方： 最近哪件社会议题最让你关注？

陈浩如： 谈论一般的社会议题容易流于人云亦云，我认为通过建筑和设计而进行的社会关注会更具体、更真实。

有方： 最近除了设计外，花最多精力的活动是什么？

陈浩如： 旅行，写作。

有方： 最近有没有对建筑设计感到困惑、厌倦，想过改行，改做哪一行？

陈浩如： 入行之前折腾太久，现在就不折腾了。

71/ 杨宇振

大部分甲方比建筑师更有全局观

杨宇振,重庆大学建筑城规学院教授、中国城市规划学会国外城市规划学术委员会委员、中国建筑学会建筑师分会理事。学术兴趣在建成环境与城市历史研究。

采访时间:2014 年 12 月

有方： 最近在做的项目是哪些？

杨宇振： 与农村、乡镇相关的新居民点、办公楼，还有几个平方米的水泵房等，都是一些小型的项目。

有方： 在拿到一个委托时，最先会做什么？

杨宇振： 拿到项目会先去现场调研；与甲方或使用者沟通。如果强调"最先"，大概是估量经济收益、时间安排，以及与甲方的合作是否可以顺利愉快等。

有方： 当项目进入施工阶段，会经常去现场吗？如去，通常会遇到什么问题，又是如何解决的？

杨宇振： 常去，纠正施工过程中可能的失误，对自己也是学习的过程。施工的经验、材料的特性和表达是我比较缺乏的经验，所以需要经常学习。

有方： 最近在业务上最烦的事是什么？

杨宇振： 没有"最烦"的事。事情总要逐件解决。有点烦恼的是人的精力有限，时间总是不够用。

有方： 最近在集中琢磨什么问题？

杨宇振： 目前对于欧洲史与西欧现代化过程比较感兴趣，在阅读沃勒斯坦的《现代世界体系》。

有方： 最近读的最有趣的一本书是什么？

杨宇振： 奥尔罕·帕慕克的《雪》，很喜欢。卡尔斯城是一种镜像。

有方： 最近一次旅行去了哪里？

杨宇振： 伊斯坦布尔，一座迷人的城市，可以让人想象和触摸拜占庭、奥斯曼帝国及当下东西方文化交融与冲突的城市。

建筑师在做什么

上:水泵房项目实景
下:新农村项目实景

有方：最近有没有新发现某位特别有启发的建筑师？

杨宇振：没有。不过最近在每月一次的读书会上听学生讲了好几次卒姆托。

有方：最喜欢的、对自己影响最大的建筑师是谁？

杨宇振：没有。

有方：最近哪个建筑议题最让你关注？

杨宇振："奇奇怪怪的建筑"是个热门话题。不过从历史上看，这个话题不奇怪。

有方：上学时，哪门课让你最有兴趣，为什么？

杨宇振：总体上说，没有太有趣的课程。奥尔罕·帕慕克读了两年建筑系就退学了，他认为课程大多僵化而无趣，我基本同意。不过，我仍大概记得上学时的日本《新建筑》设计竞赛，许多方案都很有想象力。

有方：最讨厌的甲方是什么样的？

杨宇振：没有"最讨厌的甲方"。"讨厌甲方"大概干不出好项目，因为合作与协商是获取相互信任、推进工作的必须。另外，大部分甲方都比建筑师更有全局观。

有方：最近哪件社会议题最让你关注？

杨宇振：似乎中国社会发展已经进入一个新的阶段。比较关注新型城镇化的国家政策——这大概是与建筑学科未来发展最相关的国家政策。

有方：最近除了设计外，花最多精力的活动是什么？

杨宇振：这个问题预设了"设计"花费时间最多。其实，读书、陪孩子、和学生讨论、设计，都是日常生活。另外还有上网，无聊时网上瞎逛也挺花时间。

有方：最近有没有对建筑设计感到困惑、厌倦，想过改行，改做哪一行？

杨宇振：没有。设计研究虽然辛苦，但很愉快，因为可以看到作品被建出来。

72/ 韩冬青

烦恼都来自对自己业务水平不满意

韩冬青，1963年11月出生。1984年6月毕业于南京工学院建筑系，获工学学士学位。1994年10月获东南大学建筑设计及其理论专业工学博士学位。1994年9月至1996年12月在同济大学建筑与城市规划学院博士后流动站工作。2014年12月起任东南大学建筑学院院长。2010年起兼任东南大学建筑设计研究院总建筑师。2011被评为江苏省设计大师。主要研究方向：建筑设计、城市设计理论与方法。完成国家及省部级科研课题5项，获省部级优秀设计奖十余项。

采访时间：2014年12月

有方： 最近在做的项目是哪些？

韩冬青： 镇江丹徒科创中心（建成）、金陵大报恩寺遗址博物馆（在建）、金陵大报恩寺遗址公园配套服务区（方案设计）、新疆可克达拉市高级中学（设计完成待建、与镇江市城市规划设计研究院合作设计）、四川省泸州市群众文化活动中心、江西三清山枫林镇游客服务中心等。

有方： 在拿到一个委托时，最先会做什么？

韩冬青： 1. 了解这个项目所面对的使用需求（包括业主和使用者）和场地环境。2. 思考这个项目对于我们而言有什么研究意义，或者说我们团队可以依托这个项目琢磨些什么更有一般性意义的事情。我们总是希望能找到好的结合点，使项目的推进更有内在的动力。

有方： 当项目进入施工阶段，会经常去现场吗？如去，通常会遇到什么问题，又是如何解决的？

韩冬青： 当然得经常去现场。每个项目会遇到不同的建造条件，施工单位的水平也是不平衡的，有的施工单位技术实力够硬，有的就比较勉强，都得面对。最常见的事是施工局部错误或施工误差过大，监理常常形同虚设。有时因为出图太急，设计单位各专业工种彼此校图不够仔细，也会产生施工现场的矛盾。在脚手架包裹之下，有些问题难以及时发现，等到发现时也难以完全纠错，尤其是湿作业完成后，这个过程是不可逆转的。面对这类情况，自然要尽量纠错，但也必须考虑经济和时间的代价。更多情况下的选择是将错就错，结合现场条件通过设计调整解决问题。既要坚守，也要有灵活的处理办法。每个项目各有各的特定过程。比如金陵大报恩寺遗址博物馆在基础施工时又在地下发现了宋代遗存，设计必须做相应的调整，以保护和展示新的遗址发现。

可以说，设计并不是通过施工图审查就完事了，必须继续跟进施工全过程，甚至越到施工后期收尾阶段，建筑专业所面对的事也越多，例如材质色彩、构造

上:四川泸州市群众文化活动中心鸟瞰图
下:江西三清山枫林镇游客服务中心鸟瞰图

闭合、线脚对位等等。设计是先内后外、先无形后有形、先整体后局部，但人们对建成建筑的认知过程却是设计的逆过程，是一个由局部到整体、先有形后无形的过程。要保证建筑一定的完成度，除了精心设计，也必须精心施工，设计与施工的交织互动是一个重要环节。

有方：最近在业务上最烦的事是什么？

韩冬青：业务的烦恼都来自对自己业务水平的不满意。

有方：最近在集中琢磨什么问题？

韩冬青：中国当代城市经济的旺盛活力与物质空间环境的混乱构成强烈对比，但城市不仅是经济生产的基地，也是人生活的场所。建筑与建筑的简单相加构不成城市的良好物质空间环境。那么，建筑师可以并应该怎样参与到城市有序宜居的环境建构之中呢？

有方：最近读的最有趣的一本书是什么？

韩冬青：岳南著《南渡北归》，湖南文艺出版社出品，共三部。

有方：最近一次旅行去了哪里？

韩冬青：今年夏季去了四川青城山，山间供游客小息的乡土木构小亭极好，山下的大熊猫救助基地（西南院钱方主持设计）是个难得的好作品，好在环境的整体经营和被动式优先的良好建筑性能。

有方：最近有没有新发现某位特别有启发的建筑师？

韩冬青：瑞士建筑师克里斯蒂安·克雷兹（Christian Kerez），他的作品都是常见的普通民用建筑，但他针对项目所面对的特定问题，挑战那些习以为常的设计经验，通过与结构工程设计的密切互动获得极简而独特的空间形态体验。

有方：最喜欢的、对自己影响最大的建筑师是谁?
韩冬青：芬兰现代主义大师阿尔瓦·阿尔托。他的作品浸满了对自然和人性的尊重与爱抚,因此是可以超越地域和时代的。

有方：最近中国建筑界哪种现象最让你反感?
韩冬青：最烦的就是到处都是"高峰论坛"。是否可以稍稍安静一点?

有方：上学时,哪门课让你最有兴趣,为什么?
韩冬青：数学。最简洁的求解过程和最干净的答案让你感受到逻辑的美感。数学的美感具有打动人心的力量。数学开启了我关于物体量形关系的感悟。

有方：最讨厌的甲方是什么样的?
韩冬青：最讨厌的甲方总是把他明确的形式喜好和糊涂的设计计划及原则一起告诉你,并希望你遵照执行。他们需要的不是设计师,至多是个会制图的秘书。

有方：最近除了设计外,花最多精力的活动是什么?
韩冬青：教学。

有方：最近有没有对建筑设计感到困惑、厌倦,想过改行,改做哪一行?
韩冬青：建筑设计是个混合了激情、期待、困惑、厌倦的行当。总的来说,期待稍稍多一些,期待——努力——失望,然后再次期待,就是这样。所以暂时还没有改行的想法。

73/ 吴海龙

要把自己的团队改造成跨界设计师团队

吴海龙,联创国际-曼景工作室创始人,美国哈佛大学建筑学硕士,东南大学建筑学硕士、学士。代表作品包括 2012 年在美国麻省理工大学媒体实验室展出的空间装置作品"Talking Tables"、作为 2013 年芬兰 Trash-Design 专题展览的主展品展出的"Pavilion Re-Made"、受时尚集团委托完成的室内设计作品"时尚圈"(Trends-Loop),以及近期即将完成的位于上海外滩一栋历史建筑内部的美国奢侈品牌下午茶全球旗舰店。

采访时间:2014 年 12 月

上：郑州二砂创意 BOX 外景
下：上海外滩 Harney&Sons 下午茶

有方：最近在做的项目有哪些？

吴海龙：历史建筑的改造，也有工业厂房改造成艺术家社区的项目，另外刚刚中标了一个上海的幼儿园。基本上都是些有意思的小项目。

有方：在拿到一个项目的设计委托时，最先会做什么？

吴海龙：确定一个有意义、有创造性和生产力的命题。我认为设计的质量非常依赖于找到相应的命题，其实就是对于"如何做设计"的设计。
最近我们中标了一个社区商业的室内设计，设计的命题是把服务社区的文化设施压缩在 1000 平方米的商业空间室内，实现文化和商业的共存、共赢。命题本身已回应了面临的机会和问题，而回应这个命题自然也会得到有趣的答案。
另外一个刚刚完成的厂房改造项目，场地里有很多尚未拆除的工业装置，我们提出用现成品艺术的方式来完成工业建筑到文化建筑的转型：场地内的两个储气罐被改造成卫生间，二层的混凝土框架则被改造成 LED 计时器。

有方：当项目进入施工阶段时，会经常去现场吗？如去，通常会遇到什么问题，又是如何解决的？

吴海龙：必须经常去现场。我们的项目大多规模都不大，而且很多是改造项目。这种项目很依赖现场的条件，去现场就是要根据设计时没有掌握的条件做重新的设计。这种情况，因为工程进度的要求，设计的时间特别短，有时只能现场设计，非常考验建筑师的快速反应能力。
另外，很多设计的想法必须通过建造来落实，建筑师必须建立从概念到建造的通道。施工之前我们能做的是画更细致的图和做更大比例的模型。这只是解决了从概念到设计的问题。最终这些设计必须在现场得到验证和实现。由于图纸这个媒介本身的限制，加上建筑师和工人知识与技能的巨大鸿沟。建筑师和工人仅仅建立在图纸上的连接是非常薄弱的。有的时候为了拆除一个老房子的粉刷层露出七八十年前的混凝土表面，要跟工人实验各种工具：电锤、泥刀、打磨机、水枪甚至菜刀，最后用了厨房清洁用的钢丝球装在打磨机上打磨；有的时候一种新的砌筑方式需要跟工人一起研究一种新的固定方式，光是粘合剂就试了五六种。

有方：最近在业务上最烦的事是什么？
吴海龙：可能是我的偏执和强迫症还没有被周边的环境"改造"好，感觉把设计和建造的精度提高一个等级，就像是跟全世界在作对。

有方：最近在集中琢磨什么问题？
吴海龙：如何把建筑师团队改造成跨界的设计师团队。

有方：最近读的最有趣的一本书是什么？
吴海龙：鲍德里亚的《物体系》（*The System of Objects*）。这本书从文化研究的角度，深入浅出地探讨了许多日常物品的意义。它有趣的地方在于，把各种物体的词条组织在一个精心设计的结构框架下面并一一论述。作者语言直白，略带黑色幽默并具有启发性，像是哲学家中的段子手。比如，他在谈到可变家具时说：大部分时候，这些更大的可变性、互换性及适应性只是由于缺乏空间不得不做的调整。贫穷为发明之母。如果说古老的餐厅充满了沉重的道德规范，那么现代的室内——在巧妙的发明气息中——却时常给人为了功能而草率解决的感受。每次看到宜家，我都会想到这个段子。

有方：最近一次旅行去了哪里？
吴海龙：近一次旅行是趁着项目空当去了广西龙脊梯田。

有方：最近有没有新发现某位特别有启发的建筑师？
吴海龙：日本青年建筑师平田晃久，他的工作方法是让设计从底层的秩序里生长出来。我认为这包含两个层面：一方面，他的设计大部分是从自然界的原型出发，

联创国际曼景工作室工作场景

按照有机复杂的秩序延伸、发展;另一方面,他会持续进行原型的研究,在适当的时候,各种原型根据不同的项目被文脉化,发展成最终的设计。在一次演讲中,他提到,这种方式就像是平时将设计的原型精心地"养"起来,在需要的时候让它们在不同的环境里生长。用连贯的思考和研究去驱动建筑师的职业生涯,遇到合适的机会让思想落地生根;而不是被项目驱动做了一系列没有线索的事情——这是很可贵的状态,尤其对于中国现在的设计环境。

有方:最喜欢的、对自己影响最大的建筑师是谁?
吴海龙:影响最大的应该是库哈斯,倒不全是因为他的作品,而是认同他对于城市和空间问题的有力回应。这种回应通过理性得到一个超乎想象,甚至看起来"非理性"的结论。他说:"我非常醉心理性,而这就已经是非理性。这是个非常有力的工具,因为,当我们推论到极致,我们总会发现一些惊人甚至非常奇特的事物。或许正是源于我根本上想象力的匮乏,才使得我如此紧紧依附在逻辑上。"这种回应问题的方式对我影响很大,这可能因为理性在我工作中占的比例很大,而我又希望在设计中获得一些惊喜吧。

有方:最近哪个建筑议题最让你关注?
吴海龙:应该是注册建筑师制度的改革吧,希望这种执业资质的改变能给中小型的设计机构带来更多生存的空间。

有方:上学时,哪门课让你最有兴趣,为什么?
吴海龙:在美国的时候跨系选过艺术系的当代艺术课程。以建筑师的背景进入一个新领域时,我发现建筑师的身份具有非常大的可塑性,同时也可以观察非建筑师在处理艺术或者设计问题时的不同角度。这让我重新思考自己的职业定位:是做个建筑师,还是做一个有空间设计背景的设计师?我们的团队也一直在做类似的尝试,去年就设计了一件首饰——建筑师的手镯。

有方:最讨厌的甲方是什么样的?

吴海龙:我不愿意和决策层级太多的甲方合作。面对这种甲方,设计要逐级提报,每个层级都要提意见又不能保证想法跟上级一致;再加上层级太多、信息不畅,就要通过各种线索领会上级的精神,揣摩上级的想法,让建筑师落实。从项目经理到设计总监到区域总监再到集团设计部,最后是总裁和董事长。通过各种互相违背的意见然后"负负得正",设计真不知道变成什么样了。这让建筑师的工作注定是无用功,最后发现他们不是想把项目做好,而是都想把自己的位置坐好。做这种项目挺浪费时间的。但是仔细想想也能够理解他们的处境,做甲方也挺难的,好甲方比好建筑师稀缺。

有方:最近哪件社会议题最让你关注?

吴海龙:反腐败。

有方:最近除了设计外,花最多精力的活动是什么?

吴海龙:照顾刚出生一个月的儿子,还有就是研究国内外的各种设计众筹。

有方:最近有没有对建筑设计感到困惑、厌倦,想过改行,改做哪一行?

吴海龙:有困惑,但不会厌倦。有机会可以跨界,但是不会改行,我是死磕型建筑师。

74/ 褚冬竹

如何形成"研究课题",
是设计过程中最感兴趣的事

褚冬竹,重庆大学建筑城规学院教授、博士生导师、院长助理、院青年学术委员会主任,Lab.C.[architecture] 工作室主持人,国家一级注册建筑师。褚冬竹曾作为访问学者在多所境外高校进行教学与科研工作,并在加拿大 KPMB 建筑事务所、荷兰 Claus en Kaan 建筑事务所从事建筑设计工作;曾获"中国建筑学会青年建筑师奖"、"UIA 国际建筑设计竞赛亚太区奖"、"Canadian Architect Award of Excellence"等奖项;目前致力于可持续建筑设计理论与方法、轨道交通介入下的高密度城市空间适应机制等领域的研究与设计实践。

采访时间:2014 年 12 月

有方：最近在做的项目是哪些？

褚冬竹：最近正在做的事情其实挺"分裂"：

1. 不久前完成一个某 985/211 大学的 12 万平方米的教学、行政综合建筑的设计竞赛，功能多样，用地紧张，限高严格，可称之为当代高校"教育综合体"，可惜这个关于集约、综合的试探在方案竞标中被评委淘汰了；

2. 一个城市管理类高职院校图书馆（仅建成六七年）部分室内空间改造，未来这所图书馆内将包含一个"人与城市"博物馆，并与阅览功能交融一体。因类似先例很少，故先完成研究，再进行设计，分别和业主签了独立的研究和设计合同。目前该项目刚刚完成施工单位招标，正在启动施工。

3. 一个四川某山地景区内的养生中心方案，提交给甲方后还在等待中，希望能做个现代的村子。

养生中心方案草图

4. 城市轨道交通的迅猛发展，轨道交通站点与既有城市空间的关系必将从"植入"逐渐走向"融入"，新公共交通方式的变化势必引发人的行为变化，同时部分站点本身也直接带来城市空间变化。这些新变化、新规律与城市空间发展之间是如何互动影响的，从站点周边城市空间出发，以"显微"的方式进行城市空间适应性和优化路径的探究，成为近期研究与设计工作的重心。

5. 作为志愿者及责任教师，我一直在负责的无止桥重庆大学团队也将启动筹备我们在重庆建造的第 3 座、西南地区第 10 座"无止桥"。这个项目不用赘述，很多人都听说过，是一个香港发起并资助内地落后乡村的一个公益活动，不少大学都在参与。以重大建筑城规学院学生为主体的这支团队具有非常强的凝聚力和执行力，刚刚走过第 8 年。这个"项目"当然不是我本人的设计或科研，却是我当年凭感情毛遂自荐参与进去的"项目"，我希望它能够在我罗列工作的时候有一席之地。

有方：在拿到一个委托时，最先会做什么？

褚冬竹：在项目接触初期，最开始做的事情就是琢磨这个项目在哪个方面有可能突破，如何突破。如果把设计过程理解为"问题解答"（Problem Solving）的过程，那么除了必须解决的共性问题，还有哪些不易察觉的个性问题需要解决？对这类问题的解决，往往是设计形成根本特点的前奏。

在"设计与研究"这对关系的重要性已越来越得到共识的背景下，如何形成一个设计过程中的"研究课题"，是我在每次设计中最感兴趣的事情。这个兴趣不仅影响着我自己的设计发展路径，也是我工作室团队的基本态度和方法。我今年对本科四年级"高层建筑设计"课程的命题是"从思想到方法：技术研究视角下的高层建筑设计"，便是为了引导学生在设计过程中探索系列小型"研究课题"。简言之，我希望尽最大可能，将设计、研究与教学连接起来。希望工作之间是有关系的、相互支撑的。

有方：当项目进入施工阶段，会经常去现场吗？如去，通常会遇到什么问题，又是如何解决的？

褚冬竹：只要条件允许，当然会经常去！我不知道在这个系列访谈中有没有建筑师回答"不常去"。在现场监控并见证一座建筑的诞生，在我的理解

上:"教学综合体"模型鸟瞰图
下:"教学综合体"模型局部

中首先是一个机会而非任务,是一种权利而非负担——因为建筑师不是在整个工作过程中都那么有话语权。对于一个设计,无论竞标也好,还是委托也好,真正把最初的概念坚持下来,并走到实施环节,在过程中都必然受到过各种各样的影响、限制、修正,甚至打击。当方案走到实施,还有什么理由不珍惜机会,在全过程的尾声再施展一次建筑师应有的权力和智慧?不同的项目,不同的施工阶段,可能遭遇的问题会有很多类型。工期、材料、工艺、图纸……都可能有需要解决的地方。将问题汇总可以出一本书了,绝对畅销。

有方:最近在业务上最烦的事是什么?
褚冬竹:有些事需要花精力去面对和解决,但还没烦到"心"里。

有方:最近在集中琢磨什么问题?
褚冬竹:问题挺多,前面提到设计、研究、教学、管理,每一块都有太多正在琢磨的地方。如果非要说出一个最"集中"的,应该是在研究和设计领域。由于正在承担一项关于"轨道交通与城市空间"的科研课题,并围绕这个课题展开一系列研究型设计,我和我的团队正在琢磨如何将相对前沿的研究/设计方法和工具运用于每一个"在地"课题/项目。作为建筑师和建筑学者,面对的项目往往是"锚固"于某块明确土地上的,但视野和方法却需要投射到更为宽广的天地之中。

有方:最近读的最有趣的一本书是什么?
褚冬竹:除了专业领域,人文、历史、科技、小说以及各种杂志都喜欢读。最近床头放着一本薄薄的"小黄书"——《眨眼之间——不假思索的决断力》(Malcolm Gladwell 著,靳婷婷译,中信出版社)。其实这本书是我在加拿大工作的时候,KPMB 事务所老板布鲁斯·桑原(Bruce Kuwabara)推荐给我的（英文版名为 *Blink: The Power of Thinking without Thinking*）。作者出生于英格兰，成长于加拿大，是一个有着牙买加血统的美国人，2011 年 6 月获得加拿大最高荣誉——加拿大勋章。这样的背景注定了他写的东西与众不同。学术一点说，这本书谈的是一种思维方式。当时书中的部分思想被我融入进了关于"设计过程"的研究和写作之中，尤其是关于设计直觉、灵感等难以言说的内容。但英语和母语毕竟不同，因此发现这本书出了中文版就立即购入了。它成功勾起了我对那段时光的回忆，但从"Blink"到"眨眼之间"，总觉得少了什么。

另外，最近在看《人文精神的冒险》（*Adventures in the Human Spirit*，菲利普·毕晓普著，人民邮电出版社出版，2014），也很不错！

有方：最近一次旅行去了哪里？

褚冬竹：不包含公务出差，最近一次旅行是 2014 年 8 月的长途自驾游——这是最近两年我特别热衷的事。这次旅行我走了"四川－贵州－广西－湖南－重庆"一线，心得体会发表在 2014 年 12 月的《城市建筑》上，题目为《其实，我们一直在路上》。寒假快来了，期待即将到来的下一次出发。

有方：最近有没有新发现某位特别有启发的建筑师？

褚冬竹：最近在研读美国建筑师 Thomas Phifer 的作品。1996 年成立自己的事务所以前，Phifer 在理查德·迈耶事务所工作多年。他的作品带有强烈的现代主义色彩。我尤其喜欢美国北卡罗来纳美术馆（North Carolina Museum of Art in Raleigh）和新近建成的位于盐湖城的联邦法院（the United States Federal Courthouse in Salt Lake City）两个作品。后者是简约、洗练的现代风格，但细节的控制和精心推敲完全可以用"优雅"来形容。

有方：最喜欢的、对自己影响最大的建筑师是谁？

褚冬竹：影响我的建筑师很多，除了早年从书本上学习大师，近些年直接接触或访谈的著名建筑师也不少,若从个人经历来看,对我影响最大的是前面提到的加拿大 KPMB 事务所的创始合伙人,加拿大著名建筑师布鲁斯·桑原,即 KPMB 四位合伙人中的"K"。

我是在 KPMB 里工作的第一个中国人,桑原是日裔加拿大人的第三代移民,在设计、生活、态度上给予我很多帮助,也从自身的工作态度上对我影响颇多。桑原出生在 1949 年,作为在二战后在加拿大出生的日裔,受到过很多生活上的艰苦历练。我回国后专门写过一篇文章,名为《由成长解读成就——记加拿大建筑师布鲁斯·桑原》,发表在 2008 年的某期《华中建筑》上。迄今为止,KPMB 已获得过 12 次加拿大总督勋章(Governor General's Awards for Architecture)。2006 年,桑原本人获加拿大皇家建筑师学会金奖(RAIC Gold Medal),这是加拿大对建筑师个人的最高嘉奖。在世界建筑师版图中,加拿大建筑师是一个相对温和的群体。这个群体对人的内心感受,对材料的遴选和尊重,对气候的敏感和适应,对我影响至今。

有方:最近哪个建筑议题最让你关注?

褚冬竹:关注如下两个问题:1. 成果、途径与效应——职业建筑师的乡村实践;2. 城市空间的"显微"方法。

有方:上学时,哪门课让你最有兴趣,为什么?

褚冬竹:建筑设计课,再往下排还有构造、结构力学,当然还有美术。

有方:最讨厌的甲方是什么样的?

褚冬竹:不好说什么是最讨厌的。其实人和人的气场是相互的,当你讨厌一个人的时候你很可能也被对方讨厌着,反之对"喜欢"也成立。所以我真正去讨厌一个人的时候不多。硬要总结的话,类似"刚愎自用却如井底之蛙"的这类甲方我不大喜欢。

有方：最近哪件社会议题最让你关注？

褚冬竹：前不久，城市规模划分标准发生变化，官方界定了"超大城市"的概念（据说简称"超市"）。不断膨胀的城市带来的新现象、新问题，并不是若干个中小城市简单相加而成的，其中有很多亟待研究。这个算是"社会议题"吗？

有方：最近除了设计外，花最多精力的活动是什么？

褚冬竹：上课、写作、开会，组织学术活动。

有方：最近有没有对建筑设计感到困惑、厌倦，想过改行，改做哪一行？

褚冬竹：困惑常常有，但尚未厌倦。没想过改行。这个问题让我不得不仔细想想，如果真要改行，我倒是想做个旅行者兼作家，每个人都有"面朝大海，春暖花开"的梦。

75/ 魏春雨

多关注些"匠人"和"匠气"

魏春雨,湖南大学建筑系硕士,东南大学建筑学院工学博士。现任湖南大学建筑学院院长、教授、博士生导师。荣获中国建筑学会"当代中国百名建筑师"称号,中国建筑学会建筑教育奖获得者。致力于探索地域界面类型研究,持续关注地域界面的复合性空间塑造。其作品曾参展荷兰国际设计周、中国当代建筑作品欧洲巡展、《向东方——中国建筑景观展》、2011深港城市\建筑双城双年展之超轻村项目荣获"公众奖"。受邀参加第13届威尼斯国际建筑双年展中国馆。

采访时间:2015年1月

有方：最近在做的项目是哪些？

魏春雨：乱七八糟都有一些，我们"地方工作室"实际上是由一批教师、博士、硕士研究生构成的梯队组成。项目大体上可分为常态的日常建筑和相对一些文化综合类的建筑。我最近几年主要是带领博士研究生，将精力投入到文化类建筑中，这其中有一些大型的项目，比如张家界博物馆、常德妇女儿童活动中心和科技展示中心、长沙国家生物产业园影视会议中心、常德大湘西游客服务集散中心、李自建美术馆以及湖南大学校内的一些教育建筑等。此外还有一些是在常态项目中的小专题项目，甚至一些环境小品项目，比如正在进行的张家界博物馆景观环境设计，作为建筑的延伸我们也尝试着在其中做一些有设计含量的，能体现工作室特征的事情。

有方：在拿到一个委托时，最先做什么？

魏春雨：去现场画草图是必须的，但也根据项目的远近及要求有所差别，可能是由于习惯的问题我们一直没有建立起做概念模型的成熟体系，所以我们较多的是依赖草图和草模来进行推敲，这样相对的好处是其可以在全方位多向度上来进行思考，直接的好处是能更便捷地与业主进行沟通。当然真正地切入主题还是要到现场去感受体验之后，再进行重新的梳理。

有方：当项目进行施工时，会经常去现场吗？如果去，会遇到什么问题？又是如何解决的？

魏春雨：一般在建筑基础、结构及主体施工阶段去得较少，会派相关专业人员去，但后期，特别是材料的选择上，会带团队人员去现场把控。当然也会遇到情况多样的问题，业主强势或者施工队并不按照设计要求实施，问题如果能协调好，我们会坚持，但如果协调不好，我们也只能随他去吧。

有方：最近在业务上最烦的事情是什么？

魏春雨：一直都有各种烦扰的事情。

| 建筑师在做什么

上：中国书院博物馆
中：张家界博物馆
下：李自建美术馆效果图

有方：最近在集中琢磨什么问题？

魏春雨：适度进行一些盘点，梳理和反思设计中有无惯性的思维，哪些是需要惯性及沉淀下去的，哪些又是需要摒弃的，能不能把我们已经形成的一些差异化的手法保持下去，但同时又更加关注材料、结构及空间的逻辑性，以及如何把我们的博士团队做成核心的团队。

有方：最近读的最有趣的一本书是什么？

魏春雨：最近在家里确实有一件事，幼儿园的老师要求家长睡前给小孩读故事。我太太读给孩子听，我在旁边间接参与，受些触动。有些小故事中寓意的一些道理，有些特生活化的、特天真的，关于人类和动物、环境之间的一些生态伦理似乎我们成年人都不太明白，或者说过于忙碌，无暇顾及。之外也受些"微信"的干扰，并没有读"高大上"的书。

有方：最近一次旅行去了哪里？

魏春雨：近十几年，相对来讲，去得比较多的是加拿大，有时感觉我们国家的进步跟加拿大及北美国家似乎越来越远。蓝天、白云、山川河流、泥土的芳香、食物的味道似乎离我们越来越远，我们只有出去才能感知到这些。

有方：最近有没有新发现某位特别有启发的建筑师？

魏春雨：由于资讯的发达，学术交流也增多，每每都会看到很多优秀的建筑师，当然见多了也会发现大家的某种趋同化程度也很高。我们相对不在一线城市，没有其区域性的优势，但现在越来越觉得这倒有益于我们找到差异化的语言。最近由于西班牙 Francisco Mangado 到湖大建筑学院访问，与他交流后我感觉其设计的建筑平朴、直白、有内在逻辑，不事张扬和不追求玄妙，非常难得。

有方：最喜欢的、对自己影响最大的建筑师是谁？

魏春雨：目前还是加拿大建筑师埃里克森。埃里克森充分根植在加拿大的宽广土地之上，吸收了因纽特文化，我一直觉得他的建筑有强大的人与环境的图腾崇拜，在其建筑中能找到精神气场。

有方：最近哪个建筑议题最让你关注？

魏春雨：我感觉很多建筑界朋友非常关注社会议题，这是非常难得和必要的，建筑师的职业特征决定了我们不可能脱离社会，当然最近中国建筑高速发展，积累到现在所提供的平台呈现一种爆发式的状态，业内的活动也异常的丰富，但这种状态多少能嗅出某种浮躁和自我陶醉的"气息"，所以在《世界建筑》做60秒议题时，我提到了胡适先生所说的"少谈些主义，多研究些问题"，希望能多关注些"匠人"和"匠气"。

有方：上学时，哪门课让你最有兴趣，为什么？

魏春雨：主要还是设计类课程，由于自己绘画基础较好，所以相对上课也轻松些。

有方：最讨厌的甲方是什么样的？

魏春雨：设计这么多年接触的甲方形形色色，但大部分都是有责任，能很好沟通的。事实上真正的一个建筑建造出来很多功劳要归功于甲方，一个好建筑背后一定有个好甲方，当然我们也碰到不听话的、比较自我的，或者我们评价其为没有品位的甲方，也谈不上讨厌。但确实有些甲方不尊重设计劳动的价值，并且想方设法仅仅为了套取设计方案，这总会让我们发脾气。

有方：最近除了设计外，花最多精力的活动是什么？

魏春雨：由于自己是在建筑学院从事教学工作，各高校间有非常活跃的联动，所以参与的相关学术交流较多。为给学院提供一个相对开放的平台，设计界的交流我们也适度参与，这些活动会占用一些精力。

有方：最近有没有对建筑设计感到困惑、厌倦,想过改行,改做哪一行?

魏春雨：来不及改了。我们很难做到享受生活,建筑师这个行业会比较自我,因为大家在设计中有某种成就与乐趣,设计某种意义上来说能够承担一些引领社会的责任,而且对艺术的认知比纯艺术外延更加广泛,但也正因为这样所以建筑师经常会在一种痛并快乐的状态中。有时我们又反思建筑师真有这么重要么?或者放在历史长河中看,建筑师这个群体对当下中国社会地产扩张、资本积累,在政府的各种形象工程的过程中,建筑师的作用也未见得是积极的,我觉得要警惕建筑师把设计不看成是一份工作,而看为一种自我表现,或者是一种改天换地的社会使命。也许我们需要冷静思考,需要但不能全部这样。

76/ 郝琳

对与社区有关的项目最有兴趣

郝琳，生于北京。清华大学建筑学士，加州大学伯克利分校硕士，剑桥大学博士。Oval Partnership 事务所董事合伙人，INTEGER 事务所执行董事，香港中文大学兼任教授，乡村营建社创建人。作品荣获的国际和亚洲奖项包括 RIBA 英国皇家建筑师协会国际建筑奖、WAN 世界建筑新闻年度奖、三度 DAFF 亚洲最具影响力设计奖、两度 Perspective 亚洲透视设计大奖年度总冠军、HKIA 香港建筑师协会作品奖、MIPIM 亚太都市更新奖等。主持的作品包括成都远洋太古里、昆明隐舍、四川毕马威社区中心等一系列知名建案。

采访时间：2015 年 1 月

有方：最近在做的项目是哪些?

郝琳：最近完成了成都远洋太古里的案子。整个项目,城市核心地段,年底开街了,尚在体验期。岁月神偷,一晃就是7年,中间还穿插了隐舍、毕马威社区中心、竹屋等小案子,调剂了不少。成都太古里的设计,基本上是希望从都市更新和公共空间创建的角度,落实更具开放性、公共性和聚落特质的都市计划,也思考了城市中心、营商模式、适行城市、多元化混合发展、公共与共享参与空间、慢活创意街区、文化资产的保育和活化、地域场所感这些因素。
目前正在协同太古地产和中国儿基会,设计四川雅安社区中心。项目在乡下,慈善事业,给当地的竹创和村民营造一个空间。在上海,正在规划设计金泽工艺社,一大片地,收藏也一大片,设计的概念是关于自然和民艺关系的演绎。在福建武夷山,一片位于崇阳溪的生态社区已经开工,思路是围绕着各家各院儿里的农活儿和乡野水土保育展开的。我对与社区有关的案子最有兴趣。

有方：在拿到一个委托时,最先做什么?

郝琳：通常,我会琢磨到底为什么要做这个案子,和先前做的案子有什么关联。一辈子,遇不上多少个好机缘的案子,得琢磨清楚些。现在觉得,这样的思考会让作品衔接起来,形成渐进的思路和看法。其实,我的设计,在业主、场地、功用、造价这些通常因素之外,还有一条线挺个人的,是设计和人生之间的对话吧。

有方：当项目进行施工时,会经常去现场吗?如果去,会遇到什么问题?又是如何解决的?

郝琳：事后,总觉得应该跑得更多些。问题是,常跑,还不照图施工呢。不过,有时是人家照图施工了,可自己却临了想改设计了,马后炮。现场有问题的话,晓之以情,动之以理,苦口婆心,扪心自问。

有方：最近在业务上最烦的事情是什么?

郝琳：如何找到良善的工匠和手艺职人,和他们一起工作,向他们学习。

建筑师在做什么

上、下：毕马威社区中心

有方：最近在集中琢磨什么问题？

郝琳：什么是理想的城市和社区。大问题，倒也不是瞎想，在成都做了一大片，难免琢磨反思。

有方：最近读的最有趣的一本书是什么？

郝琳：很少专心读一本书，都是串着看。我偏爱看与地方情结有关的好文字，比如游记，有空间和时间。但不要太难读。我读书，不是较劲儿，是休息脑子。新近交叉读的包括北川富朗的《大地艺术祭：越后妻有三年展的10种创新思维》、Alex Kerr 的《发现曼谷：城市的倒影》、陈智德的《地文志：追忆香港地方与文学》。这样的书，有点儿在地的旅居生活，读起来更有劲。有时，书也会邀人去做远方的旅行。

有方：最近一次旅行去了哪里？

郝琳：不是项目出差的话，最近一个月是日本和新加坡，各待了一周。日本是我第一次领队外出，考察东京的环保建筑，走访当地建筑师，和日本建筑学会交流。最有趣的，是最后两天。团队跑到静冈县的富士山脚下，和生态社区"木之花"的家庭成员们一起，在乡下生活了一天。当天，晚宴后载歌载舞的时候，我看大家都感动了。新加坡是去和家人度寒假，感觉倒像过暑假。我生在北京，却喜欢热带。也顺便看了看星国的一些生态旅游和文化保育的案子。亚洲的发展，正在引起全球更多的关注，自我认同和信心也在加强，亚洲各国的经验，比较容易彼此借鉴。

有方：最近有没有新发现某位特别有启发的建筑师？

郝琳：学生时，常有新发现，老是捧着专辑，还启发别人呢。现在，遇到过不少好房子，压根没建筑师。启发，还是有的，比如有些业主的思维、社会企业里朋友们的状态。爹妈和太太对我的启发向来很大，他们是真心爱护我和真诚批评我的人，包括做人和作品。两个孩子也启发我，因为我完全不知道自己小时候是怎么看事儿和走过来的，压根儿没记忆啊。看着孩子长大，是补课。

有方：最喜欢的、对自己影响最大的建筑师是谁？
郝琳：Jane Jacobs，不是建筑师，街头抗争的老太太。

有方：最近哪个建筑议题最让你关注？
郝琳：建筑的议题，大家各说各的，关注不过来。不少议题，因为体制，也避重就轻。我比较关心社会和社群议题多些，有的偶尔也会和规划建筑有关，比如香港新界东北的发展和菜园村公民抗争什么的。

有方：上学时，哪门课让你最有兴趣，为什么？
郝琳：我对"课"不感兴趣，我对教课的人感兴趣。好学问，带感情的，从人心里头冒出来，不是照本宣科，也不一定非上课才能学到。你要说上学时，对哪些人感兴趣，可就太多了。

有方：最讨厌的甲方是什么样的？
郝琳：肯定是我当了甲方的样子，刨根问底，吹毛求疵，却老是推翻方案，却振振有词，大道理一堆。讨厌样儿。

有方：最近除了设计外，花最多精力的活动是什么？
郝琳：专业之外是带孩子。专业之内是教书、办杂志、写稿子、演讲什么的，基本上没界线。

有方：最近有没有对建筑设计感到困惑、厌倦，想过改行，改做哪一行？
郝琳：这个职业，本身就杂，到处蹿，行头也多。你改了行，都不会有人知道和在乎。当下，倒是琢磨着起一处"有机村"。目前正在广结善缘，也在台湾寻地。因为最终还是要规划和设计房子，兴许会是个半农半"X"的玩儿票吧。不过，如果哪天真的退了，也落个好去处，好比悟空的花果山水帘洞。

郝琳工作场景

77/ 吴钢

如何创造中国人喜爱的城市？

吴钢，维思平建筑设计创始人之一、董事总经理、主设计师。同济大学建筑学硕士，德国卡尔斯鲁大学建筑学硕士，香港中文大学建筑学院教授、硕士研究生导师，亚洲建筑师协会会员。维思平在全球超过40个城市已建成超过300项建筑作品，曾获包括建筑界奥斯卡之称的欧洲杰出建筑师论坛LEAF绿叶奖、WA中国建筑奖、WAF世界建筑节、美国芝加哥国际建筑奖在内的60余项国内外建筑大奖。

采访时间：2015年1月

有方：最近在做的项目是哪些？

吴钢：维思平最近做了很多有意思的项目。比如刚刚落成就入选2014年世界建筑节的北京百度科技园，功能混合且绿色节能，我们在这中间做了很多创新而贴近员工生活的设计，为此类项目提供了一个新的视角。还尝试了比较新颖的领域——郑州啸鹰航空产业园，设计十足活力动感，大家近期关注的美景"郑州一号"小型飞机，就是从这里试飞成功的。另外还在济南做了一个体验式街区型的商住综合体"世茂天城"，很好地传承了济南老火车站的历史文化脉搏，也是中国第一个开放的小街区式住宅区吧。

有方：在拿到一个委托时，最先做什么？

吴钢：首先会思考我们在功能性上能为项目的使用者——"客户的客户"满足什么样的基本需求，再升级这些基本需求，比如融入多样性的体验等等，来丰富和提高他们生活的品质。同时为客户思考，思考如何帮助他们提升市场竞争力，加强项目的性价比，落地性和技术的可实现程度。

当然，还会结合建筑专业性地思考能否满足上述两类人的需求，不断挑战自己，否定之否定，与客户持续沟通，在此基础上完成持续性的创新设计，做一个无限接近于完美的方案。我们把这称为"互动式的设计"。

有方：当项目进行施工时，会经常去现场吗？如果去，会遇到什么问题？又是如何解决的？

吴钢：虽然我们是做建筑概念设计到扩初，但是从项目前期、施工图配合到施工阶段都会去现场，从地基，到地上施工，再到封顶到立面，我们都会针对每个项目定期开工地例会，将甲方、施工方召集到一起，及时解决现场施工过程中遇到的困难和问题。例如图纸定义与厂家提供的材质会有一些偏差，我们需要一起看材料墙，在现场结合阳光空气，来最终评判效果。而且去现场不是孤独地面对建筑施工的过程，是和使用方共同确认最终效果、达成共识的最佳场合。大家一起面对一个真实的实体,不断在细节上去调整,让最终展现的成果能够符合双方的设想。

有方:最近在业务上最烦的事情是什么?
吴钢:我是比较乐观积极的人,喜欢挑战,对新的事物会主动去学习,如果说最烦的事,可能就是学的速度不够快吧。

有方:最近在集中琢磨什么问题?
吴钢:从城市设计角度,最近在琢磨如何真正创造出一个中国人喜爱的城市。包括城市的肌理、空间、功能等等,我也做了一些尝试,像刚提到的济南世茂天城、上海安亭科技港,都是希望用一些尺度适宜的小型街区式肌理,来打破大而无序的街区格局。在建筑设计上,越来越更深地考虑怎么用中国自己的技术、针对中国人,设计出真正适合于我们这个时代的建筑。同时也和我的合伙人一起,思考怎么去组织一个在中国有竞争力的以设计为导向的团队。

有方:最近读的最有趣的一本书是什么?
吴钢:凯文·凯利的《失控》。之所以吸引我是因为他在帮助我们描绘一个未来的人类社会,虽然用的是"互联网"这个词,但实际也是在指引一个未来型的社会组织会发生怎样的变化。他会让我们的建筑更加关注自身的条件和当地性,而不是去盲目观察别人在干什么,世界其他地方的人在想什么。他一方面打开了你的眼界,但另一方面又让你更清晰地观察自己。最后提到的一个生态组织的概念,就是基于我们自身,每一个个体单元。从团队的角度来讲也是这样,未来将会完全离开工业社会的生产型、效率型的组织,而更多走向一个人性化生态的组织。

有方:最近一次旅行去了哪里?
吴钢:去了台湾,就像回到家一样给我特别安静的感觉,对中国传统文化的保

上：百度科技园模型
下：休宁亭

护和传承也做得非常好。有一次在回酒店的路上碰到一对散步的夫妻，就像书里面写的一样，主动过来告诉我该怎么走，又用台湾话告诉司机师傅我要去哪里。他们对自己住的城市很有归属感，当成家一样来招待客人。有恒产者有恒心，这样才会看得更远，看到后代子孙的生活状态。

有方：最近有没有新发现某位特别有启发的建筑师？
吴钢：我自己很喜欢也一直在用模型尝试用自然的材料做一些构筑物。从这个意义来讲，在港中大的同事 Vito Bertin 教授做的基于参数化的杠杆梁结构就对我特别有启发。我也邀请他在维思平援建的休宁小学操场里用杠杆梁结构做了一个亭子，我想在以后的设计中也会引用这样的一个建构原理。

有方：最喜欢的、对自己影响最大的建筑师是谁？
吴钢：在同济大学时期的老师"建筑园林艺术专家"陈从周教授和"中国城市设计第一人"卢济威教授，为我奠定了建筑的风景观与城市观；在卡尔斯鲁厄大学师从的 Martin Einsele、Luigi Snozzi、Jo Coenen 几位大师，以及后来在西门子工作时的主设计师 Richard Meier 的合伙人 Gunther Standke，都是现代社会的实践型艺术家，他们对现代社会的产品生产包括使用功能、建造工艺及建筑物理性能等等，有着非常理性和充满激情的认识和创造。这些都深深地影响了我和我的事务所，也不自觉地融入到在中国的建筑实践中。

有方：最近哪个建筑议题最让你关注？
吴钢：我一直在思考当经济发展趋于平稳之后，整个建筑界是不是能够变得更加理性，社会的建筑活动能不能更多地考虑人和城市，如果建筑实践能朝着这样一个方向发展，我会感到很快乐。

有方：上学时，哪门课让你最有兴趣，为什么？
吴钢：有两门课，一个是陈从周老师的"中国园林史"，每次上这门课都能不自觉地接受到中国古典文化的熏陶，上完课去参观苏杭的园林，就会有很深的体会。另外一个是设计课,甚至在课上无法满足的时候,我就去参加竞赛,还在日本的国际竞赛上获奖。这些都因为我喜欢做设计。

有方:最讨厌的甲方是什么样的?
吴钢:通常我会去"选择"客户,但是很少用"讨厌"去描述我的客户。可能在合作和工作中间,大家都有不同的观点和处境,我更多的是用积极沟通和互动的方法设法解决问题,而不是简单地抱怨谁。如果非说讨厌,可以说一个建筑被最终建造起来时质量非常低下,这是我讨厌的一件事,但这也不单纯是某一方的责任。

有方:最近哪个社会议题最让你关注?
吴钢:互联网,它应该是新一代的重要工具,目前维思平也在设计、研发、组织和推广等各项工作层面中都在广泛研究和使用互联网与移动互联工具。这使得我们更加相信,成长和进步是社会永远的主题。

有方:最近除了设计外,花最多精力的活动是什么?
吴钢:设计之外,最近会花很多时间陪我的孩子,他明年就要上大学了,我越来越感觉到和他在一起的时间很珍贵,所以有意识地多花一些时间和他在一起,关注他的成长。

有方:最近有没有对建筑设计感到困惑、厌倦,想过改行,改做哪一行?
吴钢:肯定不会感到困惑和厌倦,但仍然会关注建筑设计在中国这样大的经济文化背景下,应该是一个怎样的状态。我从同济毕业之后去德国,用了10年去改进和发展我在中国获得的经验和知识体系;回到中国后,又用了差不多相同的时间去改进和重新认识我在德国获得的经验和知识体系。目前的状态反而是一个相对放松、踏实的状态,更加关注此时此地"人"的需要,和大家进行更多的互动,从现在开始可以说是我的一个新的创作历程。

78/ 华黎

建筑最终是要关照人的情感

华黎,迹·建筑事务所(TAO)创始人、主持建筑师,1972年出生,毕业于清华大学和美国耶鲁大学建筑学院,之后曾实践于纽约。2009年创立TAO。其设计作品赢得过亚洲建协奖、入围2013年阿卡汗国际建筑奖、美国建筑实录杂志评选的2012年全球设计先锋、中国建筑传媒奖青年建筑师奖以及WA建筑奖等多个奖项。

采访时间:2015年1月

有方： 最近在做的项目是哪些？

华黎： 两个项目在云南，一是在怒江峡谷潞江坝给当地企业做一个咖啡庄园，项目内容有改造有新建，场地中有个废弃的电影院会被改造成咖啡博物馆，新建部分包括咖啡的生产、加工、品尝和接待等功能。这个项目吸引我的一是基地——老建筑、地形、几百年的大树（我最喜欢不用再种树的基地）；二是功能，规模不大，但元素很丰富。建造主要采用砖，砖既是结构也是形式，希望营造一种厚重而又亲切的氛围。

咖啡博物馆

另一个是在大理巍山古镇将一个老院子改造为一个烹饪学校兼小酒店，也是有改造有新建。在城市里也在做几个项目，在海口做一个24班的寄宿中学，这个项目需要我们更深入地去理解初中生以及热带气候，而且尺度大一些，有近2万平方米。曾经有甲方来找我说业内传闻超过300平方米的项目我们不做，我说这个得辟谣啊，我们不是只做小项目，也不是只在偏远地区做，经常你会被贴上标签。

另外，我们还在北京白塔寺历史保护区做一些旧城改造有机更新的设计与研究工作，其中一个四合院改造成合租公寓的项目，已经完成了施工图准备开始建造，我们管这个设计叫"四分院"——过去的四合院对应于家庭合居的社会结构，而四分院则对应于今天个人居住私密性的需求，建筑成为新的生活结构的体现。最近还在三里屯做一个甜品店，基地只有60平方米，有两棵大树和一个屋顶平台，在这样一个微尺度里做设计很有趣，而且业主希望很快建成，从设计到建造预期在三四个月内完成，估计这将是我做过的最快的项目。

有方：在拿到一个委托时，最先做什么？

华黎：重写任务书。在接受一个项目之前最重要的当然是感受场地以及与业主就项目诉求深入地交流，只有当二者都具有说服力时我才会接受委托。重写任务书的目的在于通过自己的观察更深入地去理解项目的场所意义，而不是简单接受一些思维定式。例如，一个学校的任务书里可能只有对各种教室的要求，我们首先做的一定不是按任务书就开始设计了，而是先研究学校应该有什么样的活动和需求，学生和老师都有什么样的心理。例如做海口的中学项目，我们先对某校毕业的学生和老师做了访谈，让他们谈论对学校的记忆和认识，什么是印象最深刻的场所？发生过什么样的故事？看了他们有趣的回答你会意识到走廊这样的空间其实很重要，它是交往、偷窥、帮派聚会、打闹、邂逅、八卦的场所，它激发了无数的活动和记忆，它甚至比教室重要，可它并不在业主的任务书里。一个老师说，"初中生可是奇怪的动物，张口就喊，拔腿就跑，叛逆啊，所以环境要优雅，平静一下他们，他们需要能吸引注意力的东西。"我觉得这位老师说得真好，因为他捕捉到了学生最核心的特点。我们还看一些讲述初中生活的电影，发现电影里一些动人的、有故事的场景，与访谈中提到的也很契合（例如一个同学提到在东西向走廊的尽端一定要有落地大窗，傍晚的夕阳效果特别感人等）。建筑无论何时何地，最终是要关照人的情感。我们就是通过这些工作开始真正去理解学校的空间对于其中的人到底有什么样的意

上：巍山烹饪学校

中："四分院"模型

下：三里屯 Tiens Tiens 甜品店模型

义,去理解学校应该由什么样的场所组成,这些场所应该去观照些什么?而正是在这种对场所的理解中开始孕育对空间的原始想象。

有方: 当项目进行施工时,会经常去现场吗?如果去,会遇到什么问题?又是如何解决的?

华黎: 条件允许当然会经常去,有些偏远地区我们会派一个驻场建筑师在施工关键阶段监督和协调解决问题,但不是每个项目都有这种条件。工地遇到的问题当然和大多数建筑师一样,就是施工不按图施工而做错,或是设计考虑不周带来的问题,之后自然是一系列的斗智斗勇,想方设法能改正或改进。这种时候最重要的当然是业主在精神和物质上的双重支持——充分尊重和支持建筑师的意见,以及有足够的实力来支持返工和变更。几年前有一次在一个项目尾声阶段我跟甲方语重心长地说,咱可千万别虎头蛇尾啊,得把细节做好。结果甲方说,有虎头就行了,这可真是让人泄气。好在现在基本没有这么泄气的甲方了。当然项目总会受到预算、工期的限制而留下缺憾,所以说人穷志短,人急志也短。

有方: 最近在业务上最烦的事情是什么?

华黎: 应该是甲方在项目的使用功能及运营上的不确定、不清晰、变来变去。虽然也理解甲方也是受大环境和市场的变化影响而总在随机应变,但是被随意改变的使用方式还是会降低设计的价值,所以如果甲方找来说这个建筑功能不确定,你先来设计嘛,我一般会回绝这样的项目。当然也有例外,比如最近完成的林会所,业主一开始也不太确定项目最终的功能,于是我们设计了一个相对形式自治可以自由生长的空间结构体系,更多和基地环境找关系,而弱化功能的意义。不管怎样,我还是觉得每个项目都有其场所精神,它是由基地的特征、建筑的气质、人的使用共同形成的一个整体氛围和一种情境。对建筑初衷的随意改变必然会导致意义的错位,甚至荒诞。

有方：最近在集中琢磨什么问题？

华黎：好像没什么集中琢磨的问题，每个项目都在琢磨不同的问题。其实如果能在不同项目里集中琢磨一个问题，我的工作效率估计会大大提高。

有方：最近读的最有趣的一本书是什么？

华黎：一本新疆作家刘亮程写的散文集《在新疆》，很优美、很诗意的文字，从对日常世界的敏锐观察中提炼出作者对时间、生命、人性的感悟。很有缘，在新疆见过这位很性情、很幽默的作家，很喜欢他的写作。

有方：最近一次旅行去了哪里？

华黎：最近能真正算得上旅行的是印度，去了几个很不一样的城市：Pune、Jodhpur、Ahmedabad、Chandigarh，不得不说那些老城是富于魅力的。例如Jodhpur，迷宫样的街道、古迹、色彩、细节，小却丰富；Chandigarh虽然有些柯布的精彩建筑，但作为一个城市则很无趣，它没有什么历史，是在短时期内按一种风格建立起的非常同质化的城市，缺乏时间厚度和多样性；不过印象最深的还是Pune，这个城市有着各个时期丰富的历史遗存，它的活力在于这些遗存与今天的生活仍然有着紧密的联系，神庙、市场、广场、街道每天都有密集的活动，这个城市多样、嘈杂、躁动、混乱而又真实，在我去过的地方里独一无二。

有方：最近有没有新发现某位特别有启发的建筑师？

华黎：应该说是通过深入了解去再发现，比如伍重，一直很喜欢他的建筑中形式与建造之间非常紧密的关系，结构的表达及其所塑造的力量感，几何的严谨控制，对细部的思考，等等，都很有启发。最近还看一些结构师兼建筑师比如Felix Candela以及Eladio Dieste等人的作品，也体现出建筑中结构、材料、建造、形式是一个不可分割的有机体。

有方: 最喜欢的、对自己影响最大的建筑师是谁?

华黎: 喜欢的建筑师有很多,对我影响最大的是路易斯·康,体验过他的大部分作品,也研读过他的思想,康曾说"A room is a place for mind",我觉得这就是场所的意义,建筑最终是指向精神的,而这种关注应该从房间开始,从微观开始,进而构建整体秩序;另一位是雷蒙·亚伯拉罕(Raimund Abraham),我在耶鲁读书时的老师,五年前去世了,他给我的启发是建筑应当挖掘更原始的意义(archetypal),回到原初状态的建筑会更有力量。他曾说,应从自我的内部寻找力量而非外部(one should look from Inside, not outside)。我觉得是句肺腑之言。

有方: 最近哪个建筑议题最让你关注?

华黎: 注册建筑师独立开业制度的实行,希望能尽早实现。

有方: 上学时,哪门课让你最有兴趣,为什么?

华黎: 在耶鲁大学时雷蒙·亚伯拉罕的设计课,课题是用建筑来表达对存在主义文学作品的理解,这门课启发我如何回到一种更初始的状态去思考,例如建筑空间的内与外,其实都是相对的概念,当你能够破除思维定式的时候你可以释放很多想象的空间,很有意思。

有方: 最讨厌的甲方是什么样的?

华黎: 对甲方谈不上讨厌,虽然也曾经和甲方吵过架,甲方也都有自己的局限,曾经有人建议我说,别选择比你年轻的甲方,不靠谱,但我发现也不尽然。和甲方能不能合作好最重要的还是在于对建筑的价值观上有没有共识,这是成功的基础,倒不在于他有多少钱或者有没有经验之类的。能不能找到好甲方,其实还是在于你自己的辨识力。最好的甲方是作为项目的建设者同时也是管理者和使用者,能够和建筑师深入合作并真正去践行建筑意图,比如我们在四川德阳做的智萌幼儿园项目的甲方，因为是民办幼儿园和自己的长期事业，他们对建筑很认真，和他们在工作过程中深入地讨论幼儿园的教育理念和建筑的关系使二者能够真正契合。所以，好甲方一定是有共识的合作者，而不仅仅是一个服务的关系。

有方： 最近哪个社会议题最让你关注？
华黎： 我希望不要让"奇奇怪怪的建筑"这个说法成为对付建筑师的政治工具。

有方： 最近除了设计外，花最多精力的活动是什么？
华黎： 旅行，还有反思一下之前的工作。

有方： 最近有没有对建筑设计感到困惑、厌倦，想过改行，改做哪一行？
华黎： 没有，我还是很喜欢现在做的事情，有个困惑是为什么设计行业的收费标准还在以十多年前的规定为依据？收费和设计质量没关系吗？建筑师不能是饥饿艺术家。改行？以前读书时曾想过改学电影，现在估计想改也改不了了，所以盼望着发改委赶快做做工作，改善一下建筑师的生存条件。

图书在版编目（CIP）数据

建筑师在做什么. 第1辑 / 有方 编. -- 上海：同济大学出版社，
2015.9
ISBN 978-7-5608-5934-7

Ⅰ. ①建… Ⅱ. ①有… Ⅲ. ①建筑师－访问记－中国－现代 Ⅳ.
①K826.16

中国版本图书馆CIP数据核字(2015)第182134号

建筑师在做什么（第一辑）
有方 编

策 划：赵磊 / 有方
责任编辑：秦蕾
特约编辑：有方
装帧设计：鲁小勇
责任校对：徐春莲
特约校对：张红慧
版 次：2015年9月第1版
印 次：2019年3月第2次印刷
印 刷：上海安枫印务有限公司
开 本：787mm × 1092mm 1/32
印 张：15.5
字 数：347 000

ISBN：978-7-5608-5934-7
定 价：90.00元
出版发行：同济大学出版社
地 址：上海市杨浦区四平路1239号
邮政编码：200092
网 址：http://www.tongjipress.com.cn
经 销：全国各地新华书店

本书若有印刷质量问题，请向本社发行部调换。
版权所有 侵权必究